Lk 2
1397
B

LES SOIRÉES
PROVENÇALES.

DE L'IMPRIMERIE DE GUION.

VUE DU PORT ET DE L'ARSENAL DE TOULON

LES SOIRÉES
PROVENÇALES,

ou

LETTRES DE M. L. P. BÉRENGER,

MEMBRE ASSOCIÉ DE L'INSTITUT ET DES ACADÉMIES DE TOULON, MARSEILLE, VAUCLUSE, NÎMES, BORDEAUX, LYON, ROUEN, BESANÇON ET COLMAR.

TROISIÈME ÉDITION, REVUE ET AUGMENTÉE.

TOME SECOND.

PARIS,

CHEZ DUREY, LIBRAIRE, QUAI DES AUGUSTINS,
N.º 25.

MARSEILLE, CHEZ MASVERT, LIBRAIRE, SUR LE PORT.

1819.

Né avec une âme sensible, enchanté, dès ma jeunesse, de ce qui frappait mes regards sur les bords qui m'avaient vu naître, tous les objets avaient été pour moi, dans mes derniers voyages, une source féconde d'émotions et de délices qui me faisaient oublier mes malheurs, au milieu de tant d'angoisses, d'injustices et de révolutions.

TÉLÉPHE.

LES SOIRÉES PROVENÇALES.

VOYAGE

DE PARIS A MARSEILLE;

PAR LA BOURGOGNE ET PAR LE BOURBONNAIS.

LETTRE 1.re

Vous avez le projet de venir me chercher, mon bon ami ; vous voulez voir la Provence, les Alpes, la mer enfin ; et certes, quelqu'idée que vous vous fassiez de ces choses-là, je suis bien sûr que votre attente sera surpassée. Habitant d'un pays beau à la vérité, mais uniforme et plat, vos sensations, en considérant vos paysages, sont monotones, et, pour ainsi dire, sans mouvement : c'est dans les creux vallons, c'est au sommet de ces hautes montagnes, qui se perdent dans les nues; c'est en gravissant les sentiers tournans de ces rochers, d'où l'œil plonge avec effroi dans des gorges profondes, où mugissent des torrens qui vont tombant d'abymes en abymes; c'est en passant sous les arcs brillans de ces cascades éternelles qui jaillissent du haut de ces monts blanchis par tant de neiges pressées, se déploient sur vos têtes, et vous couronnent de toutes les couleurs de l'arc-en-ciel; c'est en voyant un beau lac au milieu de ces cimes inaccessibles, des prairies riantes dans des déserts pierreux, des troupeaux immenses sur des pelouses escarpées; c'est là que l'âme du plus froid philosophe, frappée de tous ces contrastes, émue de tous ces nouveaux spectacles, enchantée de la surprenante beauté des sites, des tableaux, et de tant d'objets gigantesques et romantiques, se livre aux sentimens qu'ils inspirent; il contemple, il admire.... Mille idées vastes, mais confuses, mille sentimens profonds, mais tumultueux, occupent son esprit, exaltent son imagination. Il est là comme sur le trône de la nature ; les nuages flottent sous ses pieds ; il suit de l'œil le cours long et brillant des fleuves qui vont au sein des mers les plus opposées ; il compte les provinces et les états, comme du haut des tours élevées dans nos villes nous distinguons les différens quartiers, et les masses des îles, et la direction des rues. Les antiques cités gisent, ou sur le bord des lacs et des fleuves, ou semblent assises sur le penchant des collines couvertes d'arbres verds, ou s'allongent perchées sur les pointes des monts qui ceignent les plaines fuyantes et vaporeuses.... Quel délicieux horizon ! quelle variété d'objets pittoresques ! On ne peut les décrire sans transports ; tous les chants du poëte qui les célèbre sont des hymnes de reconnaissance et d'admiration. Les mœurs simples, les lois et la liberté règnent encore dans ces heureux cantons ; on y voit des hommes laborieux, nerveux, fidèles ; les femmes y sont chastes et fécondes, pleines de pudeur et de grâces naïves. Tout y travaille, tout y multiplie, parce que le travail est honoré, et le célibat avili et proscrit. Voilà, mon cher ami, les scènes magnifiques qui vous attendent dans les montagnes. Vous chérissez la solitude ; la botanique ne vous est pas étrangère ; vous aimez à déclamer de beaux vers dans des lieux inspirans ; partez, mais partez seul ; et dans ces routes montueuses, faites à pied tout le chemin que vous pourrez faire. Je regarde comme perdu tout le temps qu'on passe enfermé dans une voiture. On ne sent alors que le plaisir d'arriver, sans goûter jamais celui d'aller et de découvrir. Vous croirez votre admiration épuisée.... Les plaines fertiles, les coteaux couverts de hameaux et de vignobles, les hautains même qui présentent dans les terres du Dauphiné des vergers si piquans et si réguliers, tout cela laissera dans votre cœur une tranquillité si anglaise, qu'elle dégénérerait bientôt en splen très-ennuyeux*, si vous n'avanciez vers la mer. C'est encore là un de ces spectacles que l'on a beau vanter. La nature est bien plus riche que l'imagination des hommes ! Mais il est un art de jouir que tout le monde ne connaît pas. On court sur les objets sans s'y préparer, sans aiguiser les désirs, sans rechercher aucun de ces accessoires qui les entourent, qui les complettent, pour ainsi dire ; pour moi, j'avoue que je suis plus difficile ; j'attends que la tête me tourne un peu. Voici quel est mon secret, mon cher ami ; gardez-le pour vous, et n'allez pas le communiquer aux profanes.

Si le temps était froid, couvert ou tempétueux, gardez-vous d'avancer, restez dans le Comtat, attendez le retour du chaud, du calme et du soleil. Le soleil est le dieu de la Provence ; la mer, sans le soleil, n'est qu'un vaste gouffre dont les eaux grises et le bruit sourd attristent et consternent l'imagination. D'ailleurs, dans ces jours de deuil, la vaste mer est solitaire ; nuls bâteaux de pêcheurs, nulles galliotes de marchands ne peuplent cet immense désert. Le peu de vaisseaux mouillés dans les anses des environs, sans pavillons, sans voiles, les flancs battus par les flots blanchissans, sont agités sans relâche d'un balancement monotone ; et ceux qui veillent à leur garde ont les oreilles incessamment fatiguées du gémissement des cables et du sifflement des agrès :

quelquefois même un tourbillon s'élevant tout-à-coup et s'accroissant avec impétuosité, arrache ces malheureux navires aux ancres qui les attachaient au rivage. Les cables cassent, les vaisseaux fuient, se rencontrent, se heurtent avec fracas, ou se brisent sur les rochers à fleur d'eau qui bordent nos îles et nos parages. Soudain un peuple avide et barbare, qui, du haut des rochers, suivait de l'œil sa proie, se précipite en foule vers les écueils, et se saisit impitoyablement du butin que les flots jettent sur la grève : car de même qu'il est un droit affreux de la guerre, il est un droit insensé du naufrage. Ce brigandage abominable, né parmi les peuples pillards et farouches du nord, n'a pu être entièrement réprimé, ni par les sages lois romaines, ni par les ordonnances de Louis XIV : il semble à ces inhumains ripuaires, qu'on ne doit ni pitié, ni justice aux étrangers qui éprouvent ce triste accident. Ne souillez jamais vos regards de ces barbaries ; que ces désolations ne portent aucun sentiment douloureux dans votre âme ! restez au fond des terres pendant la courte durée de ces ouragans. Quoiqu'en dise Lucrèce, ces terribles momens n'ont rien d'agréable ; et l'homme sensible se hâte de détourner les yeux, quand il voit des malheureux qu'il ne peut soulager.

Mais si le jour est tranquille et pur ; si, aux approches de l'aurore, vous sentez la fraîcheur de la rosée, et l'émanation balsamique des plantes parfumées qui couvrent nos montagnes, partez long-temps avant le lever du soleil : courez, hâtez-vous ; jamais vous n'avez-vu, jamais vous ne reverrez, avec le même plaisir, le grand, le magnifique spectacle qui va se découvrir à vos yeux. Que n'ai-je à le contempler encore pour la première fois de ma vie ! Quoiqu'il soit toujours nouveau, toujours auguste, je sens cependant que la surprise ajoute à l'enchantement, et l'on ne répand qu'une fois ces délicieuses larmes d'attendrissement et d'admiration que les grands sentimens nous arrachent.

L'aube blanchit les airs ; l'étoile de Vénus commence à pâlir ; un vent doux et frais souffle de l'orient ; le coq matinal chante au loin dans les fermes, et les oiseaux commencent à gazouiller amoureusement parmi les bosquets. Un parfum délicieux, exhalé de mille aromates, semble composer un encens qui monte vers le maître de la nature. L'éclat du jour augmente ; les nuages légers qui couronnent la mer au fond de l'horizon, se colorent d'un rouge tendre et d'un or pâle, dont les teintes, harmonieusement fondues et dégradées, viennent mourir au zénith des cieux, encore voilés d'un sombre azur vers l'occident : les progrès de la lumière sont rapides. L'astre, qui l'a lancée à grands flots, avance à pas de géant : il est aux portes du jour ; mais l'œil impatient ne le découvre pas encore ; toutes les couleurs sont enfin ressorties du néant ; l'espace est inondé d'immenses nappes de feu, les nuages rares et presque dissipés, brillent des plus éblouissans reflets. Je cherche avec inquiétude, le point de l'horizon, d'où le soleil va détacher son cercle d'or. Quel moment, douce attente ! le cœur palpite de volupté ; le regard est fixe au milieu des flots ; l'éclat rouge et tremblant des cieux, brille et scintille sur la surface des ondes légérement agitées. Tel est, dans un large fourneau, le bronze mis en fusion par une flamme ardente et vivement réfléchie sur la matière étincelante et liquide. Enfin.... un point de feu paraît.... s'élance, s'agrandit, et le char radieux du père de la vie, est tout entier suspendu sur l'abyme resplendissant. Homme, prosterne-toi devant cette brillante image de la divinité! Adore la bienfaisance éternelle, inépuisable de cet astre fidèle à féconder, à embellir, éclairer ton séjour ! Terre, tressaille d'allégresse ! les seuls regards de ton époux vont darder dans ton sein la fécondité ; sa chaleur lance le rajeunissement et la joie dans tes profondes entrailles. Les coteaux richement vêtus de pourpre, les plaines couvertes d'un or flottant, les prés émaillés de fleurs, et parés de leurs vastes draperies, s'empressent d'étaler à tes yeux les fruits innombrables de ce grand hymen de la nature. Et toi, mer vaste, mer immense ! que tes vagues frémissantes se plaisent à multiplier l'image du soleil ! tes monstres échauffés par ses feux, bondissent de plaisir sur la surface bouillonante; et les coquillages flottans, les nations des dorades argentées, et les rougets reluisans empourprés de ses feux, sont plus richement habillés au fond de tes abymes, que les rois de l'Inde au milieu de leurs palais somptueux.

LETTRE 2.ᵉ

J'ai eu besoin de respirer autant que vous, mon cher ami, après ce jet empoulé de ma verve : je voyais très-bien, je vous jure, qu'il était déplacé ; mais je me sentais entraîné par un plaisir, par un besoin d'écrire, qui tenait de l'inspiration ; j'étais absolument en esprit sur le théâtre que je vous décrivais. Je n'imaginais pas ; je voyais réellement les objets que mon pinceau coloriait. Sans doute ce qu'on appelle enthousiasme n'est que cette correspondance vive et rapide entre une imagination frappée et un cœur affecté : il tient à cette émotion, à cette impatience qu'excite le besoin de produire lorsque l'idée originale d'un sujet se réalise en quelque sorte au-dedans de nous, s'éclaircit, se développe, se peint et s'anime. Descendons de ces régions sublimes où l'on se perd souvent à force de s'élever, et parlons naturellement : sans naturel, il est difficile d'intéresser et B.... a raison de dire

<blockquote>Le naturel est le sceau du génie.</blockquote>

Où en étions-nous, avant nos écarts pindariques ? Je ne sais : ah ! je pense que c'était à l'art de jouir avec détail et sensibilité de tous les nouveaux spectacles que la mer offre aux amateurs des paysages.

Il vous sera facile de faire ensorte que le jour de votre arrivée à Marseille soit un dimanche. C'est encore un moyen de vous ménager un tableau neuf et plein de vie, auquel rien n'est à comparer, si ce n'est peut-être l'arrivée des galions en Espagne. Je suppose, et cela vous est très-possible, que vous avez choisi le 8 septembre; il fait un chaud dévorant. Des nuages d'une poussière subtile vous poudrent, vous altèrent; un ruisseau que, par hasard vous découvrez au pied d'un rocher, vous attiré irrésistiblement ; vous approchez avec transport de cette eau limpide et courante, vous y plongez vos mains avec sensualité, vous en buvez avec délices. Il faut avoir senti nos intolérables chaleurs pour connaître le prix d'un verre d'eau fraîche.

Le soleil commence à baisser : les hautes murailles des héritages nous garantissent à moitié de ses ardeurs. Suivons cette route si battue et si tortueuse.... Entendez-vous ce sourd et lointain bruissement ? Sentez-vous ce vent frais, cet air marin et salé ? Encore quelque pas et le flot écumeux viendra mourir à vos pieds.... Voilà la plage : là sont assis des pêcheurs tranquilles, dont la ligne attend le poisson : plus loin, des grouppes d'enfans nuds, plongent dans la mer, nagent sur le dos ou s'occupent sur les rochers à détacher des coquillages. Les grouppes se multiplient. Les anfractuosités de ces balmes servent d'asile à des bandes joyeuses qui, à moitié dans l'eau, se livrent à mille folâtres jeux. Les uns comme des tritons, sonnent du cor, ou souflent dans d'énormes conques, qu'ils appellent *bious* ; les autres dansent sur la mousse avec de jeunes filles ; d'autres, rassemblés sur des blocs pétrifiés, font une champêtre collation avec des poissons récemment pêchés, des figues, des raisins, des melons, des pastèques. La nuit vient, les barques s'apprêtent, les banderolles flottent, les voiles se déploient ; on entre dans les canots, la jeunesse y saute allègrement: les plus forts et les plus adroits enlèvent à deux mains leurs craintives amies ; et fiers de les presser dans leurs bras, montent en vainqueurs dans les bâteaux, et les placent à la poupe. Le signal est donné, on lève l'ancre, on part : les rames font jaillir l'onde amere ; on rit, on est heureux, et l'on arrive chez soi, fatigués, mais contens ; amusés, mais sans remords ; l'imagination remplie de tout ce qu'on a dit et fait dans la journée, et la bourse point vuidée par de folles dépenses, par des jeux ruineux ou par des paris bêtes.

Et n'allez pas croire, mon cher ami, que je vous fasse ici des descriptions romanesques : non, je n'esquisse qu'à moitié ces rians *vateaux* ; je ne représente ni les petits bals champêtres sous les mûriers qu'on rencontre à la porte de chaque bourgade, ni la bruyante cohue qui chante, fume et boit dans les guinguettes des environs, ni les terrasses qui bordent la route, couverte de pavillons et de treillages, lesquels servent, sur le soir, d'observatoire et d'abri à nos élégantes beautés.

A mesure qu'on avance vers la ville, la foule augmente, tout cela s'en revient en chantant, en dansant, en riant, le tambourin et le galoubet qu'on entend résonner, de tout côté, donnent insensiblement à la marche un mouvement cadencé, et à l'humeur un contentement indicible. On entre enfin, découvrant de la porte d'Aix à la porte de Rome, une multitude innombrable, où l'œil ne voit que des têtes ondoyantes et semblables aux flots de la mer, quand le vent commence à les faire moutonner. L'assemblée du cours est alors dans tout son étalage, rien de plus ravissant et de plus opposé à ce que je viens de décrire : de longues files de chaises à rangs triples et quadruples, ornent le côté gauche, et sont les trônes d'un essaim de belles parées avec goût, couronnées de fleurs, exhalant l'essence de la rose et du jasmin, de la cassie et de la thubéreuse. Nulle part au monde, les yeux ont plus d'expression; les gestes, plus de vivacité; le parler, plus de grâces et de douceur; l'esprit, plus de saillies; la conversation, plus de charmes, plus d'enjouement. Partout volent les ris, partout vous entendez des entretiens animés : (et ceux que vous n'entendez pas, ne sont pas les moins intéressants.) Un doux tumulte, un murmure agéablement confus, retentit au loin dans les airs; tout dans ces moments, tout dans ces lieux enchantés, respire un air de fête et de plaisir, d'opulence et de liberté, qui rend ce nouveau spectacle aussi vif que délicieux.

LETTRE 3.ᵉ

Vous hésitez, mon cher ami, vous ne savez si vous viendrez à moi par la Bourgogne ou par le Bourbonnais, et vous voulez que je vous décide; cela serait bientôt fait; prenez la route la plus courte et la plus prompte. Celle du Bourbonnais doit par conséquent vous tenter fort peu ; vous la croyez plus intéressante, cela peut-être, mais elle est éternelle ; au reste, j'ai passé par là, je vais vous donner un précis de mon itinéraire ; vous choisirez.

Si vous partez d'Orléans pour joindre le carrosse à Briare, vous aurez une route assez belle, quoique sabloneuse ; avec de bons chevaux, vous viendrez coucher à Gien ou même à Briare : cependant je vous conseillerais de voir un moment non pas Jargeau (quoique Turenne ait défendu durant trois heures entières, la barriccade de son pont-levis, sur lequel les ennemis auraient pu passer la Loire, et surprendre la cour à Gien, où Louis XIV était avec Mazarin) ; mais Châteauneuf, jadis la Vrillière, magnifique maison appartenant aujourd'hui à M. le duc de Penthièvre. Tout philosophe, que vous êtes, ou plutôt parce que vous êtes un vrai philosophe, vous aurez peut-être la curiosité de voir dans ses jardins, ou près de quelque chaumière malheureuse qu'il va secrètement consoler, ce prince bienfaisant, vertueux et modeste, qui sait sans doute que *l'humanité est le premier devoir des grands*; mais qui sent encore mieux, tous les jours de sa vie, que cette généreuse et céleste vertu *est l'usage le plus délicieux de la grandeur.*

Le château de Dampierre, bâti jadis par l'illustre maison de Cugnac, mérite d'être vu : sa situation est très-belle, sa vue domine une plaine immense. Les jardins répondent à la grandeur du château. On voit dans les bosquets plusieurs statues de marbre blanc que le cardinal Mazarin avait fait venir de Rome.

Au delà de la Loire, dans la plaine de Sologne, on apperçoit la ville et le château de Sully. Le parc en est peigné avec un élégance rare ; il est petit, mais unique, et ne pourrait être embelli que par des grouppes en marbre, où l'on représenterait ce vigilant économe de l'État, cet infatigable ennemi des partisans, ce brave guerrier, ce digne ami du plus grand des rois; ici, arraché aux assassins de la saint-Barthelemy, par le principal du collége de Bourgogne ; là, sauvé par Henri, roi de Navarre, du péril où l'exposait son intrépidité ; au milieu d'une étoile enfin, j'aimerais à le voir aux pieds de Henri IV qui lui adresse ces belles, ces mémorables paroles : Relève-toi, Rosni ! Saillie sublime d'une âme magnanime et délicate, à quoi je ne trouve rien du tout à comparer dans l'histoire ancienne. Vous n'ignorez pas que Desmahis, poëte doux, aisé, plein d'esprit, naquit à Sully ; ni que Voltaire médita sur la terrasse que baigne la Loire, les premiers chants de sa Henriade.

A cinq lieues de Sully, vous verrez Gien et son château célèbre : cette ville était jadis le centre de plusieurs branches de commerce, et le rendez-vous d'une horde de joueurs et d'escrocs, qui couraient les foires, les diligences, et finissaient souvent par meubler les chênes de la forêt d'Orléans ou de Montargis.

Briare, ville chétive et composée de barraques, ne serait rien sans le fameux canal que projetta Rosni, qu'ouvrit Cosnier en 1604, et qu'exécutèrent les sieurs Bouteroue et Guyon, dans l'espace de quatre années. La route devient désormais une des plus roulantes de la

France. Les coteaux renommés de Poulli, de Sancerre, de Cosne, présentent un double amphithéâtre, au bas desquels la Loire a formé son tranquille canal. De temps en temps vous rencontrez de jolis villages, des bassins charmans, de riches et somptueux monastères, où il doit être fort doux de faire pénitence, et enfin des villes célèbres, telles que Nevers. Vous entrerez dans la capitale du Nivernois, par un arc-de-triomphe d'un fort bon style. L'église est belle, claire et d'une majestueuse simplicité. Le château des ducs est très-ancien. Allez-y voir le superbe portrait de madame de Mortemar, peint par Henri Gaseau. Admirez ses grâces, si vous voulez, sa figure, son attitude, etc. ; mais tâchez d'oublier sa charge, et rappelez-vous ce mot de notre ami, que *la femme d'un charbonnier est plus respectable que la maîtresse d'un roi.*

Le travail des manufactures de verre et de tous ces objets de verroterie, méritent d'être vus un moment. Faites quelques emplettes d'étuis, de bonbonnières, de bagues et de crayons garnis en perles, vous saurez bien où placer cela, vous dont la famille est si nombreuse et les cousines si gentilles. Vous vous ennuyez, je le vois, dans la patrie de maître *Adam*. Traversez la Loire, franchissez quelques marais, montez cette chaîne de coteaux couverts de bois, et vous voilà dans le Bourbonnais. Cette rivière, que vous avez à droite, et dont le lit est si direct, c'est l'Allier : cette ville dont les pointes et les combles terminent l'horizon au midi, c'est Moulins. Une campagne fertile, de belles plantations d'ormes et de peupliers; ces promenades spacieuses, champêtres, bien ombragées, annoncent une capitale.

Ne manquez pas de voir à la visitation, le mausolée du duc de Montmorenci, décapité à Toulouse, sous le ministère du cardinal de Richelieu : cet admirable monument que fit ériger à son époux la princesse des Ursins, est l'ouvrage de trois célèbres sculpteurs, Augier, Poissant et Renaudin. Contemplez surtout la figure d'Hercule qui représente la valeur de ce duc; elle est d'un prix et d'une perfection inestimables. C'est dans l'enceinte de ce lugubre lieu, et aux pieds d'une urne adorée, que cette inconsolable Artémise passa les dernières vingt-cinq années d'une vie accablée d'angoisses.

Il y a du commerce et du mouvement dans Moulins ; la coutellerie y brille d'un travail solide et fini ; les marchandes vous étourdiront pour obtenir la préférence ; faites là vos emplettes, et profitez des momens pour parcourir la ville ; elle est jolie, peuplée, ornée de fontaines, coupée de quelques rues droites et larges ; le cours est beau et sent sa bonne ville ; le pont est magnifique ; j'ai vu, je ne sais plus dans quelle église, un tableau de Pierre de Cortone qui, je crois, représente la visitation.

D'autres vous diront, mon cher ami, qu'il pleut de l'ennui de Moulins à Roanne. Je ne suis pas de leur avis ; ce pays qui commence à devenir montueux, présente d'une lieue à l'autre, des variétés que j'aime. D'abord, en venant à Varennes, vous ne perdrez presque pas de vue la vallée de l'Allier, qui se ressent encore de la riche fertilité de la Limagne. Vers le midi, et dans un lointain de douze à quinze lieues, vous appercevez dans les nues le Puy de Dôme et le Mont-d'Or, montagnes fameuses où Pascal fit ses expériences sur la pesanteur de l'air ; expériences qui montrèrent la pénétration de son génie, et rendirent incontestable l'idée de Toricelli.

Un quart d'heure vous suffira pour voir la Palice ; le château est antique et bâti sur une hauteur ; les connaisseurs estiment beaucoup le tombeau du maréchal de Chabannes, tué à la bataille de Pavie. Les bas-reliefs m'en ont paru de fort bon goût.

Nous voici sur des hauteurs très-dominantes ; le pays est froid, humide, couvert de bois ça et là : de temps en temps vous découvrez des perspectives très-riantes, puis tout-à-coup de vastes allées, des étangs ménagés dans le penchant des gorges font briller tout autour de vous leur surface argentée. D'innombrables troupeaux paissant et mugissant dans ces pâturages, animent la scène champêtre, et donnent à tout ce paysage un aspect *nomade*.

Des terres titrées, des châteaux considérables, mais modernes, d'anciennes abbayes dans de gras pâturages, plusieurs coteaux sur la droite, dont les vins épais ont cependant de la finesse et de la qualité; voilà ce que l'on remarque d'ici à Roanne: le chemin est uni, sablé, et ressemble à une allée de jardin qui sert d'avenue au bourg de Roanne: c'est là qu'est construit le premier pont de la Loire; là se rendent toutes les embarcations de charbon de terre qui viennent du Forez par Saint-Rambert. Tous les jours, cette ville prend des nouveaux accroissemens; je serais peu surpris qu'elle devint très-considérable; elle est l'entrepôt de presque toutes les marchandises qui viennent, ou de Nantes, ou de Lyon. Si l'on établissait dans tous ses environs, un canal de communication avec la Saône, ou si le canal de Givors qui réunirait le Rhône à la Loire par le *Gier* et par le *Furens*, s'achevait enfin; ce bourg qu'on dit être le premier de la France, s'éleverait dans un demi-siècle à la grandeur, à l'opulence des premières villes commerçantes du royaume.

Vous allez entrer dans les montagnes du Forez et du Beaujolais. La montée de Tarare est célèbre; cependant la route est si bien ménagée, le chemin est si large, si fréquenté, si bien entretenu, qu'il m'a paru bien plus fameux que difficile. J'ai plusieurs fois gravi cette montagne à pied pour contempler à mon aise les sauvages aspects dont à chaque cent pas, elle frappe soudainement la vue: on ne voit pas là des rochers droits, âpres, couverts de neige et de glaçons; tout est cultivable, accessible, mais bisarre et fortement coloré. Sur le rapide escarpement de ces monts entassés sur d'autres monts, on voit un bois de noirs sapins perchés sur une pointe; une longue terre labourée y fuit vers un hameau; des chenevières auprès d'un étang, des prés qui s'enfoncent dans des creux verdoyans; quelques chaumières rares et pauvres, semées de loin en loin, coupent tristement la triste solitude de ces déserts. Dans le fond de tous ces ravins, on apperçoit de jolis ruisseaux bordés de deux vertes lisières, qui suivent l'inégalité de leur fuite; les arbres y paraissent hauts, sombres et chevelus. On n'entend guère retentir dans ces profondeurs que la cognée des bucherons, le glapissement des renards, ou le croassement des corbeaux.

On tombe enfin dans Tarare, à-peu-près comme des nues, et l'on sort de ce vilain pot de chambre, pour gagner les hauteurs qui couvrent *l'Arbresle*. Bientôt on est aux *Échelles*, et de-là se découvre ce superbe horizon qui fuit jusqu'au Pila, tourne vers les monts de Savoie, et n'est borné que par le Mont-Blanc.... Ici j'ai besoin de quitter la plume : vous savez pourquoi, cher ami ; je suis dans le Lyonnais, et mon cœur est trop préoccupé pour laisser à mon esprit la liberté dont il a besoin. Adieu.

LETTRE 4.*

Il me reste à vous parler de la seconde route qu'il vous est loisible de prendre pour vous rendre à Lyon. Celle de Bourgogne. Emboîtez-vous dans la diligence à minuit, courez trois jours entiers, embarquez-vous à Châlons, et vous voilà rendu le cinquième.

Par cette voiture, vous vous ennuyerez moins; mais vous vous fatiguerez bien davantage. D'abord, ce départ nocturne, ces compagnons de voyage, si étrangement assortis ; ce cahotage épouvantable qui, de Paris à Fontainebleau, vous donne une si longue et si rude estrapade ; le désagrément de repartir avant le jour, d'arriver toujours de nuit, de ne pouvoir marcher qu'aux montées ; celui, s'il fait mauvais temps, de sentir qu'on a sur sa tête, cinq à six malheureux, mouillés, couverts de neige, ou désolés par le vent.... J'aime mieux m'occuper des avantages qui balancent ces inconvénients. D'abord (vous allez rire, mais n'importe), un de mes grands plaisirs, quand je prends ces sortes de voitures, c'est l'avant-scène de départ, et l'arrivée du jour ; quand chacun fait sa ronde, et cherche à deviner des yeux, les différentes espèces de compagnons auxquels le sort l'enchaîne pendant cent lieues. Les adieux sont quelquefois tendres et touchans ; combien j'ai vu de femmes aimables et sensibles conduire au carrosse leurs époux ou leurs fils ; attendre, en soupirant, le moment du départ, les embrasser en sanglotant, s'en séparer, ou plutôt s'en arracher avec de douloureux efforts, tandis que les cochers, auprès d'elles, jurent, pressent, font claquer leur fouet, et que les chevaux impatiens, frappant du pied, font retentir les cours de leurs hennissemens aigus! J'ai vu l'année dernière, un respectable père de famille, dans un silence plus expressif que tous les cris des femmes, baiser son fils, son fils unique et adoré ; et le cœur navré d'amertume, lui balbutier quelques sages avis, me le recommander avec la franchise et la confiance d'un honnête homme, en me serrant la main, comme si j'avais été son meilleur ami (moi, qui ne le connaissais pas). L'enfant monta dans la voiture, j'étais dedans ; je lui tendis la main, il entre. La voiture part ; le père nous suit en courant, appelle son fils, lui présente avec transport et regret la pomme de sa canne ; le fils y touche et la baise ; et soudain le père la retirant à lui, la baise aussi. Oh! mais avec quelle différence d'expression! C'est assez de l'avoir vu pour le sentir ; mais ce n'est pas assez de le sentir pour le rendre. Voilà de ces traits éloquens que peignent l'énergie de la nature et la bonté du naturel. Pour moi, mon cœur se gonfla, et mes yeux se remplirent de larmes : j'admirai le trait, et je n'y ai jamais songé depuis, sans la plus vive émotion.

Pendant le même voyage, nous avions pris à Essonne un jeune homme de vingt ans, vêtu honnêtement, mais très-simplement, bien coîffé, très-poli ; chose si rare à son âge. Tous ses discours annonçaient de la pudeur et du bon sens, chose bien plus rare encore pour un échappé de la capitale ; mais ma surprise fut inexprimable de lui voir au milieu de l'estomac, une grosse touffe de quinze à vingt roses fraîches et charmantes attachées à ses boutonnières à l'aide d'un ruban bleu, précisément comme un bouquet de mariée. Plus il se faisait connaître, soit par ses propos, soit par son silence, plus il m'intéressait ; mais plus aussi cette parure féminine me révoltait intérieurement. J'aime une fleur qu'on porte à la ville, pour être près d'une agréable odeur, quand quelqu'exhalaison fétide vient offenser mon nez ; mais je ne puis souffrir de voir des bouquets ailleurs que devant les jeunes personnes ; ce sont là les diamans dont la nature leur fait hommage, et le plus bel ornement de leur parure. Un homme, au contraire, a toujours l'air un peu colin, un peu nigaud, avec ce qui sied si bien à la beauté. Mon jeune homme était donc une sorte d'énigme pour moi, et je n'augmentai pas d'estime pour lui, quand je le vis, au sortir de la voiture, courir à la salle à manger, prendre un verre, le remplir d'eau, couper avec des ciseaux l'extrêmité des tiges, et placer là ses chères roses avec la plus scrupuleuse attention. Après dîner, il en sèche le pied avec sa serviette: le remet devant lui, et nous partons. Le soir, même précaution : nous repartons, et le bouquet reparaît à son poste. Il était aussi frais et plus beau même que la veille. Enfin, nous arrivons à Sens; c'était la veille de la Notre-Dame de septembre. La première personne qui se présente à la portière du carrosse, c'est une dame de quarante ans qui demande: *Mon fils est-il-là ?* C'est maman, s'écrie le bon jeune homme; il passe sur nous, saute au col de sa mère, avec un cri de joie qui retentit encore dans mon cœur, et après cette vive et tendre embrassade que je dévorais des yeux, en songeant que j'en ferais bientôt une pareille à la meilleure des mères, j'appris enfin, et j'en fus bien soulagé, bien content ; j'appris la destination du bouquet. Maman, voilà des roses de Paris, c'est demain votre fête, c'est celle de ma sœur qui est au couvent; le bouquet est gros, nous en ferons deux.... Mais allons voir ma sœur ; comment se porte ma sœur?... Et de recommencer les caresses, et la bonne mère de pleurer de tendresse, et moi.... Vous voyez par ma description, mon cher ami, que cette jolie scène est restée dans mon âme avec ses touchantes circonstances. Ce sont là des riens, je l'avoue ; mais ces riens, quand on sait les voir, font les délices de l'observateur, et quelquefois même de l'ami à qui l'on en adresse le récit ; et voilà comme il ne faut pas se presser de juger ; c'est la morale de mon conte. Mais cependant j'oublie de vous parler des curiosités de la route ; c'est que les cochers nous pressent, c'est que nous traversons d'assez tristes contrées. Cette forêt de Fontainebleau est affreusement belle : ces vieux chênes, ces roches cariées, noires, informes, ces blocs de grès entassés au hasard, à moitié exploités par l'équarissement des pavés; ces hêtres élancés dans les airs, ou couchés à terre, ébranchés par la foudre, ou près de tomber, et retenus seulement par quelques arbres du voisinage, sur lesquels ils sont inclinés jusqu'à la première tempête; voilà ce que j'ai vu dans *les plaisirs du Roi.* Fontainebleau, quand le monarque est à Versailles, ressemble à une ville dont la peste a fait un désert: quand il y paraît, on y est les uns sur les autres; c'est un hourvari, un cahos, une presse.... La campagne.... J'oubliais qu'il n'y a là point de campagne. Après la forêt, on est dans un autre pays: si le laboureur et le vigneron n'y font pas d'abondantes récoltes, au moins n'y faut-il pas craindre les cerfs et les lièvres. C'est pour ces utiles animaux un vrai pays de Cocagne; aussi la multiplication, suite du bonheur, y est-elle prodigieuse.

Sens, ville archiépiscopale, bâtie, ou plutôt construite au confluent de la Vanne et de l'Yonne, est en Champagne. Qui ne sait cela? m'allez-vous dire:

doucement, monsieur, elle était en Bourgogne, il n'y a pas long-temps. Les villes voyagent aussi : Lyon, jadis sur les montagnes, est descendu dans une plaine ; il commence à courir dans le Dauphiné. Paris même s'est ennuyé dans la cité, et s'est établi sur la montagne. Delà, il a fui vers Montmartre ; il commence à redescendre, et va, dit-on, bientôt rendre visite à Versailles. Déjà sa communication avec la cour n'est plus qu'une rue illuminée en hiver. Qu'on y élève autant de maisons qu'il y a de réverbères suspendus (c'est peu de chose), et voilà la réunion faite. *Sens* donc, pour revenir à *Sens*, est une des plus anciennes villes des Gaules. Il y paraît bien. Au reste, elle est grande et peuplée ; les ruisseaux qui coulent, pour la commodité des habitans, la rendent extrêmement propre : voilà tout. Cependant je dois vous dire que la cathédrale présente un beau vaisseau d'architecture gothique. La grille du chœur est d'un riche travail ; vous y verrez, vous y admirerez le mausolée de feu monseigneur le Dauphin et de madame la Dauphine. Ce morceau magnifique est le chef-d'œuvre de *Coustou*. La réunion des deux urnes qui couronnent ce triste monument, emblème de l'inaltérable amitié de ces augustes et vertueux époux, plonge l'âme dans une rêverie profonde et cruelle. Partons, arrivons à Auxerre; le paysage va changer. Après les blanches plaines de la Champagne, nous allons arriver sur les coteaux de l'Auxerrois. Les vignes par-tout égales en hauteur, d'un beau verd et couvrant entièrement les coteaux, forment un horizon doux et riant, sur lequel la vue glisse mollement, et se promène long-temps sans se fatiguer. Cette ville, ainsi que Troyes et Sens, est bâtie à la diable. Des pignons pointus, des pièces de bois peintes et chamarrées, des auvents sombres et soutenus par des piliers; tout cela adossé, par fois, à quelques belles maisons en pierre; tel est à-peu-près l'ordre et le goût de ces antiques cités.

J'aimerais mieux habiter la jolie petite ville de Joigny : elle est propre, bien déployée, bien entourée, embellie de casernes, et précédée d'un pont et de quelques allées qui font un très-aimable effet. Je ne l'ai jamais vue que le dimanche;

mais je pense qu'il ne faut la voir que ce jour-là.

> Là des prés étendus, là des collines vertes,
> Où mûrit, plein de pourpre, un raisin velouté ;
> Ici des bois touffus et des salles couvertes,
> Où l'amour vers le soir égare la beauté.
> Un pont majestueux unit la double rive :
> Des casernes de Mars ici règnent les murs,
> Et l'Yonne en son cours, errante et fugitive,
> Se plaît à les baigner de ses flots toujours purs.

Par Mr. le chevalier BERTIN.

Si la carrosse coupe encore ses journées par Autun, vous verrez encore là une de nos anciennes villasses. On vous vantera beaucoup les antiquités éparses autour de ses murailles ; mais ce ne sont que des ruines misérables ; il n'y a de beau dans cette ville que le collége et le séminaire. Le séminaire sur-tout est un palais à la fois magnifique et charmant : la vue est variée et rapprochée à propos ; les entours sont des bosquets et des promenades du meilleur goût : je ne connais rien de pareil en France.

Le lendemain matin vous vous rendrez à Châlons-sur-Saône *par un chemin montant*, *sabloneux*, *mal-aisé* ; mais peu d'heures après votre départ, vous commencerez à traverser des *coteaux* gras et fertiles, où la vigne s'élance en jets de quinze à vingt pieds, où les raisins ont de la douceur et de la grosseur, où le fond des vallées est rempli de grands troupeaux conduits par des bergères dont le costume est charmant. Elles portent une juppe plissée à petits plis, un corps recouvert d'étoffe, des manches bordées de tavelles rouges ou bleues ; leur tête est coiffée d'une espèce de toque de mousseline qui s'élève pardevant en forme de mitre, et s'arrondit par derrière comme une queue de pigeon, le pourtour est tout bordé de dentelles ; leurs cheveux sont d'un beau noir ; un collier d'or composé de plusieurs chaînes, descend de leur cou sur leur gorge ; les plus achalandées y enfilent des anneaux de verre ou d'argent, bijoux de peu de valeur, sans doute, mais inestimables à leurs yeux, par le prix que doit leur attacher la main chérie qui leur en fait don.

Les temps sont arrivés, cessez, tristes cahots.

Vous pourrez chanter ce prologue en arrivant à Châlons. Ici commencent les tableaux délicieux des bords de la Saône, dont je vous entretiendrai dans une autre épître.

~~~~~~~~~~~~~~~~~~~~~~~~~~~~~~~~~~~

LETTRE 5.ᵉ

Nous étions à Châlons. Cette charmante ville est située dans une plaine aussi belle que fertile. Ses quais se meublent de jour en jour d'édifices bâtis dans le goût moderne et de riche apparence. Les fortifications qui défendent son faubourg, quelques bastions, une tour délabrée, de vieilles courtines, lui donnent un faux air de place forte, amusant pour quiconque a vu Metz, Strasbourg et Toulon. Le dessinateur en revanche, peut y faire de bonnes *études*.

J'ai passé deux ou trois fois dans ce pays-là, et ça toujours été dans la même saison. Je ne puis vous dire le plaisir que j'ai eu à parcourir ses rues, où la foule abonde pour vendre et pour ache-

ter, pour marchander et pour choisir.
J'ai décrit quelque part le marché aux
fruits et aux bouquets de *Marseille*:
c'était là le dessert; mais ici, c'est du
solide qu'on voit de tout côté ; point
ou presque point de bagatelles. La Bresse
apporte ses grasses poulardes; *les vallées
d'au-delà les vignes*, un beurre blond
comme la peau des coins, et proprement arrangé dans de jolis paniers. Le
Charolois y vient entasser ses fromages;
tous les environs, leurs légumes en
grain, en herbage, en liasse, en botte,
en monceaux. Des pyramides de fruits,
des gerbes de chanvres et de lin, des
pelottes de laine et de fil, des vases
remplis de laitage, environnent tous
ces rustiques marchands : voilà les vrais
trésors de l'homme : voilà le seul commerce qui rend heureux ! Tous les colifichets de l'art sont mesquins auprès
de ces utiles présens de la bonne mère
nature ! Ces mille paysans en habits
de fête, ces fermières si fraîches, ces
laitières si propres et d'un teint si vermeil de santé ; leurs ajustemens, à la
fois si galans et si modestes, le babil,
les invitations si villageoises (tout autre-

ment aimables à entendre que l'air moqueur et les phrases précieuses qui vous étourdissent quand vous traversez le *palais* ou le quai de Gêvres). N'y a-t-il pas là de quoi charmer un voyageur tel que moi, de quoi transporter un poëte, de quoi porter même l'attendrissement le plus doux dans une âme simple et sensible !

O nature, nature ! l'homme a beau faire, ton attrait se fait sentir à tous les cœurs ! Il est indépendant des caprices de la mode et du luxe ; il résiste à l'éternelle variation de nos opinions insensées ; bonne nature, tu fus l'espoir, l'amour de ma jeunesse ; puisses-tu faire un jour les délices du soir de ma vie !

Embarquons-nous, et changeons de pinceaux : la journée est chaude et tranquille ; le ciel est pur et serein comme le regard de l'innocence et de la beauté. Nous voilà sur un fleuve indécis, pour ainsi parler, de quel côté il versera son urne. Heureusement nos pilotes, armés de fouets, sanglent les zéphyrs qui nous tirent. Ce sont apparemment des zéphyrs jadis trop mutins, et qui, par la métempsycose, ont été condamnés à conduire les diligences sous la forme chevaline.

Quand je suis là, je laisse les délicats descendre dans la brûlante et infecte prison qu'on appelle *chambre de Paris*. Je cherche un coin sur le tillac où je puisse, assis et sans gêner la manœuvre, voir, admirer ce paysage enchanteur, plus beau cent fois que les jardins de la Touraine et de l'Orléanois, plus paré, plus boisé, plus animé que les bords tant vantés de la Moselle et du Rhin. Abrité de mon parasol, ma lunette à la main, les yeux au guet, je demande sans fin et sans cesse le nom des châteaux et des villages qui semblent venir à moi et me présenter successivement tous leurs aspects, pour inviter mes crayons à reproduire leurs formes saillantes et fugitives. Je promène mes regards émerveillés, tantôt sur des hauteurs imposantes, plus souvent sur des fermes dont l'air champêtre et sans prétention, ressemble à la bergère que j'apperçois sous un saule du voisinage, et dont la naïve simplicité fait le seul ornement. Ici paraissent des jardins couverts de frais ombrages et des murs tapissés de pêches ; là des bosquets voluptueux, des allées de figuiers et de verdoyans tapis de gazon ; plus loin, des ponts rompus, des ports où l'on s'embarque, des *trains* qui remontent tandis que nous descendons, et dont les cordages embarrassés parmi nos mâts, font pencher la diligence, crier les femmes et jurer tous les mariniers.

Des nuages de moucherons éphémères, plus légers que des atomes d'édredon, plus blancs que la neige, commencent à s'élever sur la surface du fleuve ; une fraîcheur se fait sentir, qui nous annonce le déclin du soleil. On attache au cou de nos hippopotames de bruyantes sonnettes dont le tintement mesuré par le pas et répété par l'écho, répand sur tout le paysage un ton de mélancolie délicieux. On commence à rêver. Le calme de la nature, l'absence du grand jour raniment, exaltent les sentimens de la tendresse et de l'admiration. Bientôt le firmament se peuple de mondes, la lune paraît d'abord vaste et rouge, elle décroît et s'argente en montant silencieusement sur l'horizon. Ses rais brillans et doux glissant sur la surface des eaux agitées par le sillage inégal de notre nef, et par les secousses de l'attelage, charment les yeux par ce frémissement phosphorique ; insensiblement l'âme tombe dans des rêveries confuses, mais attachantes ; elle a, par intervalles, des pensées graves ou sublimes. Les brillans projets, les souvenirs heureux semblent voltiger autour d'elle, embellis par l'imagination : la triste raison chasse à son tour ces fantômes ; alors l'instabilité des plaisirs, le néant des honneurs, les chimères de l'ambition sont les textes qu'on amplifie pendant qu'on est ainsi bercé ; jamais le sommeil ne fut plus éloigné de mes yeux. Cet état difficile à décrire pendant ces momens sans durée, tient presque de l'extase ; tout-à-coup un choc brusque agitant le navire, imprime au philosophe un mouvement de peur qui interrompt cette douce évagation de l'esprit. On apperçoit des lumières lointaines ; on entend le tumulte qui, du sein des cités, monte dans l'air et suit la direction des vents.... Enfin nous arrivons.

J'ai toujours vu Mâcon de nuit ; je

ne sais ce que c'est que Mâcon ; ainsi vous perdez une description : demain je tâcherai de vous dédommager. Adieu.

LETTRE 6.ᵉ

SUITE DE LA PRÉCÉDENTE.

N'avez-vous pas remarqué que lorsque l'imagination sait se ménager des repos, pour l'espace comme pour la durée, elle est moins impatientée du terme, et croit, pour ainsi dire, arriver à chaque intervalle qu'elle franchit ? Eh bien ! usez de ce facile moyen pour tromper l'ennui et la longueur du voyage. Que chaque grande ville soit un but où vous soyez empressé et bien-aise d'arriver; sur-tout sachez voir la campagne et sentir la nature.

> Les bois, les vallons, les montagnes,
> Toute la scène des campagnes,
> Prend une âme et s'orne pour moi.
> Aux yeux de l'ignare vulgaire,
> Tout est mort, tout est solitaire ;
> Un bois n'est qu'un sombre réduit,

Un ruisseau n'est qu'une onde claire,
Les zéphyrs ne sont que du bruit.
Aux yeux que Calliope éclaire,
Tout brille, tout pense, tout rit, etc.

Ces commodes maisons, ces bosquets engageans, ces espaliers si bien taillés ne vous appartiennent pas, j'en conviens ; vous pouvez cependant vous approprier tout cela. Peuplez ces jolies habitations d'êtres que vous aimiez et dont vous soyez aimé : tout ce qui est arrivé d'heureux dans la vie, tout ce que vous avez imaginé de projets, il faut le transporter sur ces magiques bords.

Souvent, en s'attachant à des fantômes vains,
Notre raison séduite avec plaisir s'égare ;
Elle-même jouit des objets qu'elle a feints,
Et cette illusion, pour quelque temps, répare
La perte des vrais biens que la nature avare
  N'a pas accordés aux humains.

Vous n'avez jamais vu Lyon, Lyon la seconde ville du royaume, et l'une des plus célèbres de l'Europe, par son négoce et par le nombre infini de ses manufactures : vous y serez dans quelques heures : cette multitude de châteaux et de maisons de plaisance, disséminés sur les deux côtés de la route; tous ces bâteaux chargés de voyageurs et de marchandises qui montent et redescendent ; ces villages si rapprochés, si élégamment bâtis, ornés de quais et de fontaines ; ces parcs dont l'œil ne perd rien, parce qu'ils remontent l'amphithéâtre des collines, les enserrent dans leurs contours, et présentent comme sur un plan lavé, le détail des cultures, les massifs des grandes futaies et des bocages fruitiers ; ces maisons assises sur des terrasses, ces balcons dorés, ces jets-d'eau, ces orangers, ces myrtes taillés en boule, en éventail, et entremêlés de statues : tant de recherche, tant d'opulence annoncent l'approche d'une grande ville et la prospérité de son commerce.

Je ne connais rien de si beau dans l'univers que le paysage qui s'étend depuis Trévoux jusqu'à Lyon. Les environs de l'Isle-Barbe, comme ceux d'Albunée et de Tivoli, ont été cent fois dessinés ; les divers aspects de Roche-Taillée, de Fontaine et de St. Cyr, sont aussi frais, aussi riches, aussi amoureux que les vallées de l'Arcadie et de Tempé ; mais enfin, des tableaux, des gravures, ne sont que des imitations mortes de la nature ; il faut pour animer tout cela, la nature elle-même. Ici des cascades produites par le *trop plein* des étangs et des fontaines ; l'éclat et le bruit de leurs chûtes, donnent du mouvement à tout un tableau : là, j'aime à voir le repos des plaines labourées, et le jeu des pentes et des roides talus, et ce mélange ondoyant et serpentant des collines et des vallées, et ces morceaux forts et vigoureux, où des rochers hardiment entassés, taillés à pic, pendans en voûtes, s'avancent fièrement des deux côtés jusques aux rives du fleuve que je descends : je veux appercevoir dans le lointain, et parmi de verds pâturages bordés de saules, des fermes agricoles ou pastorales, des charrues, des bœufs, des chevaux, et tout leur champêtre équipage.

Vis-à-vis la *Fréta*, maison de campagne du célèbre M. Poivre, s'ouvre une plaine circulaire, où l'on voit presque toutes ces beautés rassemblées. Des accidens assez disparates s'y accordent cependant entr'eux par des liaisons pleines de mollesse. La nature semble y modéler, avec ses grâces inimitables, les formes les plus enchanteresses, les plus poétiques. La rivière se promène à longs replis au pied du coteau, sur lequel la maison repose; la plaine est en face.

Du haut de son jardin chinois, vous découvrez devant vous des îles dont la Saone a librement façonné les bords inégaux; des maisons décorées de peintures éclatantes et appuyées sur de grands et sombres massifs de verdure; plus loin, des coteaux couverts de vignes et de noyers, de replats incultes, coupés de chemins obliques et tortueux, des bouquets de bois qui paraissent comme suspendus sur les rapides penchans qui regardent le nord.

Enfin, des hauteurs surmontées de villages, par-dessus lesquels dominent des tours à demi-ruinées, terminent le lointain du tableau.

Mais il faut pour en jouir chercher les points de vue favorables, passer de l'une à l'autre rive, monter au sommet des rochers, ou gravir sur Montcindre par une belle matinée; alors regardez tout autour de vous ; votre œil ravi erre d'enchantemens en enchantemens ; vous découvrez je ne sais combien de Provinces, la Bresse, le Bugey, le Beaujolois, les montagnes du Forez, celles de Grenoble, et la Saone et le Rhône. C'est un plaisir dont je jouis l'année dernière avec les plus belles nymphes de ces cantons. Hélas ! m'auront-elles pardonné d'avoir vu ce jour-là quelque chose de plus beau qu'elles mêmes ! Femmes, daignez m'en croire, votre trône n'est point sur le sommet des montagnes ; embellissez de rians jardins, rivalisez les plus belles fleurs, faites honte, vous le pouvez, au lis éblouissant, à la rose éclatante, régnez dans les bosquets et sur des sophas de verdure ; mais ne vous entourez pas de ces grands objets, qui, excitant tout notre enthousiasme, vous enlevent nécessairement des hommages dont vos charmes sont si jaloux.

De *Montcindre*, ou plutôt de ce **mont d'or**, si fameux par ses vins et par son laitage, vous descendrez au village de Saint-Rambert, et vous passerez à l'île-Barbe : cette île, célèbre dans l'histoire ecclésiastique, est formée par un rocher, qui proémine à sa poupe, et sur lequel sont bâties quelques maisons, plus singulières à voir que commodes à habiter. Sa proue vers Lyon est une pointe en pente douce, plantée de verds tilleuls, qui semblent n'attendre là que des bals champêtres et des grouppes de spectateurs. Dans les grandes inondations, la Saone couvre entièrement l'île de ses eaux bourbeuses, et dans tous les temps, on en dit l'air peu sain. Les environs sont charmans ; cependant on n'y est presque plus à la campagne ; les équipages roulent de tout côté, et débarquent aux grilles des châteaux, des petits-maîtres en parasols, et des têtes à grand plumage. Les atours ne sont pas seulement frais, ils sont riches : on mêle les fleurs aux diamants ; et la prétendue simplicité de cette parure de campagne, coûte encore plus à préparer que la toilette d'un soupé prié.

Vous ne serez pas frappé de l'entrée de Lyon par la Bourgogne : l'affreux donjon de *Pierre-Scise*, attriste le regard et flétrit l'âme (1) ; quelques beaux édifices tels que l'arsenal, les greniers d'abondan-

___

(1) Il faut se rapporter à l'époque où cette lettre a été écrite. (*Note de l'éditeur.*)

ce, frappent davantage : du côté opposé, des jardins élevés en terrasse, bornent et charment la vue. Les ponts commencent, on entre enfin dans le cahos. Adieu les douces odeurs de la campagne ; adieu les vues fraîches et agrestes ; adieu les molles pelouses et les naïves bergères. Le bruit des *métiers-à-soie*, remplace le mugissement des troupeaux, le tintamarre des cloches et des voitures, les cris des marchands, les querelles des mariniers vous assourdissent. Ce premier moment n'est pas agréable ; c'est lorsque on a parcouru ces quais superbes et commodes, quand on a contemplé la magnificence des nouveaux quartiers, admiré la place, les façades de *Belle-cour* et des *Terreaux*, visité les Chartreux et Fourvière, et la bibliothèque de l'Oratoire, et les nouveaux *Travaux - Perrache* ; c'est quand on a suivi les divers procédés des tireurs d'or, des frabricans, dessinateurs, et vu le mouvement prodigieux, l'incroyable fermentation de tous les comptoirs aux approches des payemens, c'est alors qu'on s'écrie avec Scaliger :

Lugdunum jacet antiquo novus orbis in orbe,
Lugdunumve vetus orbis in orbe novo.

Vous comprenez bien que je ferais aisément un volume sur Lyon, si je voulais tout détailler et tout dire ; mon projet n'est pas de vous ennuyer, ni d'exposer ma rhétorique à faire naufrage à cette fameuse jonction, où mes prédécesseurs en éloquence, essuyaient quelquefois la cruelle avanie à laquelle fait allusion Juvénal, quand il dit :

Palleat ut rhetor dicturus ad aram Lugdunensem.

Voyez Lyon ; mais hâtez-vous de venir me joindre. Embarquez-vous sur le Rhône; la rapidité de ce fleuve secondera l'impatience de mes désirs.

L. P. B.

NOTE DE L'ÉDITEUR.

Ce n'est point pour louer M. Bérenger qui l'a été si souvent par ses amis et par ses ennemis même, mais bien pour inspirer de la confiance à ses lecteurs, que nous avons placé ici le *Voyage de Paris à Marseille*, qui est comme inséparable des Soirées Provençales. M. de Landine l'avait imprimé dans un recueil charmant intitulé *le Conservateur*, qu'il est bien fâcheux pour les amateurs de ne plus voir paraître. M. de la Mésangère, rédacteur de quelques Voyages en France, an 4, la plûpart publiés précédemment par M. Bérenger, *dans son édition en neuf volumes, à Paris, chez Nyon 1787*; Cet ouvrage est dans son second volume, p. 91. M. de la Mésangère fait naître M. Bérenger à Marseille, et il est né à Riez. Il le déclare, de sa grâce, auteur des Voyages autour du Monde, 9 vol. in-8.° — M. de la Mésangère se trompe. Cette collection abrégée est de Bérenger, Suisse, citoyen de Lausanne, auteur de plusieurs livres estimés, notamment sa Géographie diplomatique. Du reste, M. de la Mésangère fait ses emprunts avec beaucoup de choix et de politesse. Il dit de notre auteur provençal qu'on relira toujours avec un nouveau plaisir *les Soirées*, à cause du ton de gaîté qui y règne.... Avec ce passeport tout marche, et nous avons ouï dire à M. Bérenger qu'il était fort reconnaissant qu'on l'eût mis en aussi bonne compagnie. Il faut avouer aussi que nous avons peu d'éditions aussi soignées que les quatre jolis volumes imprimés chez Chaignieau en l'an 4; les gravures au nombre de plus de vingt, sont parfaites, puisqu'elles sont de Lemire, Gaucher et Duval.

La fontaine de Vaucluse est copiée de Fessard, graveur de M. Bérenger, et auteur des ports de Toulon et de Marseille, qui ornent les Soirées et sont admirées des amateurs. On les a estropiées dans une édition d'Avignon, où elles sont *à rebours* et extrêmement ridicules.

Le journal de l'empire, octobre 1808, termine son article par ce jugement : « Cette collection de » M. de la Mésangère ne peut manquer d'avoir un » grand succès, si l'éditeur consent à supprimer » quatre ou cinq petits Voyages qui n'ont rien » de piquant, ni pour le fonds, ni pour la forme. » Mais le même journal a dit de l'auteur des *Soirées* : « Les trois Voyages de M. B.r contribuent à jeter » une grande variété dans cette collection. Il ne » fait pas des vers sur toutes les masures qu'il ren- » contre, mais il nous donne en fort bonne prose » une description rapide et curieuse de tous les » lieux qu'il parcourt de Paris à Lyon, par la » Bourgogne et par le Bourbonnais : on lit avec » intérêt les détails piquants sur Marseille, sur la » Fête-Dieu de la ville d'Aix : des notices historiques, » des réflexions justes, des remarques neuves, sur » lesquelles son goût l'empêche de s'appesantir ; » enfin un tableau fidèle et charmant d'une navi- » gation sur la Saone : tels sont les objets qu'il » présente au lecteur, et qu'il sait revêtir de » couleurs très-agréables, quoiqu'il s'éloigne un » peu trop peut-être de la simplicité qui caractérise » le style des voyageurs du siècle précédent. » — Une nouvelle édition fera disparaître ces légers défauts, couverts toutefois par les vues patriotiques et l'excellente morale qui règnent dans la plûpart des lettres qu'il adresse à ses nombreux amis.

L'Éditeur.

LETTRE DE M. CRIGNON
a M. Bérenger.

Mon très-cher ami,

Tandis que, fidèle à vos promesses, vous sembliez, par vos aimables lettres, anéantir la distance qui nous sépare, et transporter la Provence sous les yeux de votre avide lecteur, des affaires imprévues et pressantes m'ont appelé à l'autre extrémité du royaume. J'ai couru, j'ai volé à Nantes; Nantes mon ancien séjour, le séjour de ma jeunesse, et où j'eus, vous le savez, de si vrais amis ! Je ne vous décrirai point cette riche et superbe ville; vous la verrez sans doute dans peu, et c'est un soin qu'il faut vous laisser. Mais vous êtes sensible et Français, et vous n'apprendrez pas sans plaisir, que j'y ai assisté à de charmantes fêtes célébrées à l'occasion de la paix, qui vient de rendre libre, et l'Amérique, et le commerce, et toutes les mers.

Figurez-vous quatre cents femmes sous

les armes, faisant assaut de coquetterie, de parure et d'amabilité ; des jeux brillans, des bals parés, des repas somptueux ; la jeunesse de toute une grande ville, ingénieuse à marquer sa galanterie et ses attentions ; par-tout, et sur les fronts de tous les citoyens, un air de pompe et d'hilarité qui s'accroissait en circulant, et se partageait sans s'affaiblir ; le bruit des instrumens, le tintamarre des canons, les ris, les chants et les fusées ; tout en était, tout faisait tableau, tout contrastait, ou pour mieux dire, concourait à cette solennité civique, et m'inspirait un contentement délicieux, qui m'était inconnu depuis fort long-temps.

Je pourrais vous composer une odyssée entière sur mon voyage à l'île-de-Rhé. Rien n'y manquerait, ni les tempêtes les plus bruyantes, ni le calme le plus désespérant, ni les aventures les plus bizarres. J'ai chargé mon *album* d'une foule de notes relatives aux productions de cette île, à sa population, à son commerce. Je vous regalerai de ces détails dans nos soirées d'hiver ; tout est bon alors, tout, jusqu'aux dissertations de N..., et aux mille et une nuits.

Je ne connaissais Bordeaux que de nom ; vous jugez bien, mon cher ami, que j'en ai passé la fantaisie. Quelle ville ! quelle cité ! qu'il est magnifique ce port vaste et circulaire, dont tant de vaisseaux bordent l'enceinte ! Je n'ai pas vu Marseille, mais je doute qu'elle me frappe autant que Bordeaux : et que sera-ce lorsque les grands projets de M. Dupré de St. Maur, que vous connaissez, seront mis à exécution ? Le goût fera pour l'embellissement de cette ville, ce que le génie et le patriotisme ont exécuté pour l'amélioration de son commerce et de son agriculture.

J'ai traversé tout le Languedoc, mais trop rapidement pour vous en donner des détails. J'avais affaire à Montpellier : je n'ai donc pu m'arrêter dans toutes ces villes méditerrannées, pour parcourir les fabriques, visiter les monumens, noter les choses dignes de blâme ou d'admiration. Remerciez-en votre bon ange ; car vous auriez eu, sans exagération, un gros volume de digressions ou de descriptions ; où, à la manière des voyageurs, je n'aurais pas manqué de faire un quintal de mensonges avec une once de vérité.

Enfin, me voici au pont Saint-Esprit,

prêt à partir pour Grenoble, pour Lyon, pour Genève, pour Dijon, pour Paris et pour Orléans. C'est presque à vol d'oiseau que je vais parcourir tant de provinces et de pays, et cependant vous êtes bien tranquille et bien enfoncé dans vos paisibles jouissances, au fond des îles d'Hières, sous l'oranger fleuri, ou perché sur quelques-uns des rochers qui dominent les mers de Gènes ou de Corse. Je n'ai pas besoin de vous jurer que c'est à mon très-grand regret que je ne vais pas vous joindre; mais les affaires me commandent : je vois la terre promise, et je n'y puis entrer : daignez m'en faire la carte raisonnée, enluminée, etc., etc.

» . . . . . . Ce voyage dépeint
» Me sera d'un plaisir extrême,
» Vous direz : j'étais-là, telle chose m'advint :
» Je croirai que j'y suis moi-même. (LA FONT.)

Voulez-vous quelques détails sur Béziers, Montpellier, Nîmes ?... Je ne vous conseille pas de dire non : car aussi bien j'ai la plus mortelle envie de me transporter en idée dans les délicieuses contrées d'où je sors comme d'un songe enchanteur dont l'ensemble me touche et me ravit encore ; tandis que les circonstances sont prêtes à m'échapper,

J'en veux fixer sous mes pastels
La fugitive jouissance,
Pendant que de *Reyrac* les pinceaux immortels,
Entre vos mains remis, animent la Provence.

Voilà des vers français qui, franchement ne valent guère. Je veux vous parler de Béziers en beaux vers latins, et qui, à coup sûr, ne vous donneront pas de ce pays l'idée qu'en a répandu l'impertinent proverbe que vous savez sans doute, et que je ne vous citerai pas. — Mais comment des vers latins se trouvent-ils ainsi au bout de la plume d'un voyageur? — Rien de plus simple : j'étais logé chez un aubergiste dont le fils étudiait ; il avait une version de *Vanière* à faire ; c'était justement l'éloge de sa patrie. Je l'ai lue d'abord par desœuvrement, en attendant l'heure du souper ; et de lecture en lecture, la tirade s'est gravée dans ma mémoire à mon insçu.

. . . . . . *Miti Baccho mitissimus aer*
Dulciaque arva placent : at que Bliterensibus oris

*Cœli seu faciem spectes, terræque, virúmque
Ingenium, nihil est toto clementius orbe,
Hinc vetus est vulgi dictum, si rursùs olympi
Affectet superas humana superbia sedes,
Providisse deos Biteram, donisque vicissim
Ornavisse suis. Dat Jupiter aëra purum,
Sol lætos sine nube dies; nascentibus ultrò
Terra parens toto se floribus induit anno.
Non satis est oleis campos vestisse Minervam,
Jussit inexhaustos oleum quoque currere fontes.
Ipse suas animos hominum formavit ad artes
Delius, et si quid sapiunt mea carmina vatem,
Hanc mihi cava dedit cum sanguine patria laudem.*

Il ne tiendrait qu'à moi de poursuivre la citation :

Mais trop de vers entraîne trop d'ennui.

Cela est vrai des français et très-vrai des latins, que les pédans m'ont presque fait prendre en haine à force de m'en faire tourner et retourner, dans un temps où toute leur harmonie était au bout de mes doigts.

Le canal passe à Béziers, vous savez cela ; c'est vous dire que la Seine coule à Paris ; mais ce qu'il faut voir et admirer, et revoir encore, ce sont ces bateaux qui montent sur les montagnes, redescendent, pénètrent dans les entrailles de la terre, reparaissent au jour, et vont ainsi d'une mer à l'autre, grâce au génie de l'immortel Riquet, à la magnificence de Louis XIV, et à la sagesse des États, qui ne se sont jamais désistés de cette demande. Si chaque roi de France, au lieu de guerroyer en Espagne, en Allemagne, ou en Italie, avait creusé quelque canal de navigation ou d'arrosement dans ce vaste royaume, sa force serait aujourd'hui formidable ; parce qu'avec ces grands moyens de culture, la population serait parvenue à son *maximun*; et le commerce à un degré de splendeur inimaginable.

Au reste, vous savez, mon cher ami, qu'on travaille avec la plus grande activité au canal de Bourgogne; celui de Picardie se poursuit; on propose celui du Berry qui jetterait l'Auvon dans l'Yeure, et l'Yeure dans la Loire. Ces grands, ces utiles travaux, immortaliseront le règne de Louis XVI plus que toutes les victoires, plus que toutes les conquêtes les plus superbes. Le commerce et l'agriculture sont les mamelles de l'État Qui a dit cela.... Oh! oh! me voilà politique, Dieu me pardonne, et presqu'autant que les personnages que vous avez chantés jadis....

> Lorsque rival de la Bruyère,
> Et des Dorats et des Gressets,
> Vous exquissâtes à grands traits,
> Par ci, par là, quelques portraits
> Qui coururent la France entière,
> Attachés à la talonnière
> Du dieu qui porte tant d'extraits
> D'ouvrages faits, refaits, à faire ;
> Tant d'énigmes, tant de couplets,
> D'abbés célébrant leur Glycère ;
> Tant d'annonces, tant de pamphlets,
> D'auteurs s'attaquant par derrière :
> Tant d'articles qu'on ne lit guère,
> Quand par....... ils sont faits.

Mais brisons sur ce point : il y aurait trop à dire, parlons de Montpellier, dont le nom est bien plus riant en latin qu'en français (*Mons Puellarum*). Oui, c'est à la douceur, aux grâces, à l'esprit des jolies femmes de ce climat, et particulièrement de cette ville, que Montpellier doit sa dénomination. Qu'on ne me vante plus ni le beau sang des Cauchoises, ni la vivacité des Bordelaises, ni la pétulance de vos Provençales ! Vive ! vive plutôt

Cette douceur, cette mollesse,
Qui répand tant d'aménité
Dans l'aimable société
De cette ville enchanteresse !
Vive ce parler séduisant,
Qui vient du cœur, qui touche l'âme,
Vive ce regard éloquent,
Où dans un orbe humide étincelle la flamme
Du plus expressif sentiment !
Vive enfin, cet esprit charmant,
Sans lequel la plus belle femme
N'est qu'un marbre poli, qu'un joujou, qu'un enfant.

Vous savez ce qui me rend difficile : glissons sur cette matière. Les époux heureux doivent jouir et se taire : vous avez dit cela quelque part. Parlons un moment du local. Il faut que Montpellier ait encore plus d'attraits pour les étrangers, que nos autres villes méridionnales. Cela ne m'étonne pas; ces hypocondres y viennent respirer un air pur et vif, et y trouvent plus de médecins qu'il n'existe de maladies. Les amateurs de fleurs ou de fleurettes trouvent ici de beaux jardins de botanique, des montagnes très-riches en plantes, et les plus jolies filles du monde. Les Anglais enragent d'abord dans leur cœur de voir tant de gaîté même parmi le peuple, même parmi les riches; et puis ils finissent par s'égayer eux-mêmes. En quittant l'air de Montpellier pour la triste et lourde atmosphère des bords de la Tamise, ils aiment la vie, et presque les Français.

Rien de plus beau, de plus magnifique, rien ne sent mieux sa grande ville que la place du Peyron. L'horizon y est vaste, pittoresque, varié : la mer en forme la perspective; on découvre les cimes aiguës des Pyrénées, leurs antiques glaçons tout resplendissans de lumière, et ça et là des échappées de la plus grande richesse. Au milieu de cette esplanade s'élève la statue de Louis XIV après sa mort. Que de sens, que de philosophie dans ce seul mot! Qu'on dise encore que notre langue n'a ni l'énergie, ni la précision, ni la noblesse convenable au style lapidaire.

Mon cher ami, vous allez m'admirer : je suis heureux en transitions aujourd'hui. Je vous parle de Montpellier; M. Roucher y est né. J'ai le *poëme des Mois* dans ma chaise de poste, le poëme des Mois renferme, comme de raison, une tirade (imitée de *Vanière*) sur cette ville et ses habitans. Me voilà dispensé de faire de la prose : vous voilà contraint de relire ces vers.

Et toi, cité fameuse, ô moderne Epidaure,
Conserve-moi long-temps un père que j'adore !
Conserve son épouse, en qui dès le berceau,
J'ai retrouvé les soins de ma mère au tombeau.
Veille sur tous les miens, et ma reconnaissance
Publiera qu'en ton sein j'ai reçu la naissance.
Je dirai qu'en tes murs règne un sexe enchanteur ;
Je peindrai son œil vif, son parler séducteur,
Son front où la gaîté s'unit à la noblesse,
Ses grâces, son esprit, et sa svelte souplesse :
Né pour sentir l'amour, et par l'amour formé,
Tendre et constant, il aime ainsi qu'il est aimé :
Dois-je de ton printemps vanter le long empire,
Ton sol toujours fécond, l'air pur qu'on y respire,
Le parfum de ces vins, mûris dans le gravier,
Le front de tes coteaux qu'ombrage l'olivier,
Des plus riches moissons tes champs dépositaires,
Tes eaux, tes fruits, tes bains, tes plantes salutaires,
Ce célèbre conseil de mortels bienfaisans,
Instruits à prolonger la trame de nos ans ;
Tes savans, de qui l'œil armé d'un regard ferme,
Surprend la vérité dans la nuit qui l'enferme ;
Tes comités, enfin, où du peuple et des rois
La sage liberté pèse et fixe les droits.
Je chanterai, sur-tout, ce grand, ce rare ouvrage
Qui de l'antique Rome eût lassé le courage ;
Ces trois ponts qui, de loin vers ses murs dirigés,
Arrivent dans ton sein, l'un de l'autre chargés,
Et par mille canaux épanchent en fontaine
Le liquide tribut d'une source lointaine.

— Et c'est cette charmante ville que le

moderne Timon a voulu couvrir des flots brûlans de sa bile ! Vous rappelez-vous cette lettre, j'ose dire atroce, que nous lisions cet hiver au coin de votre feu, et qui nous fit faire tant de réflexions sur le caractère ardent, mobile, excessif du philosophe Genevois ? Que dire pour l'excuser ? En vérité, je ne sais. *Un homme de génie dominé par une imagination fougueuse et sombre, peut de très-bonne foi donner dans les plus grands écarts.*

Il me reste à vous dire, mon cher ami, quelques mots sur Nîmes. J'ai mille obligations à M. Razoux, secrétaire de votre académie : il a bien voulu me servir de guide et d'interprète, dès que je me suis réclamé de vous. Nous parcourûmes les restes *de la Tour magne*, qu'on dit avoir servi de phare aux voyageurs errans dans les forêts, dont le voisinage était jadis couvert. Nous admirâmes la fameuse *Maison quarrée* devant laquelle un grand prince était resté, la veille, pénétré d'admiration : la beauté de l'architecture de cet édifice, la régularité de ses parties, le fini, la délicatesse de sa sculpture, le rendent un des plus agréables monumens de l'antiquité.

Les *arènes* de Nîmes ont dû être jadis un ouvrage bien magnifique ; mais ce vaste et superbe cirque est entouré de vilaines petites maisons : d'autres plus vilaines encore en remplissent l'autre ; de sorte que le tout produit un effet disparate et confus, où le regret et l'indignation étouffent le plaisir et la surprise.

Laissant ces grands débris se consoler entr'eux,

Nous courûmes sur les bords de la célèbre fontaine : ses bouillons intarissables, ses brillantes cascades, ses superbes nappes font l'étonnement et l'amour des dryades des environs. De riantes *Garrigues* rendent délicieux l'aspect de ce paysage enchanté ; et les bords de notre Loiret, tout charmans qu'ils sont, peuvent à peine entrer en comparaison avec cet autre Tivoli.

Je revins chez M. *Séguier*, le plus instruit et le plus généreux des hommes, parcourir, détailler, admirer son riche cabinet, ses rares coquillages, ses précieuses antiques (presque toutes trouvées à Nîmes) et les collections en tout genre qu'il a su réunir et compléter, pour en faire présent à la société respectable et savante, dont il est depuis si long-temps l'honneur et l'organe.

Quels ont été mes regrets de ne pouvoir vous offrir mes hommages et les adorations qu'on doit aux talens, à la jeunesse et à la beauté !

A vous, jeune Sapho, qui dans vos premiers lustres,
Au fond de ces climats, hélas! si loin de nous,
De gloire couronnée en dépit des jaloux,
  Avez rendu deux noms illustres !

Mais la province vous envierait alors à la capitale, à ce Paris, dont le sort était de vous envier depuis si long-temps à la province.

Je ne quitterai point Nîmes, mon cher B..., sans voir le modeste tombeau de votre héros, de ce *Fléchier*, qui sut s'élever une fois au ton de la plus auguste éloquence, et qui surpassa en vertus presque tous les grands prélats du grand siècle. On ne peut faire un pas dans la ville dont *Fléchier* fut le pasteur et le père, sans rencontrer les traces de son humanité ! L'hôtel-dieu de Nîmes fut soutenu par ses aumônes, et il lui légua 8000 livres en mourant : 20,000 livres furent laissées à l'hôpital-général, et

3000 livres à la maison du refuge qu'il avait fondée ; c'est Fléchier qui procura à Nîmes l'utile établissement des filles de la charité, et celui de la providence, maison destinée à recevoir les pauvres orphelins. Avec quelle magnifique charité il ouvrit ses greniers aux malheureux pendant le désastreux hiver de 1709 ! avec quel zèle, et noble et généreux, il fit parvenir ses bienfaits, et ceux de son église, aux Anglais refugiés en France avec leur infortuné monarque ! Enfin, rival de Fénélon, et digne que Massillon le prît pour son modèle ; toute sa vie *Fléchier* consola, soulagea le pauvre, et le défendit de l'oppression. Qu'on me les montre à de pareils traits ! je les reconnaîtrai les vrais successeurs des apôtres !

Passons au pont du Gard, mais bien vite : et ne craignez pas que je vous en parle après la description que vous en trouvez dans le voyage du Languedoc ; et surtout dans les confessions de J. J., c'est le seul monument de l'antiquité qu'on puisse vanter beaucoup, sans que les éloges les plus pompeux fassent trouver l'ouvrage au desous de l'idée que l'imagination tâche de s'en former. *Il n'ap-*

partient qu'aux Romains de produire cet effet.

Je quitte enfin cette solitude immense et sauvage, pour entrer dans les jardins de la Provence et du Languedoc; je suis au Pont Saint-Esprit.

« Qu'il m'est doux de revoir, sur ces rives fertiles,
« Le Rhône ouvrir ses bras pour séparer nos îles;
« Et ramassant enfin ses trésors dispersés,
« Blanchir un pont bâti sur ses flots courroucés. » B.

Adieu, cher troubadour, ne revenez que lorsque votre poitrine sera parfaitement rétablie. Amusez-vous tant que vous pourrez : écrivez-moi toujours, au moins une fois par semaine, qu'il fait beau, que vous m'aimez, que vous vous portez bien. Tout est bon, dit La Fontaine, *je soutiens qu'il faut de tout aux entretiens.*

Mon *Vida* s'achève; et ce voyage dans le pays de la soierie, ne nuira point à l'exactitude de ma traduction.

J'espère que vous voudrez bien revoir cet essai avec amitié, et l'insérer dans la nouvelle édition de vos lettres. Je l'ai lu en entier à notre société de physique, et l'on m'a fait des observations excellentes dont je profite.

Adieu, mon meilleur ami, je vous embrasse du plus profond de mon cœur.

P. S. Un de nos fidèles a fait, vous le savez, deux quatrains pour le buste de notre bon ami *l'abbé de Reyrac* ; comme il était en train, et que sans doute quelque jour ce buste aura un pendant, voici l'*octave* qu'on lui destine :

 Dans ses écrits, sans y songer,
Il attache son âme, et peint son caractère ;
Cœur sensible, esprit doux, ami tendre et sincère
 Tel fut *Reyrac*, et tel est *Bér*.....
 De l'antique et saine éloquence
Vingt ans, avec succès, il donna des leçons ;
 Et mérita, pour récompense,
La haine des méchans, et l'amitié des bons.

LETTRES SUR TOULON.

1.re

Toulon est situé entre le 23.e degré de longitude et le 43.e de latitude. Sa position est plus certaine que son origine. On a voulu en fixer la première fondation à l'an 1642 avant J. C., et en faire honneur à un peuple de la haute Allemagne, conduit par un chef nommé Talamon ou Télamon. On a suivi, avec un soin minutieux les nombreuses destructions de cette ville, et ses reédifications successives par de nouveaux chefs et de nouvelles nations. On conte que Toulon a été ruiné et rebâti jusqu'à 7 fois avant l'ère vulgaire, et 8 ou 9 fois depuis l'an 102 après l'incarnation jusqu'à l'an 1225.

Sans admettre ni rejeter des faits assez indifférens aujourd'hui, l'on peut dire qu'il a suffi de la beauté du port de Toulon, de l'abondance et de la bonté de ses eaux ; de la douceur de son climat, et des nombreuses forêts qui dans ces temps reculés couvraient les montagnes qui s'élèvent au nord de cette ville, pour y attirer des habitans.

Il est très-naturel encore qu'à cette époque de barbarie et d'émigrations, diverses peuplades se soient disputées tour-à-tour la jouissance de ces mêmes avantages, et que dans l'ignorance où l'on était alors de tout droit des gens, la guerre entre ces peuplades se soit toujours terminée par la ruine totale d'une bourgade mal fortifiée.

C'est dans une de ces affreuses boucheries, dans laquelle pour cette fois les Goths étaient les assaillans, en 599, que périrent l'évêque St. Cyprien, patron de Toulon, et les hermites Fluvius et Mandrier.

Vous savez maintenant à qui doit son nom cette agréable presqu'île, de St. Mandrier, situé vis-à-vis Toulon, de l'autre côté de sa belle rade, et où vous avez, mon cher ami, coulé si délicieusement quelques jours.

On assure que la tour de l'horloge de notre ci-devant cathédrale, est un ancien château-fort bâti par des Phocéens ; et que cette église elle-même fondée par St. Cléon, l'un des 72 disciples en l'honneur de la Vierge Marie dont elle a gardé l'invocation, fut reconstruite environ l'an 411, ainsi que le reste de la ville, par un duc des Celtes nommé Tolenus, ou Tolumnus, d'où nos savans étymologistes font dériver le nom de Toulon.

Il paraîtrait que dès 1536 cette place était déjà passablement fortifiée, que l'on sentait l'importance de sa rade et de son port, puisqu'André Dovin, général de la flotte de Charles-Quint, observa à cette époque à ce prince que le meilleur fruit qu'il pouvait retirer de son entreprise contre la Provence, était d'avoir gardé et fortifié Toulon.

Aussi François I.er se hâta-t-il d'achever la construction de la grosse tour placée à l'entrée de la rade, et que Louis XII avait fait commencer.

Mais c'est sur-tout de Henri IV que datent et la population et les fortifications de notre ville.

En 1594, ce prince en fit agrandir l'enceinte, élever les courtines des bastions St. Vincent et Ste. Catherine, celles des portes, les murailles de la darce vieille, etc.

Louis XIV étendit et embellit l'arsenal; et comme de nécessité il fallut prolonger les murailles de la ville qui étaient contiguës à l'ancien arsenal, la ville elle-même fut augmentée de l'espace renfermé entre le mur de la corderie; et l'hôpital de la marine, alors la maison des Jésuites, jusques à la porte de France.

———

2.^e

Sortons un instant de Toulon, mon cher ami : nous y rentrerons ensuite, pour jeter en passant un coup-d'œil sur les divers monumens que cette ville renferme.

Elle est bâtie sur une pente qui favorise l'écoulement des eaux abondantes qui l'arrosent. Abritée au nord par ses montagnes, elle est ouverte au couchant et au levant. Le cap Cépé au sud-est, le cap Cicier au sud-ouest; à l'est du côté de l'ouverture de la rade. La montagne de Cetyarimne, et la presqu'île de Giers, rendent cette rade l'une des plus sûres et des plus belles.

Toulon doit à sa position, à ses eaux pures et courantes, à la distribution de ses rues, d'être en général une ville très-saine. Son terroir est cultivé avec assez de soin. La terre est d'une nature légère et peu compacte : elle est, ainsi que ses montagnes, intérieurement calcaire.

Le terrain de la malgue, colline où à côté d'une citadelle des plus fortes, croissent des vins rouges très-renommés, est schisteux et parsemé d'une foule de petites pierres camelleuses, qu'on dit entrer pour quelque chose dans la bonté de ces vins.

A environ une lieue et demie de la ville vers l'ouest, on reconnaît des traces de volcans éteints, un petit village nommé Evenos qui se trouve sur cette direction, est entièrement bâti avec des laves, et sur des rochers volcanisés.

Déterminer l'époque des abatis des bois qui jadis couronnaient les montagnes de Toulon, est chose peu facile. Ils ont dû avoir lieu successivement ; et du moment où on les a entrepris jusqu'à nos jours, c'est-à-dire, à l'état dans lequel sont aujourd'hui ces montagnes qui n'offrent plus que des rochers nuds sans terre végétale, il s'est écoulé sans doute un temps immense.

Les derniers abatis peuvent dater d'environ 150 ans, car l'on voit encore dans quelques maisons des poutres de bois de mélèze, espèce qui était la plus commune sur nos montagnes.

Au pied de l'une d'elles, *Faron* dont l'élévation est de 235 toises, croît le chêne à Kermès. On trouve aussi sur nos parages le fuars commun, connu sous le nom de mousse de Corse, et la coraline que l'on confond quelquefois à tort avec cette mousse.

A l'ouest des mêmes montagnes, dans un angle rentrant vers le sud, sont les sources qui fournissent tant d'eau à Toulon. Celle de fontaine est moins pesante que l'eau des puits. La célébrité qu'avaient nos eaux pour la teinture, est moins due à une qualité qui leur soit propre, qu'à la facilité qu'offraient aux Romains le kermès et le murex pour teindre en rouge leurs laines. D'après l'analyse qu'ont faite de ces eaux, plusieurs chimistes, soit par la distillation, soit *par les réactifs* et l'évaporation, on a trouvé qu'elles ne tiennent en dissolution que très-peu de sulfate de chaux, et on en a conclu qu'elles ne présentent aucun inconvénient comme boisson, et que les arts peuvent les employer avec avantage.

Le territoire de Toulon fournit beaucoup de jardinage, du vin, de l'huile, des capres, des figues délicieuses, assez de fruits : les abricots de *Favor* sont renommés. Le blé et les pâturages y sont rares. Quoique ce territoire soit en général aride et dépourvu d'ombrages, la vallée de Dardennes au nord-ouest, celle de la Valette à l'est, ne sont point sans grâces et sans fraîcheur.

Le château de Dardennes a servi tour-à-tour à fabriquer des poudres de guerre et de petites monnaies. Lors du siège de Toulon par le duc de Savoie et le fameux prince Eugène en 1707, l'ennemi s'étant saisi de la gorge de Dardennes, on eut soin avant leur occupation d'en mouiller les poudres. Vous savez que les pièces de deux liards si long-temps connues sous le nom de *dardennes*, empruntaient ce nom du lieu de leur fabrication.

Les bords de la rivière de l'aigoutier, qui a son embouchure dans la petite rade du côté de l'est, a aussi ses charmes. Mais cette rivière obstruée dans son cours, et qui d'ailleurs tarit dans l'été, et laisse alors des eaux stagnantes dans les champs environnans, y cause des fièvres intermittentes. Le quartier vieux de la ville est pareillement exposé à ces fièvres dans la saison chaude, effet de quelques marais répandus autour du rempart du côté du levant.

Toulon, il m'en souvient, mon cher ami, fut le chef-lieu du département du Var, jusqu'à la fin de 1793, c'est-à-dire, jusqu'à cette fatale époque où de malheureuses circonstances, plutôt que l'esprit de rebellion, y firent réunir les puissances coalisées contre la France. Cet avantage qu'elle devait à son importance, la ville de Toulon a pu le perdre sans grands dommages. Place forte, second port de la marine française, voilà ce qui la constitue essentiellement, et ce qu'il a été impossible de lui enlever, ce qui en fait la richesse principale, ce qui, après l'émigration de plus d'un tiers de ses habitans, y a promptement rétabli la population presqu'au degré où elle était avant ce déplorable événement, ce qui, au moment où je vous écris, la porte comme en 1789, par la réunion de ses nouveaux colons, aux habitans restés, et aux émigrés rentrés, à 26 ou 28 mille âmes. Il est des instans où ce nombre s'accroît d'un tiers au moins, ce sont ceux, où comme en dernier lieu, on compte sur la rade de Toulon 10 à 12 vaisseaux de ligne, et des frégates et autres moindres bâtimens en proportions de ses forces.

Cela nous conduit naturellement à rappeler son arsenal dont l'étendue et la circonférence sont presque égales à celles de la ville elle-même. On peut y distinguer trois masses principales, la première de la porte d'entrée en montant vers le nord, et descendant par l'ouest au midi : dans cet espace, l'on rencontre d'abord le magasin général provisoire, la corderie, ouvrage de Vauban, laquelle enferme tous les ateliers relatifs aux diverses opérations que subit le chanvre pour être transformé en cordage, et qui offre, ainsi que vous l'avez si bien dit vous-même, dans une longueur de 1120 pieds, les deux pavillons compris, et une largeur de 63 pieds 5 pouces.

 . . . . . . Cent arcades pareilles
 Où le cable filé s'allonge et s'arrondit.

Avant d'arriver à cet édifice est une manufacture de toiles à voiles que fabriquent, sous la direction de deux maîtres tisserands, des condamnés aux fers ou forçats. Il est regrettable que les localités ne donnent pas plus d'extension à cette manufacture dont les produits surpassent peut-être, par la beauté et la solidité du travail, en toiles de 2, 3 fils, etc. mêlés de toute espèce, tout ce que fournissent au port de Toulon les manufactures de Tennes, de Strasbourg, etc. On y remarque deux mécaniques destinées à remplacer les tours à filer et à devider, dont l'une au moyen d'une roue que 4 hommes, font tourner, fait mouvoir 92 fileurs et 2 devideurs; et l'autre, par le même mécanisme, occupe 40 fileurs et un devideur, sans que les uns ni les autres soient distraits de leur ouvrage par aucun autre soin, comme dans le filage au tour.

A l'extrémité de la corderie vers l'ouest, on trouve la salle d'armes où Bellonne sur un autel entre deux guerriers revêtus de l'armure antique, est au sein des attributs de la guerre. Les colonnes de ce temple sont formées d'armes de toute espèce anciennes et modernes. La voûte étincelle de soleils composés de sabres et de baïonnettes.

Delà, en s'avançant vers l'ouest, se présentent divers atéliers spécialement consacrés à l'art destructeur des combats, l'armurerie, le parc d'artillerie, etc.

Vis-à-vis ce parc, le rivage est chargé de canons de tout calibre, de mortiers, etc.

Deux édifices avaient été incendiés dans l'arsenal par les Anglais, au moment de leur retraite en l'an 2, le magasin général et le hangard aux mâts.

Ce dernier a été relevé; un étage a

été bâti au-dessus pour y former une vaste salle de gabauts.

Les fondemens d'un nouveau magasin général ont été jetés sur les ruines de l'ancien. Le défaut de fonds suspend la continuation de cette belle et importante restauration.

Non loin de là, et sur les derrières, a été construit un immense bâtiment, divisé en plusieurs salles, et qui sert de dépôt pour les chanvres. Cet ouvrage est dû aux soins du préfet maritime.

L'arsenal s'est enrichi récemment de deux cabinets précieux, l'un, dans l'un des pavillons de l'île où sont réunis des modèles très-anciens de vaisseaux, frégates, des mâtures de Toulon, Brest et Rochefort, des bassins des deux premiers ports, etc. etc. L'autre, placé auprès et sous la main de l'inspection du magasin-général, renferme des échantillons de tous les bois, fers, chanvres, en un mot de toutes les matières quelconques, qui entrent dans la construction des vaisseaux ; les modèles de presque tous les outils et instrumens des diverses professions maritimes, et de tous les ustensiles en usage à la mer, etc. etc. Là aussi sont déposés les types des draps, toiles, forges, étamines, monis, herbages, enfin de toutes les marchandises que les divers fournisseurs sont dans le cas de livrer pour les besoins du port. Ces modèles et échantillons sont appelés avec succès, comme points de comparaisons, dans les différentes recettes qui ont lieu dans l'arsenal.

Cet établissement est l'ouvrage de l'inspecteur de marine actuel M.ʳ Cavellier, administrateur recommandable par des connaissances étendues et variées, et par les grandes vues qu'il porte dans le service.

Depuis le 18 brumaire, les constructions ont pris beaucoup d'activité. Il y a en ce moment, sur les chantiers de Toulon, un vaisseau de 110, un de 80 ; on vient d'y en placer un troisième de 118 canons ; un brick a été, il y a peu de temps, lancé à la mer. Dans un port voisin (la Ciotat) on construit pour l'État, une corvette et deux belles flûtes de 800 tonneaux.

Une restauration essentielle et qui ne mérite pas qu'on l'oublie, c'est l'enlèvement de toutes les carcasses des vaisseaux brûlés par les Anglais, lesquelles encombraient le port et la rade. Ce travail pénible et coûteux est très-avancé; et indépendamment de ce premier avantage, il offre encore celui de retirer du fond de la mer et d'utiliser beaucoup de fer et de cuivre qui étaient perdus. Les galériens sont d'une grande utilité pour ce long travail, et par là le grand nombre de ces misérables est utilisé pour l'État.

N. B. Ces trois 1.res lettres sont de M. Demore, ancien professeur de rhétorique dans la célèbre école oratorienne de Toulon. Poëte agréable et sentimental, orateur éloquent, administrateur intègre et très-éclairé, M. Demore est encore le meilleur des fils, des pères et des époux. .B.

4.^e

Ne cessons de le répéter, Toulon a besoin de s'agrandir, il lui faut un nouveau port pour la marine marchande et des magasins vastes et commodes pour l'entrepôt des productions du Levant.

On pourrait facilement étendre cette ville du côté de la porte vieille, et former pour ainsi dire une ville hollandaise dans les marais du Mourraillon en creusant des canaux ; à l'aide des forçats, comme le canal qui vient au pied du fort de la Malgue ; on releverait le terrain et des plantations de grands peupliers de virginie, ou de micoucouliers acheveraient d'assainir l'air. Il faudrait placer plus près de la mer et vers *Gastino*, la *tuerie* dont les eaux saignieuses et pestiférées, sans écoulement en été, mettent la fièvre la plus pernicieuse en permanence dans ces parages. C'est dans ces magasins qu'on verrait en dépôt les vins muscat rouges et de la malgue, les plus excellens de la Provence ; là, qu'on verrait ce que les plans du Var produisent d'eau-de-vie, objet d'exportation jadis immense avant les impôts dont on l'a frappé.

La vente des huiles montait naguère, année commune, à 16,000 milleroles (la millerole contient 68 pintes de Paris.)

L'exportation des capres peut s'évaluer à environ deux mille quintaux.

Le savon (le meilleur de la France) dont nous avions, avant le siège, 32 fabriques, répandait 40 mille caisses de 2 quintaux dans le commerce de l'Europe.

Cette branche importante d'industrie

est presqu'entièrement tombée, et est déchue au point qu'il ne reste que 5 à 6 savonneries qui n'expédient plus que 5 à 6 mille quintaux.

« Le rétablissement de cette branche
» d'industrie serait (dit M. Peuchet, dans
» sa géographie commerçante) intéressant
» pour les bois et vaisseaux de la marine ;
» on prétend que les égoûts des lessives
» continuelles qu'on est obligé de faire
» pour la fabrication du savon, les pré-
» serve des vers. » Cette observation
mériterait d'être approfondie.

Il n'y a de marine marchande à Toulon
que pour le cabotage du Levant : ce sont
des négocians qui en sont les armateurs.

Il y a cependant quelques maisons qui
font principalement le commerce extérieur ; les unes pour le Levant et l'Inde,
les autres pour le Port au Prince..., en
temps de paix.

Aujourd'hui une foule de petits marchands *étrangers, pour la plûpart, vivotent*
d'un petit trafic, qui hausse et baisse
selon les armemens.

La parfumerie a produit autrefois des
fortunes parce que Toulon, par le voisinage d'Hières, d'Ollioules, de la Valette et

surtout de Grasse, était l'entrepôt des essences. Ses savons et ses graisses étant d'une qualité supérieure, Amyot Bérenger et d'autres fabricans avaient la commission de Lyon et de Paris et les approvisionnemens des flottes.... Depuis, les têtes à la titus et les habitudes *sans-façon* des patriotes, dont la Provence abondait très-malheureusement, la pommade n'est presque plus connue, la poudre à odeur est sans emploi, et les savonnettes y sont *vraies savonnettes à vilains*, c'est-à-dire, d'un savon marbré, grossier, puant comme les ex-jacobins qui s'en servaient. Or dans un pays où l'usage de l'ail rend les transpirations très-fortes, et parmi des rues *qui sentent bien plus fort, mais non pas mieux que roses*, sous des toîts qui assez communément à la première averse ne distillent pas le baume du Pérou, c'était *un superflu très-nécessaire* que cet usage des parfums, et peut-être la nature n'a prodigué les fleurs et les aromates à nos contrées que pour nous épargner les sensations pénibles dont il est difficile de n'être pas affectés dans un climat qui exalte toutes les fermentations et dans des villes où *ce qu'il y a de plus commode pour ce qui est le plus nécessaire*, est un luxe que les neuf dixièmes des maisons ne connaissent pas.

Si l'on ne m'entend pas, j'en suis fâché, sans doute, mais moins que si l'on m'entendait trop.

<blockquote>
Loin d'épuiser une matière
Il n'en faut prendre que la fleur.
</blockquote>

Il n'est permis qu'à Delille de tout ennoblir dans ses magiques vers, et ce ne sont pas les moins agréables que ceux-ci, tirés du 8.e chant du poëme de *l'Imagination*.

Sur ces riches plateaux foulés par les Tartares,
Des Scythes inhumains, successeurs plus barbares,
Pour l'homme idolâtré par leur stupidité,
Qui ne connaît l'excès de leur crédulité ?
De lui tout est sacré, de lui rien n'est immonde ;
Rois, princes, potentats, dominateurs du monde,
Attendez que du jour l'astre majestueux
Sèche de ses rayons purs et respectueux
Le rebut adoré des festins qu'il consomme,
Qui trahit dans un dieu les vils besoins de l'homme ;
Voilà vos ornemens, vos coliers, vos bijoux,
Et l'excrément divin vous enorgueillit tous.

On doit admirer ici la pompe poétique que M. Delille a su donner à un objet qui assurément en est très-éloigné. Ce n'est pas avec cette pudeur que Voltaire avait osé dire en parlant aussi des écarts de la superstition asiatique,

Plus loin du grand Lama les reliques musquées
Passent de son derrière au cou des plus grands rois.

Bér....

PROMENADES
AUX ENVIRONS DE TOULON.

JE viens de passer huit jours avec une société selon mon cœur, dans la retraite la plus délicieuse de la nature. Je me croyais à l'île Saba, ou plutôt dans celle de Calypso : rien ne me manquerait pour suivre la parallèle : ni Eucharis, ni la déesse même, hélas! ni Mentor, puisque j'ai reçu une de vos lettres pendant mon séjour à Saint-Mand.... lettre merveilleusement faite pour les circonstances, lettre cruelle, *qui m'a jeté dans la mer.*

Rassurez vous, mon tendre ami, je suis sur le rivage, mais le cœur gros de regret, mais soupirant, et attachant de longs regards sur cet heureux coin de terre qui possède, et sait posséder les vrais trésors du sage, *la liberté, les champs fertiles, et des amis.* Puisque mes lettres ne vous déplaisent pas, je vais m'amuser à vous décrire les lieux enchantés d'où je viens de m'arracher. Ce n'est ni Chantilly, ni les bords peignés du Loiret, que je copie; c'est une autre nature, c'est la beauté sauvage à la fois et parée, simple, mais non sans une sorte d'élégance : c'est un beau jardin anglais, mêlé de riantes surprises et de sublimes horreurs. Oh! si nos anglomanes pouvaient transporter cela, *pour faire contraste,* dans quelque plaine des environs de la capitale, comme on l'affermeroit vîte, pour lever un tribut sur la curiosité !

L'île, où plutôt la presqu'île de Saint-M.... peut avoir une lieue de long sur environ 2000 pas de large. Sa côte septentrionale forme, avec le cap Sepet, et la campagne du fort des Vignettes, un grand canal semblable à un grand et superbe fleuve.... Des forts, des batteries revêtues de fausses brayes, et très-bien armées, défendent généralement toutes les rades de la baie, et les approches de Toulon. Des vaisseaux qui hasarderaient ce passage terrible, seraient bientôt criblés par les feux croisés des deux rives; aussi la flotte formidable qui vint pour bloquer la ville en 1707, tandis qu'Amédée II l'assiégeait par terre, n'osa-t-elle rien tenter.

C'est vis-à-vis cette langue de terre que mouillent les vaisseaux destinés à faire quarantaine. Le lazaret, ou l'infirmerie, est situé dans un enfoncement, entre deux grosses pointes, qu'on appelle *le creux St.-Georges*. Toutes ces pointes sont hérissées de tours revêtues de canons; il y a des portes et des piquets qui s'y renouvellent toutes les semaines.

La campagne où j'étais, bâtie à mi-côte, en face de la ville et de la grande rade, jouit d'une vue ravissante; c'est à-peu-près la même perspective que j'avais du haut de la Sardine. M. C. de V. a dû vous lire cet épisode de mon odyssée.

On débarque sur une pelouse bordée de sable, où le flot vient mourir. Le terrain s'exhausse insensiblement, et vous entrez sous une longue allée d'oliviers qui conduit, par le vignoble, à la porte du Clos ; des berceaux de laurier-rose ; de grenadiers chargés de fruits et de jasmin d'Espagne tout étoilé de ses blanches fleurs, entourent cette commode et riante habitation. La terrasse pavée en pierre de malte, est couverte d'une tente qui forme pavillon ; et c'est à l'abri de son ombre qu'on vient respirer l'air frais de la mer, embaumé par son passage dans le jardin, des parfums de l'oranger, de la cassie et des myrtes fleuris.

Quatre palmiers s'élèvent autour d'un joli bassin, rempli non pas d'eau, à la vérité, mais de hautes tubéreuses, de jasmins d'arabie, d'héliotropes et de rézéda. Tout autour règnent des palissades de pistachiers et de jujubiers qui dérobent l'aspect des murs. Le jardin est coupé par une double allée, l'une de citronniers dont les fruits dorés semblent s'offrir aux mains des dames, l'autre de grenadiers courbés sous le poids de mille globes doucement balancés par les zéphirs. Tout au fond, des pins à large toît aiment à marier leur ombre hospitalière avec l'acacia, le tremble et le peuplier blanc.

Derrière la maison, des terrasses sur des terrasses, s'élevant en amphithéâtre le long de la colline, retiennent les terres, et donnent les figues et les raisins les plus parfaits. Plus haut des masses de romarin, de myrte et de bruyère servent de retraite au gibier; et enfin, sur la crête du monticule, vous voyez placés au hasard, çà et là, des bouquets des bois de pin, des mélèzes, des térébinthes et des genévriers chevelus, et penchés sur les bords des ravins et des escarpemens.

Le sommet de l'île est couronné d'un hermitage, à côté duquel est planté un grand mât de navire, garni de sa double échelle de cordes, et surmonté d'une girouette : c'est là l'observatoire de la grande mer. Un hermite, vieux marin, et assez bon homme, vit là solitairement. Il promène d'heure en heure sa lunette sur l'horizon, et signale les flottes à la tour, qui les signale à l'amiral. En temps de guerre, rien n'est plus important que d'être instruit à point des apparitions ou disparitions des voiles.

Si l'on veut jouir d'un beau spectacle, on n'a qu'à s'aller placer à la pointe sud-est de la presqu'île. Du haut de ce promontoire composé de terres éboulées, de quartiers de rocs et d'énormes grès, où domine une mer immense. Les lames s'entrepoussent aux pieds du spectateur, assez haut placé pour n'en être point incommodé : refoulées sur elles-mêmes, elles blanchissent en bondissant, et lancent à plus de 50 pieds des flots d'écume, et pour ainsi dire, des nappes d'eau qui retombent en pluie, et s'élèvent en léger brouillard. Le frottement éternel des vagues déracine les grosses pierres des montagnes ; elles tombent pendant les fortes tempêtes de l'hiver ; et, à force d'être heurtées, tourmentées, battues, déplacées en tout sens, leurs angles s'adoucissent ; elles roulent avec le reflux, et s'arrondissent comme des bombes. J'en ai vu de couleur et de forme si parfaitement semblables à des boulets, qu'à la distance de quelques pas, on aurait eu de la peine à les démêler parmi du 36.

Que ces beaux lieux sont inspirans ! Comme l'imagination plane à grand vol sur les plus riches tableaux de la nature ! Comme la sensibilité s'exalte, et s'approfondit dans cette solitude poétique ! Il avait les mêmes mers en perspective ; il était assis, comme je le suis, sous la

sauvage arcade de quelque grotte marine, ce poëte de Sicile qui s'écriait avec tant d'âme : « Je ne souhaite point de posséder
» les richesses de Pelops, ni de courir
» plus vîte que les vents ; mais je chan-
» terai sous cette roche, te pressant entre
» mes bras, et regardant en même temps
» la mer de Sicile. »

Mais quoi ! mon bon ami, ne vous dirai-je rien des hôtes aimables qui habitent cette île fortunée ! Certes ! j'acquiterai la dette de mon cœur ; il est tout plein d'eux et de leurs bontés. O vous qui regardez un étranger comme un être sacré que les dieux vous envoient ; vous qui savez estimer les arts aimables, et honorer ceux qui les cultivent ; vous enfin, qui daignâtes m'associer à votre famille, et me regarder comme un de vos enfans, je consacrerai votre tendresse pour eux, leur amour pour vous, les charmes de leur caractère semblable au vôtre, leur esprit, dont ils font un heureux usage, et les vertus dont ils ont à la fois, et l'exemple sous les yeux, et l'amour dans le cœur !

La musique, les vers, la chasse et la pêche, sont ici nos douces occupations ; on commence au déclin du jour, dès promenades sur le bord de la mer, et au lieu des ennuyeux amusemens des cercles, d'agréables lectures remplissent et abrègent le reste de nos oisives soirées.

Jamais, dans cet asile, une troupe frivole,
Implorant du hasard l'inexorable idole,
Ne livra ces combats où la main des lutteurs
S'arme de cartons peints de bizarres couleurs;
Cartons fastidieux ! amusement futile,
Inventé pour distraire un monarque imbécile !
L'avarice t'adopte, et déguise en plaisir
L'avilissant trafic d'un fatigant loisir.

DÉPART ET ARRIVÉE
DES FLOTTES.

Pendant mon séjour à St.-M..., chez M. J..., le hasard a rapproché en ma faveur trois scènes, en trois jours, dont je conserverai éternellement la mémoire.

J'ai vu le départ d'une flotte royale; j'ai vu l'arrivée d'un convoi du Levant; j'ai vu le retour de plusieurs vaisseaux de ligne délabrés, rasés, dépeuplés. Que de réflexions philosophiques, que de sentimens agréables ou douloureux ces contrastes font naître ! Mon cœur ni mon esprit ne peuvent y suffire. Je vais vous retracer ces grands tableaux comme ils se sont présentés à ma vue. Au reste ; songez, mon respectable mentor, que je vous obéis et que je ne suis que votre élève, et enfin, que ma jeunesse a besoin d'indulgence. Gardez toute votre sévérité pour ceux de mes ouvrages que je destine au public.

C'était vers les trois heures après-midi : un coup de canon fit appareiller ; un second déployer toutes les voiles : et le vaisseau amiral ayant le premier pris le vent, vira de bord, et enfila le canal qui jette en haute mer. Le rivage fut incontinent bordé d'une foule innombrable : on y accourait de la ville, des villages, et de toutes les campagnes voisines. Les vaisseaux de partance, pompeusement décorés de pavois fleurdélisés et de flammes de toutes couleurs, passaient à notre vue, en saluant les forts, qui leur rendaient la même décharge. Les tillacs étaient couverts de monde : chacun braquait sa lorgnette ; on s'appelait, on se répondait, et les échos étaient fatigués de ce vacarme. Au milieu de ce vaste appareil, la musique militaire retentissait au loin, comme un concert sur l'eau. Ailleurs, les cris d'une joie insensée se mêlaient, dans l'air, aux accens étouffés des plus lamentables adieux. De malheureux enfans, des femmes éplorées, agités de sinistres pressentimens, tendaient leurs bras, et s'inclinaient mille fois, lorsqu'ils voyaient passer devant eux la frégate qui leur enlevait, peut-être, hélas! pour toujours, un père, un époux, un ami. Cependant les vaisseaux, riches d'agrets et de décorations, se suivaient majestueusement au nombre de plus de vingt : ils paraissaient se toucher, et marchaient pourtant à la distance d'un quart de lieue les uns des autres. Tandis que les premiers se trouvaient déjà loin de nous, et paraissaient comme peints au fond de l'horizon, les derniers débarquaient le canal, et forçaient de voiles pour atteindre les amiraux, et se former en conserve. En moins de deux heures, toute la flotte fut ralliée, et disparut, comme enveloppée de vapeurs.

Changement de scène le lendemain à la même heure. On signale une flotte: le canon tire. Elle est française : grand houlvari! alle approche rapidement ; la voilà dans le détroit. Quelques vaisseaux de 74, environ 30 petits navires sur leur lest, et nombre de frégates composaient cette malheureuse escadre. Ce n'était plus ces proues richement peintes, ces banderolles flottantes, ces équipages frais et complets, et cette allégresse universelle, dont les éclats m'avaient frappé la veille : non, mon très-cher ami, non, je ne voyais que des vaisseaux désagreés, louvoyant silencieusement du midi au nord, et du nord au midi, pour avancer dans la rade en zigzaguant. A mesure qu'ils se rapprochaient de la côte à droite ou à gauche, la foule accourait, demandant avec d'horribles palpitations de cœur : — Mon père, mon fils, mon mari, vit-il ? — est-il là ? — où est-il ? et les vaisseaux d'aller, et mille cris de redoubler. Appercevait-on, ou croyait-on appercevoir celui que d'avides regards cherchaient, une joie folle dans ses démonstrations, mais sublime en son énergie, éclatait soudainement.... Un affreux porte-voix faisait-il retentir ces mots tragiques, *il est mort*, les cris du désespoir, les saisissemens de la terreur, et la pâleur de la mort elle-même, offrait, sur ce rivage même, des scènes fatigantes à l'excès pour l'homme trop sensible qui en était le témoin.

Vers le soir, toute la flotte saluée se rangea dans la grande et dans la petite rade ; on établit des tentes sur les ponts, pour y faire respirer les pauvres malades, les aveugles, les scorbutiques, les écharpés. Mille canots apportèrent des rafraîchissemens, dont ces malheureux avaient grand besoin : on débarqua les plus pressans à l'anse de l'infirmerie, et l'on se mit à désarmer.

Ce spectacle était vraiment beau dans son genre ; mais il laissait une profonde impression de tristesse. La vue de la frégate la Mont-Réale, montée naguères par M. de Vialis, mon compatriote, et teinte encore de tout le sang de ce brave capitaine ; l'aspect de ses bordages hachés, de ses mâts rasés, de ses flancs incrustés de boulets ; l'affreuse solitude de son bord.... Ce théâtre d'horreur et de désolation fit couler mes larmes. Une multitude infinie de soldats, de matelots, d'officiers estropiés, tronqués, éborgnés, qu'on débarquait sur le rivage ; les noms de ceux qui avaient péri pendant la campagne ; le récit des misères attachées à tous les voyages de long cours, que de choses que le pauvre genre humain doit oublier.... et qu'il serait nécessaire de rappeler aux rois, lorsqu'ils sont prêts de signer une déclaration de guerre !... *plectuntur Achivi.*

Mais détournons nos regards de ces scènes sanglantes, pour les déposer sur un tableau plus agréable et plus consolant.

On signale encore une flotte, non de celles qui sont l'image imposante de la grandeur des monarques, et qui partent pour les extrèmités du globe, chargées des ministres de leur vengeance, mais une flotte marchande de plus de 60 voiles. Quatre frégates la convoient, rodent à l'entour, pressent les traîneurs, ramènent les dérivans, rallentissent les *oiseaux.* Je crois voir, si les petits objets peuvent se comparer aux grands, des mères-poules veillant sur leurs poussins, les rassemblant sous leurs ailes, les conduisant, les protégeant partout, avec de tendres inquiétudes.

Les marins, dont le coup-d'œil est si exercé, reconnaissent déjà les vaisseaux ; ils les comptent, ils les nomment tous. Les négocians, les armateurs, tous les citoyens accourent, transportés d'allégresse. (*)

Quel spectacle merveilleux ! Les vents frémissant dans les cordages, les cris des matelots travaillant à la manœuvre au son d'un sifflet aigu, le sourd bruissement des flots écumeux que fend un rapide sillage, des coups de canon, de loin en loin ; tout cet ensemble tumultueux, mais ordonné, est l'âme du plus beau concert qui puisse remplir les oreilles, et du plus magnifique opéra qu'ait jamais inventé l'homme, pour donner à l'homme une preuve de sa puissance et de son genie.

(*) Là sont les meilleurs vins de Chio, les fruits mûris par le soleil d'Asie et d'Afrique, les moissons de Moka, les gommes précieuses d'Arabie, les cotons de Salonique, les soies de Smyrne, les essences de Chypre et de Malte, les perles de l'Inde, productions de tous les climats.

Les vaisseaux destinés pour Marseille relâchent ici, afin d'éviter l'ennemi, qu'on dit cingler vers Bandol et la Ciotat. Demain les frégates iront à la découverte, et la flotte les suivra. Une partie doit entrer dans le port de Toulon, après la quarantaine : le reste, c'est-à-dire, les deux tiers, mouilleront près du Château-d'If et de Pomègue, et verra partir dans peu une seconde escadre marchande de plus de 100 voiles. Cette dernière est rassemblée de tous nos ports marchands sur la méditerrannée; elle ira, conduite par six vaisseaux du Roi, vers Alep, Samos, Alexandrie et Constantinople, chacun selon sa destination.

Oh ! que cet appareil est plein de vie et d'intérêt ! L'industrie humaine rassemblant toutes les productions de la terre, les vents emprisonnés dans nos voiles, les mers domptées et franchies, la foudre remise en nos mains tonnantes ; voilà les prodiges de l'esprit créateur de l'homme ; voilà ce qui prosterna l'Américain tremblant aux pieds de ses conquérans barbares. Ils eussent en effet, mérité des autels, ces hardis navigateurs, si, au lieu de porter des fers et des vices à ces hommes libres et innocens, ils leur avaient communiqué les lumières et les productions de l'Europe, en échange, non pas de leurs diamans et de leurs métaux détestables, mais en échange de leurs fruits, de leurs bois précieux et de leurs puissans végétaux.

Pardon, mon cher maître, si je moralise dans une lettre où je ne voulais que causer et peindre : les grandes choses amènent les grands mots, et l'on oublie que l'on écrit une lettre.

Je pars incessamment : dans huit jours je suis à Lyon ; dans quinze, à Paris ; dans vingt, je vous embrasse, je vous étourdis de questions, je vous ennuie de longues, de fréquentes visites. Adieu, le plus aimable et le plus aimé des hommes. Je suis, et je serai toujours le plus fidèle de vos amis.

PLAISIRS DES BORDS DE LA MER
aux Iles d'Hières.

MARINE.

Plaines de Nérée,
Lit où Cythérée
A reçu le jour !
O mer, tour-à-tour
Émue et calmée !
Ma muse charmée
Chante les tableaux
Que m'offrent tes flots.

L'aurore étincelle
Au trône des airs ;
Le plaisir m'appelle
Sur le sein des mers ;
La mouvante glace
Des flots radieux,
Peint à sa surface
La splendeur des cieux.

Dieu de la lumière,
Astre bienfaisant,
Tire du néant
La nature entière !

Parcours en géant
Ta vaste carrière !...
Long-temps attendu,
Son char, qui s'élance,
Sur l'abîme immense
Paraît suspendu.

J'adore, j'admire :
Un sacré délire
Enchaîne mes sens ;
Ma reconnaissance
Peint, par mon silence
Ce que je ressens.

Nos barques légères
Des ondes amères
Ouvrent le cristal ;
L'élément terrible
Est aussi paisible
Que l'eau d'un canal.
La jeune Amphitrite,
En riant m'invite

A la visiter :
Alors qu'une belle
Ainsi nous appelle,
Peut-on résister ?

Me voilà sur l'onde
Mobile et profonde :
L'esquif vole et fuit ;
La tranchante rame
Pousse et fend la lame,
Le nocher conduit :
L'eau nous environne,
Jaillit jusqu'à nous,
Écume, bouillonne,
Sans être en courroux.

Mon cœur, ni ma tête
N'y peuvent tenir :
Prêt à défaillir,
Je veux qu'on arrête....
Mais qui le pourrait ?
La nef, plus rapide,
Sur la plaine humide
Glisse comme un trait.
Je meurs, je succombe :
C'en est fait, je tombe
Sur un banc voisin....
Terre ! terre ! terre !
Retentit soudain :
J'ouvre la paupière....
Et j'arrive enfin.
Iles fortunées,

Toujours couronnées
De verds citronniers !
Superbes palmiers,
Jasmins, grenadiers,
Qui bordez la plage,
Qui couvrez ce port !
C'est sous votre ombrage
Que je cours d'abord.
Sur un promontoire
Bientôt je gravis,
Et là j'établis
Mon observatoire.
En noirs escadrons,
Je vois mille thons
Flotter sur les vagues,
Et vers nos madragues
Pesamment nager.
Le troupeau, sans crainte,
Dans ce labyrinthe
Vole s'engager....
Les chambres se ferment,
Les pièges enferment
Cent monstres marins.
Les canots accourent,
Soulèvent, entourent
Les filets tous pleins :
Les captifs bondissent,
S'agitent, frémissent,
Se roulent, se glissent,
Jusqu'au bord des flots.
Les ondes jaillissent
Sur les matelots ;

Leur bras les saisissent.
D'énormes poissons
Les barques s'emplissent;
Les chants des tritons
Dans l'air retentissent ;
Les buccins mugissent :
A leur rauques sons ,
De loin applaudissent
Les antres profonds.

Là-bas, sur la grève,
Maint pêcheur achève
D'amener ses rets.
Avançons de près ,
La capture arrive :
Je vois sur la rive
Glisser, frétiller,
Bondir et briller
Dorades charmantes,
Soles éclatantes,
Et rougets sanglans ,
Et vives piquantes ,
Et mulets volans.

Vivante marée,
Sardine azurée ,
Délicat anchoi !
Subissez ma loi :
Il faut que je dîne;
De votre chair fine
Ça, régalez-moi !
Midi nous rassemble

Les pêcheurs ensemble,
Au bord de la mer,
Nagent dans la joie.

Feu brillant et clair ,
Prépare leur proie :
Un flacon de vin
Bien rouge , bien sain ,
Rafraîchit dans l'onde :
La tasse d'étain
Sert à tout le monde ;
Une planche ronde ,
Que nous entourons ,
Assis sur le sable,
Est le plat, la table,
Et nous la chargeons
De mille poissons
Bouillis pêle-mêle,
Dans l'eau maternelle
Par les vieux patrons.

Sur ces tapis d'algue,
Sopha de Thétis ,
Où je suis assis ,
Je vois de la Malgue
Les coteaux fameux
Par leurs vins fumeux
Lorsqu'en sa colère,
Le tyran des mers
Lance dans les airs
L'humide poussière
De ses flots amers

Le sel de cette onde,
Fertile en vertus,
Échauffe, féconde
Les plans dont Bacchus
Fit présent au monde.

Quel autre tableau
S'offre à ma lorgnette!...
Changeons de pinceau,
Changeons de retraite.

De ce roc voûté,
Qui se creuse en *balme*,
D'où l'œil enchanté
Fuit sur la mer calme,
Dans le double azur
D'un horizon pur,
D'une mer tranquille,
Au nord de mon île,
J'apperçois surgir,
Marcher et grossir,
Sur le dos des ondes,
Vingt nefs vagabondes,
Qu'un heureux zéphir,
Pousse à voiles pleines
Dans ces vastes plaines
Que je vois blanchir.
La flotte s'avance
En belle ordonnance,
Et rapidement,
Tout en louvoyant,
Elle gagne un anse

A l'abri du vent.
Ses cris d'allégresse,
Ses blancs pavillons,
Ses bruyans canons,
Une folle ivresse,
Le son du tambour,
Tout dit *à la tour*,
Des rades maîtresse,
Son heureux retour.
La tour la signale;
La flotte royale
Mouille tout autour
De ce beau séjour.
Soudain de nos villes,
Des ports d'alentour,
Cent bateaux agiles,
Que presse l'amour,
Volent auprès d'elle.
On crie, on appelle,
Et *c'est lui, c'est-elle!*
Dieux! il est vivant!
Est, dans cet instant
De crainte mortelle,
Tout ce qu'on entend.

O chère patrie,
Pénates sacrés,
Amis adorés,
Parens vénérés,
Famille chérie!
Peut on vous revoir
Sans verser des larmes?

Que ce doux espoir
A pour moi de charmes !
Est-il un mortel
Que ne réjouisse,
Et que n'attendrisse
Le toit paternel !
Revoit-on son frère,
Et sa tendre sœur :
Revoit-on sa mère,
Présse-t-on son cœur,
Sans croire au bonheur ?
Mais l'or des étoiles
Émaille les airs ;
La nuit dans ses voiles
Plonge l'univers.
Phébé, rayonnante,
Se leve, et tremblante
Se peint dans les mers,
Que son globe argente
De brillans éclairs.

Au sein de la ville
Il faut retourner,
Il faut sillonner
Le bassin tranquille....
Au bruit des clairons,
Au bruit des trompettes
Et des clarinettes,

D'accord nous voguons
Et vers nos retraites
Nous nous élançons.

Charmante journée
Toute couronnée
De loisirs rians,
De plaisirs touchans,
De tableaux piquans !
Charmante journée,
Toute fortunée !
Ah ! reviens souvent,
D'un cœur innocent,
Qui connut tes charmes,
Calmer les alarmes,
Suspendre l'ennui
Qui pese sur lui !
Enfant du parnasse !
Quand je te retrace,
Je sens le plaisir,
Le même plaisir,
Dont je sûs jouir !
Que le temps efface
Ton doux souvenir,
L'élan du désir
Vers toi me replace ;
Je crois rajeunir.

JEUX DE PROVENCE.

Mes courses dans les villages voisins de Marseille et de Toulon, m'ont mis à même de satisfaire vos désirs au sujet des notes que vous me demandez. J'ai assisté à tous les jeux publics que célèbrent les descendans de Phocée.

Vous seriez étonné, mon cher, des rapports frappans de l'ancienne gymnastique, et des utiles exercices qui déploient ici l'adresse et l'agilité de notre jeunesse. Aussi la santé de nos villageois est-elle plus robuste, leur gaîté plus franche, plus intime, plus vive : ici la conscience de leurs forces, affermie par des victoires, semble doubler leur courageuse énergie. Je crois voir ces Francs dont vous êtes issus, et ces Gaulois belliqueux dont Sidoine dit quelque part : *Ils sont si adroits qu'ils ne manquent jamais le but, si agiles qu'ils devancent leurs javelots, si braves qu'ils auraient perdu la vie avant le courage.* Les jeux publics, n'en doutez pas, les tournois, la joûte, le pugilat, formaient la nerveuse souplesse, et la force incroyable de ces corps de fer : ils formaient ces caractères mâles, ces héros intrépides et généreux, dont de faibles descendans, abâtardis par la mollesse, et par nos jeux sédentaires, devraient rougir de porter les grands noms.

Des charmes de l'honneur nos ancêtres épris,
Couraient de la valeur se disputer le prix :
Du tresset, du loto, les tournois pacifiques
De leurs vils descendans sont les combats uniques ;
Des êtres ennuyés mélangeant des cartons,
Baillent une heure ou deux pour perdre trois jetons
Et calculant cent fois leur richesse mesquine,
Dissertent gravement sur le produit d'un quine.
(M. DE PASTORET.)

En passant à Lyon, je vous communiquerai mon journal. Je vous donne rendez-vous pour les fêtes de la Toussaint, chez M. S., à Chap.... L'amitié attend de vous le sacrifice des grandeurs, où, soit dit entre nous, je crois que l'ennui, ce pesant diable, vient distiller son opium largement. Vous lirez dans mon *album* les détails dont je ne vais vous donner une idée, qu'afin que votre imagination se monte, et que, vous appropriant mes récits, vous les embellissiez des plus riches couleurs de l'éloquence et de la poésie.

Dans presque tous nos bourgs, dans tous nos villages un peu considérables, nous avons des sociétés joyeuses, qui, par une contribution légère, forment une masse avec laquelle on fraye à la dépense des prix. Ces prix sont une épée avec son nœud, un chapeau galonné, des bas de soie, un beau plat d'étain, une écharpe à franges d'argent: des rubans de toutes couleurs suspendent ces récompenses des différens jeux, autour d'un cercle mobile qu'on porte en triomphe au bout d'une perche à verte ramure. Pendant huit jours on promène ces trophées dans les hameaux des environs, au bruit des tambourins et des galoubets : la foule suit ; l'émulation tourmente tous les cœurs ; les jeunes filles désirent de voir leurs amans couronnés ; les vieillards pleurent de joie en revoyant ces fêtes patriotiques où jadis ils eurent tant de part : ils montrent à leurs enfans la couronne de lauriers qu'ils remportèrent, et qui demeure suspendue sur le haut de la cheminée rustique. Honteux de dégénérer, tous les jeunes gens s'exercent nuit et jour ; ils espèrent des succès, et jouissent par l'espérance.

Il arrive enfin ce fortuné, ce désiré dimanche : toutes les cloches ont annoncé l'assemblée et la solennité : des tentes sont dressées dans le préau, sous des larges noyers : de toutes parts on apporte des fruits, des rafraîchissemens, des pièces de four et de pâtisserie. Cependant le bal s'ouvre sous le grand orme. La plus agile, celle qui danse avec le plus de grâce, est nommée *reine* : ses rivales la proclament ; et le laboureur qui jouit le plus de son triomphe, l'heureux mortel qu'elle aime, et qu'on nomme *roi de la fête*, pose sur sa tête une couronne de fleurs.

Vers les quatre à cinq heures du soir, commence le jeu de la course. Une double haie de spectateurs, empressés de voir, l'œil pétillant d'impatience, et la bouche béante, marque au loin la longueur de la carrière. Le signal est donné, on part, on court, on vole ; vous croyez voir les dieux d'Homère, qui font deux pas, et arrivent au troisième. De grands cris, mille applaudissemens annoncent la victoire, et le nom du vainqueur vole de bouche en bouche; et son père, son vieux père, le front rayonnant d'allégresse, se livre à des transports, et savoure une volupté qui ne sera connue de son fils que lorsqu'il sera père à son tour.

Le prix du saut forme un spectacle plus plaisant : on lie les jambes des athlètes; ils sautent, bondissent, tombent et se relèvent, avancent, avancent vers le but, comme des pies sautillantes, et sont tout en nage lorsqu'ils y touchent. Vous ririez de les voir obligés de tirer toutes leurs forces de leurs reins, lever les bras en l'air, à chaque bond, fermer les deux poings, se laisser cheoir, se redresser soudain.... Leurs regards inquiets, ardens, pleins de feu, tantôt jetés sur leurs concurrens, tantôt fixés vers le but, presque jamais arrêtés sur les spectateurs, font éprouver à ceux-ci, et l'agitation qu'inspire un fort intérêt, et les transports qu'arrache une subite admiration.

Les jeux succèdent aux jeux : on lance, d'un bras roide et nerveux, la boule ou le palet de fer. Le ballon poussé par un bras couvert de deux cuirs, vole, tombe et bondit; et repoussé par un brassard hérissé de pointes, il retourne au premier joueur, qui le renvoie avec adresse, et l'attend de pied ferme, en suivant de l'œil la parabole qu'il décrit dans les airs.

Plus loin, sur le tertre, est un fort de bois qu'on assiège. Le canon tonne, les armes brillent; on combat, on poursuit, on brave ses rivaux; les spectateurs accourent en foule, avancent, reculent comme des flots refoulés, poussent des cris de surprise, ou de crainte ou de joie, et sont les juges de la valeur. Quelles viles passions pourraient germer dans les cœurs ainsi occupés de palmes, de triomphes, de gloire, d'honneur! Le lendemain tous les enfans imitent les jeux de la veille, et attendront désormais avec impatience l'âge où il leur sera permis de se montrer les dignes fils de tels citoyens! Eh! quel pays pourra jamais leur paraître plus doux, plus beau, plus attachant que celui qui fit connaître à leurs jeunes cœurs les premiers plaisirs et les premières vertus!

Un combat grotesque succède à cette

guerre simulée : une course publique d'ânes forts et vigoureux, au beau poil gris, à la selle éclatante, exerce l'activité de la jeunesse ; sage institution de la politique de nos pères, qui, par les prix qu'elle accorde au plus rapide de ces utiles animaux, ennoblit leur espèce trop dédaignée, propage les belles races, et en fait, pour nos cultivateurs, le supplément des animaux plus précieux, que la disette des fourrages nous empêche d'élever et de multiplier.

Enfin, dans les ports de mer de nos côtes, on connaît encore deux jeux qui sont une excellente école d'adresse et de natation. La targue est un spectacle assez amusant pour le peuple. On place une vergue en travers sur le flanc d'un navire ; ce long fuseau est tout enduit de graisse ; le prix est à l'extrêmité. Il faut que le prétendant, pieds nus, et sans autre habit qu'un caleçon de toile, marche sur la longue et glissante perche, et touche le but. Le nombre des marins qui s'inscrivent pour ce concours, est toujours considérable. Une foule infinie borde les quais, et surcharge mille canots. Les concurrens se présentent en habit de combat ; ils font un pas, deux pas, oscillent quelques momens, tombent dans la mer ; ils vont au fond de l'eau, reparaissent à vingt pas, abordent quelque chaloupe, et reviennent à la targue, pour recommencer la fatale course. Peu à peu la graisse disparaît, le corps attrape mieux l'équilibre nécessaire, et le prix est remporté. De grands cris, d'innombrables battemens de mains répétés par les échos du bassin, font honneur au vainqueur, et l'on proclame son nom : certes ! il ne manque ici que des Pindares, pour rendre ces noms aussi célèbres que ceux des rois de Sicile et de Macédoine.

La joûte est le deuxième de ces jeux, et le dernier dont je vous parlerai. C'est le plus noble de tous ; l'appareil en est magnifique. Douze bâteaux légers, un peu longs et étroits, peints, six en bleu céleste, six en rouge vif, montés par douze forts rameurs, et remplis de lutteurs intrépides, s'avancent de deux points opposés. Sur la proue de tous les canots est placée horizontalement une planche large de neuf à dix pouces, et d'environ quatre pieds de saillie. Le champion qui doit jouter, est debout sur l'extrêmité de cette planche, et en caleçon : il tient de la main droite une longue lance sans pointe, et de la gauche, une espèce de bouclier de bois. » Les canots, plus vîtes que l'hirondelle, partent au bruit des canons et des trompettes. Ils volent les uns contre les autres à force de rames : près de s'atteindre, les jouteurs se couvrent adroitement de leurs boucliers, et se présentent leurs lances pour se culbuter dans l'eau. Celui qui en renverse un plus grand nombre, sans s'ébranler, remporte le prix. J'ai vu en 1762, aux joutes de la paix, couronner un vieillard vert comme Caron, lequel avait remporté ce prix trois fois en sa vie. Il se présenta au combat, si sûr de ses forces et de son bonheur, qu'il s'était habillé en papier bleu, de pied en cap, et avait couvert sa tête d'une façon de mitre bariolée, qui attirait tous les regards.

C'est à vous, mon cher maître, à démontrer que la politique devrait faire tourner ces jeux, trop négligés dans les provinces, au profit de la bravoure et des mœurs. Prouvez surtout, prouvez qu'une telle réforme est aussi aisée qu'elle est nécessaire. La protection du ministère et des intendans, accréditerait ces institutions ; et, sans doute, ces exercices, jadis si utiles aux Grecs et aux Romains, rendraient à toute notre nation sa première vigueur, sa gaîté naïve et son antique loyauté.

DANSE DES PROVENÇAUX

AU BRUIT DU TAMBOURIN.

Venez, transportons-nous dans ces belles contrées,
Des rayons d'un ciel pur en tout temps colorées.
Déjà l'air est plus frais : Phébus vers l'occident,
Précipite sa course et son char moins ardent.
Les mobiles sillons de sa pourpre brillante,
Font resplendir au loin la mer étincelante.
Sous des bosquets riants qu'embaume l'oranger,
Chaque jeune bergère a conduit son berger.
Les uns de joncs tressés composent leur coiffure.
D'autres avec des fleurs nattent leur chevelure.
On s'anime à l'envi de l'œil et de la voix :
Le tambourin résonne, et tout part à la fois.
Je ne sais quel instinct règle chaque attitude :
La grâce, ailleurs captive, ici naît sans étude.
Les gestes et les pas, d'un mutuel accord,
Peignent la même ivresse et le même transport.
Sur des bras vigoureux on soulève une belle :
On s'enlace, on s'élève, on retombe avec elle.
Que de baisers reçus, ou ravis, ou donnés !
Combien de criminels aussitôt pardonnés !
L'ombre n'interrompt pas cette douce démence :
Lorsqu'un plaisir s'envole, un plaisir recommence.
Pour s'occuper la nuit, l'amante, en ce moment,
Recueille dans son cœur les traits de son amant;

Et le lendemain même, alors qu'elle s'éveille,
Répète encor les airs qu'ils ont dansés la veille.
Provence fortunée, asile aimé des cieux,
Que j'aimerais ton ciel, ton délire et tes jeux !
Ici tout est glacé, tout est morne ou fantasque :
Du bonheur qui te rit, nous n'avons que la marque :
Les temples de nos arts sont de tristes réduits
Où nous courons en pompe étaler nos ennuis.
Sans perdre nos défauts, perdant nos avantages,
Nous briguons, en bâillant, le beau titre de sages.
La jeunesse elle-même éteinte dans sa fleur,
S'agite sans ivresse et jouit sans chaleur.
Ce fleuve, qui jadis arrosait la prairie,
N'est plus qu'un filet d'eau dont la source est tarie;
Et l'on voit de son or le luxe dégoûté,
Gager des malheureux, pour rire à son côté.

DORAT.

MARCHÉ

AUX FLEURS ET AUX FRUITS.

Il me souvient de l'impression que fit sur nous, cher prieur, notre première promenade à la foire St.-Ovide; cette vaste enceinte où brillaient tant de fragiles, d'éclatantes, de dispendieuses bagatelles : ce concours de chars dorés qui traînent lentement et avec mollesse les Laïs et les Phrynès de Babylone la grande; les ris impudens, le luxe scandaleux de ces effrontées, l'empressement de nos élégans auprès d'elles, l'admiration des badauts, l'étonnement des provinciaux, l'avide politesse des marchands, l'air hardi de maints filous ; enfin, tout cet ensemble capiteux, où tous les extrêmes se touchaient, finit, vous le savez, par nous assourdir, nous attrister, nous mettre en fuite. Je veux vous parler aujourd'hui de toute autre chose. Que n'ai-je le pinceau de Teniers ou de Vauvermans, de Greuze ou de notre Vernet! Le beau pendant que je donnerais *à la Foire de l'Art !* Je vais vous en tracer l'esquisse, bien sûr de vous attacher sur un récit où le plaisir et l'amitié tiendront les crayons de la nature pour l'embellir, si je puis, de ses propres couleurs.

Le cours de Marseille et de Toulon présentent tous les matins, au point du jour, un aspect qui n'est ni celui de la rue St.-Honoré, ni celui du quai des orfèvres. Figurez-vous une longue promenade plantée d'ormes antiques, et à-peu-près comme les boulevards du Temple. C'est là que se range avec ordre, et non sans tumulte, la foule innombrable des jardiniers, mareyeurs, bouquetières et fruitières d'une immense banlieue. Tout ce monde arrive avant l'aube, choisit à la file un terrain convenable pour étaler ; chante, dispute, jure et crie ; se bat quelquefois ; dort ou déjeûne.

Ici s'entassent des milliers de pastèques et de melons, des charges de grenades, d'aubergines et de pommes-d'amour ; là, des corbeilles de toute forme et de toute grandeur, remplies d'énormes raisins blancs noirs et couleur de rose, des figues brunes ou blondes ; plus loin, des paniers de pêches jaunes comme de l'or, de prunes couvertes d'une fleur intacte, des poires succulentes, forment des labyrinthes inextricables : par-tout sont amoncelés des citrons de Gênes, des pommes de Corse, des cédras d'Hières, des poncirs de Sicile ; tous ces beaux fruits, arrangés en pyramides sur des clayons très-propres, et à moitié recouverts de pampres, sont placés sur des tablettes en amphithéâtre, et pour le charme de l'odorat,

> Exhalent un parfum charmant,
> Dont un amant de la nature,
> Dont un disciple d'Épicure
> Jouit voluptueusement.

Si Pomone est là entourée de toutes ses richesses, Flore, en atours frais et printaniers, étale tous ses pompons auprès de sa sœur ! Des nymphes aussi jeunes, aussi jolies, aussi coquines que la Glycère d'Alcibiade, en blanc corset, en souliers plats, en chapeaux gris et ceints de rubans argentés, tiennent dans leurs mains des bouquets de roses de tous les mois, de larges œillets, et des touffes de jasmin d'Espagne; celle-ci porte une gerbe de tubéreuses ; celle-là vante ses cassies, vous désole, vous en vend : une autre vous présente des branches entières d'orangers, où le fruit mûr, le verd et mille fleurs forment un bouquet de trois saisons réunies : une autre, une autre encore, précédée d'enfans ou de jeunes filles fort éveillées, vous invitent, avec le plus joli jargon, à l'achat des arbustes, des pots de fleurs, ou des plantes aromatiques qu'elles vont chercher sur les monts d'alentour. Oh ! qu'il y a loin des exhalations balsamiques, qui dans les premières heures du jour remplissent l'air de ces marchés, aux fétides vapeurs de la rue St.-Denis, et du marché aux choux !

Ne vous étonnez point, mon cher abbé, si j'aime tant les fleurs, si je les cultive avec soin, et si vos fruits ne me paraissent pas avoir la même saveur, le même coloris que les nôtres. Je fais grâce à vos pêches, à vos prunes de damas gris, à vos pommes de reinettes, mais pour tout le reste, jamais, jamais vous n'obtiendrez de votre ciel et de votre sol, ces sucs délicieux, ces essences embaumées, ces vives carnations des fruits de Provence et de Languedoc.

Adieu, mon Gessner : je vous dirai pour toute nouvelle, que nous avons eu dernièrement quelques jours de mistral fort piquant, la brume descend des nues pour le torrent des promeneurs : ce temps m'avait attristé, et j'ai profité de la circonstance, pour vérifier votre idylle sur la fin de l'automne. Car enfin, malgré mon admiration pour la prose du Temple de Gnide, et de l'Hymne au soleil, je dis un peu comme l'ami Colardeau : « c'est toujours avec regret, avec une sorte de dépit et d'impatience que je lis en prose des ouvrages où les idées, les expressions et les images de la poésie sont accumulées. J'éprouve alors le sentiment que fait naître l'aspect d'un excellent tableau, dont la toile ne présente encore que l'esquisse. On admire la disposition des groupes, le contraste et l'ensemble des parties, la pureté du trait, l'exactitude du dessin, la richesse et le génie de la composition; mais on désire l'effet et le coloris. »

Je suis, et je m'honore d'être votre ami.

LA FIN DE L'AUTOMNE.

IDYLLE.

Que sont-ils devenus ces jours, ces heureux jours
    Si chers à mon âme attendrie,
    Où, voltigeant sur l'épine fleurie,
Le rossignol chantait la saison des amours!
Ah! soit qu'il célébrât sa compagne chérie,
    Ou le triomphe du printemps,
    Que mon oreille était ravie
De l'entendre, la nuit, soupirer ses accens!
Qu'êtes-vous devenus, doux plaisirs de ma vie!
Tout languit, souffre et meurt dans les bois, dans
                      les champs;
Le zéphyr est chassé par les fougueux autans;
Flore fuit sans guirlande, au bruit de la tempête,
    Et sa corbeille sur sa tête,
    Pomone fuit, à pas légers,
Cacher dans les hameaux les tributs des vergers.

La triste nuit accroît l'empire de son ombre;
Le terrible aquilon souffle les noirs frimats;
Et voilé de vapeurs, le dieu de nos climats
Répand, au lieu du jour, un crépuscule sombre;
    Ou s'il laisse échapper un trait,
    Vainqueur enfin de cette nuit obscure,
Il semble, en s'éloignant, n'éclairer qu'à regret
    Les ruines de la nature.

Hôtes brillans des airs, vifs et charmans oiseaux,
Qui mêlez les couleurs de votre beau plumage
    Au verd naissant des arbrisseaux,
    De long-temps, sous ces frais berceaux.
Hélas! je n'entendrai votre aimable ramage!
    De long-temps je ne reverrai
Du mois riant des fleurs l'agile messagère,
    Progné happant le moucheron doré,
Par ses cris dans les airs, lui déclarer la guerre,
    Et raser, d'une aîle légère,
Le liquide cristal de ce lac azuré.

    Chassé par l'amant d'Orythie,
Cet oiseau voyageur abandonne nos toits,
    Ces toits, où l'argile arrondie
Fut façonnée en nid avec tant d'industrie.
Aimable oiseau, pars, vole: encore quelques mois,
Et tu les reverras ces lieux qui t'ont vu naître,
Et de tes chers enfans tu connaîtras la voix!
Mais, pour moi, malheureux! ah! je mourrai peut-être
Sans revoir le verger, les champs, le jeune bois,
    Sans revoir l'asile champêtre,
Où le jour m'éclaira pour la première fois.

Cigognes, au long bec, et vous, rapides grues,
Qui traversez les airs, qui voguez dans les nues!
Vous allez les chercher ces beaux cieux sans hiver,
Tandis que le corbeau fatigue, attriste l'air
D'un vol pesant et bas; d'une voix rauque et dure,
Que l'écho d'alentour répète avec douleur,
    Et dont le crédule pasteur,
Pour ses tendres agneaux, tire un sinistre augure.

Moi-même, je l'avoue, en ces longs jours de deuil,
Je me crois poursuivi par des spectres funèbres :
La mort, qui m'apparaît dans le sein des ténèbres,
Semble, en me menaçant, s'asseoir sur un cercueil :
D'une sombre terreur mon âme est investie.
Au sein de nos hameaux, au milieu des forêts,
Partout, des pensers noirs, de lugubres objets,
Et de la triste peur le terrible génie,
Redoublent mon chagrin et ma mélancolie.
J'écoute.... je frémis : quels assauts véhémens!
J'entends rugir au loin la voix des ouragans ;
La mer tombe et bondit sur ses bords écumans.
Les rochers qu'elle roule, entre-heurtés dans l'onde
La foudre et ses éclats, la discorde des vents,
Augmentent de mon cœur l'épouvante profonde.
Ainsi, dans ces beaux lieux, où du cruel ennui
Je ne sentis jamais les langueurs odieuses,
  Mon âme n'éprouve aujourd'hui
Que des impressions tristes et douloureuses ;
La vague inquiétude et le morne dégoût,
Je ne sais quels tourmens, quelles vapeurs affreuses
S'exhalent de mon cœur, et m'assiègent partout.

  Plaines en deuil, naguère si fécondes ;
Lieux tant aimés, hélas ! que vous êtes changés !
  Comme vous êtes ravagés
  Par le débordement des ondes!

Ces antiques forêts qui bornent l'horizon,
Retraites dont j'aimais l'horreur silencieuse ;
Ces ormes immortels, à la tête pompeuse,

Ont perdu, tourmentés par l'humide orion,
    Leur majesté religieuse.

    Dieux ! comme ils sont déshonorés !
Ces fertiles coteaux, boulevards des prairies ;
Nos champs, d'un vif émail naguère diaprés,
Ne me présentent plus que des beautés flétries.
    Au lieu de ses raisins ambrés,
Bacchus n'offre à mes yeux que des feuilles rougies
Qu'enlèvent la froidure et les vents conjurés.

Oh ! que vous m'inspiriez de tristes rêveries,
Parterres dépouillés de roses et de lys !
    Vos tiges défleuries,
Vos gazons pâlissans, vos bordures noircies,
    Aigrissent mes ennuis.

    Quelle horrible métamorphose !
Je crois voir le bonheur envolé sans retour.
Oui, c'en est fait : oui, mon dernier beau jour
    S'est éclipsé, quand la dernière rose
    Cessa d'embellir ce séjour.
Ils reviendront pourtant ces jours que je regrette;
Vos prés verront encor fleurir leurs alisiers.
    Vous renaîtrez, jeunes rosiers !
    Et toi, qui charmes ma retraite,
    Sensible oiseau, tendre fauvette
Tu viendras becqueter les fruits de nos vergers,
Et, vers le renouveau, m'enchanter la première
Par tes airs amoureux, par tes accens légers,
Qu'à nos bruyans concerts mon oreille préfère,

Lorsque le dieu du jour, rapprochant son flambeau,
Inondera les cieux de ses flammes nouvelles,
L'univers ranimé sortira du tombeau :
Tout meurt et tout renaît couronné d'immortelles;
Cybèle et le zéphyr s'unissent par l'amour :
   Mais, pour nous, mortels misérables,
   Quand des parques impitoyables
La main ferme nos yeux à la clarté du jour,
   Dans leurs gouffres insatiables
   Nous disparaissons sans retour.
C'est envain qu'on gémit, c'est envain qu'on soupire
Les aveugles destins, ces dieux sourds et cruels,
Laissent se consumer en regrets éternels
Les pâles habitans du ténébreux empire.

ENVIRONS DE TOULON.

———

Vous vous plaignez de mon silence, mon très-honoré maître, et vous avez raison : vous n'aurez tort que lorsque vous vous plaindrez de mes sentimens. Sans doute nos jeunes amis vous auront montré mes lettres ! Que je suis honteux des folies et des riens dont je les remplis ! Que vous dirai-je à vous ? et comment devenir auteur pour faire une lettre ? Les vôtres me désespèrent, j'y vois toute votre âme, et cela me charme ; mais j'apperçois tant de bon sens, tant de correction, tant de véritable esprit, que je n'ose y répondre. Après tout, écrire, n'est-ce pas causer ? et depuis le temps que j'ai le bonheur de vous connaître, j'ai assez l'habitude de causer avec vous ; et assez de preuves de votre indulgente amitié, pour tout hasarder.

Vous serez donc mon censeur ? je m'en félicite ! Prenez-moi votre serpe, armez-vous de longs ciseaux, et tondez impitoyablement mes arbustes: ils poussent beaucoup trop en jets gourmands et infructueux. J'approuve d'avance tous vos changemens, corrections, retranchemens, etc., comme s'ils m'étaient proposés par le dieu même du goût.

J'espère que mon petit recueil plaira aux âmes honnêtes et aux amans de la nature. Je sens, du moins, qu'il sera cher à tous mes amis : mon cœur n'en oublie aucun. Je pourrai m'écrier avec vous : « Le fiel de la satire et l'envie,
» n'ont jamais souillé ma plume : elle
» est pure et sans tache; et si mon
» nom ne brille pas avec éclat parmi
» ceux de ces génies sublimes, admirés
» du monde entier, du moins il est
» cher aux âmes sensibles et vertueuses.»
Ce bonheur vaut bien la gloire.

J'ai fait, grâce à M. Granet, chez qui je suis dans ce moment, la découverte la plus heureuse; mais je n'en ai pas joui. Il me semblait que je vous dérobais votre part d'un plaisir que je ne devrais pas goûter seul. Un bibliomane croirait qu'il s'agit d'un bouquin du 15.ᵉ siècle, (qu'il acheterait fort cher, et qu'il ne lirait point); un antiquaire, que j'ai exhumé quelques médailles gothiques : vous, mon cher abbé, vous aimez la nature, autant que vous savez la faire aimer; c'est d'un beau paysage, c'est d'un site piquant qu'il faut vous parler.

Lundi dernier, l'air était doux et frais, et le ciel, vers le couchant, parsemé de nuages couleur de rose ; la scène des vendanges, les airs joyeux du galoubet, les chansons des jeunes filles, le bruit des tonneaux qu'on reliait de toute part, répandaient la joie et la vie dans la plaine voisine. Tous les chemins étaient remplis de longues chaînes de mulets à panaches flottans, et le col chargé de bruyans grélots et de sonnettes retentissantes, ils portaient, précédés de leurs conducteurs à moitié-ivres, les raisins vers la ville, ou circulaient des vignes dans les bastides. Nous étions enchantés M. G.... et moi, des fêtes et des ministres de Bacchus ; et, tout en causant, nous arrivâmes auprès d'un torrent auquel on n'aborde de chez lui, qu'en traversant des forêts de figuiers, de grenadiers et d'arbustes odoriférans. M.

G..., sans m'avertir de son dessein, et en homme qui n'ignore pas que la surprise est essentielle au plaisir, me fit long-temps tourner une colline, dont les sentiers presque en spirale, étaient bordés de buis, de myrtes et de lauriers. Enfin, au bout d'un quart d'heure d'ascension, nous parvînmes aux restes d'un vieux château brûlé jadis par les Savoyards, lequel domine un beau bassin d'environ trois lieues, tout peuplé de bastides, et couvert d'oliviers, de vignes et de vergers. C'est en descendant de ces masures vers la plaine, que se présentent tout-à-coup, et comme à pic, une foule de rochers de saffre pétrifié. Sur la crête de cette chaîne est un sentier taillé, presque aligné, et planté çà et là d'arbrisseaux et de fleurs. On dirait que les géans ont apporté là ces gros quartiers de pierres molaires, qu'ils les ont arrangées à plaisir, et qu'ensuite les fées en ont décoré les interstices. A l'extrémité de ce chemin bizarre est une terrasse parquetée de petites pierres incrustées symétriquement sur le sol; ce lieu ressemble à la poupe d'un vaste vaisseau. On n'a pas manqué d'y construire une manière de pavillon *tirant sur le chinois*, dont les abords sont très-escarpés et très-pittoresques.

Ces rochers, vus en face, forment une perspective pareille à celle qu'on a dans plusieurs clarières de la forêt de Fontainebleau. Le torrent de l'égoutier vient tourner à la base de cette espèce de jetée originale ; il double le promontoire, et forme dans sa fuite un canal couronné d'arbres, et bordé de jardins et d'habitations rustiques.

Insensiblement l'âme se recueille dans cette solitude ; la conversation y devient grave, les idées se fortifient, s'approfondissent, s'élèvent. A Hières toutes mes pensées étaient épicuriennes, ici je suis disciple de Zénon. Le bon J. J. eût aimé ce séjour tranquille. Le voisinage des grandes montagnes, l'abondance des simples, la saveur exquise des fruits, l'isolement absolu où il se fût trouvé, lui eussent fait rencontrer ici la délicieuse retraite d'Armide. Pour moi, je serais au désespoir d'y être exilé ; mais j'y ferai souvent de petits pélérinages clandestins. J'y viendrai lire les lettres d'Usbec et mon la Bruyère, Télémaque et l'Hymne

au soleil : j'y viendrai avant mon départ,
muni de mes chères tablettes, terminer
une épître, dont j'ai ruminé le projet, et
fini l'épilogue. C'est la seule pièce de
mon recueil à laquelle vous ne toucherez
pas, la seule que je soustrais à *votre
censure :* prenez et lisez :

Que j'aime l'écrivain dont les sages peintures
Ne m'offrirent jamais que des voluptés pures !
Et qui joint au grand art de nous intéresser,
Le bonheur de sentir, le grand art de penser !
L'imagination, qu'il a tendre et flexible,
Anime, embellit tout, rend son âme visible,
A peindre ce qu'il aime occupant ses loisirs,
Il arrive à la gloire, en chantant ses plaisirs.
L'amour de la vertu devient son éloquence :
S'il raconte les jeux de son heureuse enfance,
J'en jouis avec lui, son bonheur est le mien.
Comme il parle à mon cœur, lorsqu'il répand le sien !
Ses chants, pleins des douceurs de sa vie innocente,
Ses chants, dont il charmait l'amitié confidente,
Sans prétendre à l'éclat de la célébrité,
Seront tous entendus de la postérité ;
Voilà l'auteur chéri, le sage, l'honnête homme !
Te le cherches, Reyrac, et ma muse te nomme.

DES VIGNES ET DU VIN

de Provence.

Frappé de la différence extrême que je trouve dans ce pays-ci, entre les raisins qui sont délicieux; et le vin, qui en général, est épais, âcre et fumeux, j'ai voulu en chercher les causes. Pour parvenir à quelques apperçus, j'ai parcouru nos différens vignobles, j'ai suivi les procédés des vendanges, j'ai questionné les vignerons, j'ai lu *Maupin* et *l'abbé Rozier*; voici les idées que j'ai faites avec les leurs. D'abord, en Provence, comme partout, l'avidité a fait planter la vigne dans la terre franche, argileuse et humide des plaines, au lieu de lui laisser les coteaux pour apanage. *Bacchus amat colles.* Or, dans un pays où les plaines sont très-fertiles, et où le soleil pompe avec force les sucs de la terre, la vigne a dû pousser des jets immenses, ou se former en bois élevé, et, pour ainsi dire, en arbre; d'où il arrive, ou que le raisin est appauvri par le luxe des tiges, ou qu'il croît entièrement à l'ombre et rampe à terre, lorsque ces tiges ne sont pas soutenues. Aussi le raisin de nos plaines est aqueux et sans douceur ; sa partie inférieure est presque toujours pourrie, lorsque les grains du haut de la grappe commencent à mûrir ; et le vin qui en résulte, ordinairement plat et grossier, à la fois tartreux et sans esprit, nuit également à la tête, à l'estomac et à la poitrine.

Pour mettre à profit le terrain, on a planté de grands arbres parmi les vignes, et vraiment l'œil voit avec plaisir de longues allées d'oliviers bien arrondis, alternativement plantées dans les espaces réguliers qu'on abandonne au labour entre chaque rangée de ceps. Le figuier même y déploie son large feuillage, le poirier, l'amandier y figurent quelquefois en quinconce ; les fèves, les petits pois, toute sorte de graines et de légumes y sont admis ensemble où séparément. J'avoue que cette manière de cultiver rit aux yeux, et présente une variété infiniment aimable. Les plaines, par ce moyen, ressemblent à de jolis jardins ; le vert pâle de l'olivier fait merveille sur le vert plus foncé de la vigne, qui croît sous son ombrage, et qui souvent, surtout vers les confins des closeries, s'élance dans ses rameaux, coiffe sa tête de pampres et suspend des guirlandes de noirs raisins parmi de gros bouquets d'olives. (Mais je parle en économiste, malgré mon aversion pour les sectes intolérantes). Qu'importe ce frivole agrément, si cet usage d'entremêler ainsi les différens genres de culture et de productions, nuit tout-à-la-fois à la quantité et à la qualité du vin qu'on récolte? Il faut le dire, il faut le répéter : si le terrain convient à l'olivier, multipliez l'olivier, ne cultivez que l'olivier : si la vigne s'y plaît, laissez-la régner seule ; préférez le froment, si le froment y prospère; car enfin dans une province qui produit si peu de blé, il y aura toujours un avantage certain à semer ce grain précieux que nous sommes obligés de tirer annuellement, et à grands frais, du Languedoc, de la Sicile et de la Barbarie.

Une des causes les plus générales de la mauvaise qualité de nos vins provençaux, c'est, je pense, le mélange indiscret qu'on y fait de toutes les espèces de ceps d'Afrique et d'Asie, d'Italie et d'Espagne, que nos marins nous apportent. C'est un fait que les plans s'abâtardissent presque tous en passant du midi au nord; aussi, n'est-ce que dans les années très-chaudes, que les raisins de Maroc et de Candie, d'Égypte ou de Corinthe, mûrissent parfaitement vers nos côtes si vantées. Nous avons des espèces (le Tibouren par exemple) qui tournent avant la Magdeleine; à Aix, on célèbre la messe de la transfiguration avec du vin nouveau, récemment exprimé d'une grappe ; à Marseille, on décore, au 15 d'août, les statues de la vierge, de raisins noirs ou couleur de rose; partout, on cueille, on vend, on mange d'excellens raisins noirs et blancs, à la St.-Louis : le muscat vient un peu plus tard ; la panse, dont les grains sont oblongs, charnus et couverts d'une peau solide, est un des derniers; le *mourvède* (ou pineau) est plus tardif encore; et au *Beausset*, où il abonde, je l'ai vu sur les ceps après la St.-Luc; cependant, malgré ces différences dans les espèces (qui vont à plus de trente), malgré les divers degrés de maturité qui les distinguent, je connais dans les plaines ou plans d'Aix, d'Aubagne et de la Garde, une foule de propriétaires qui vendangent tous ces fruits le même jour, le foulent dans la même cuve, et les destinent enfin à la même qualité de vin. Que doit-il résulter d'une mixtion si mal entendue ? rien qu'un vin sans caractère, ou plutôt d'un caractère indéfinissable, et propre seulement à décrier nos cantons. Quel remède a cet inconvénient ? un seul, et c'est M. Rozier qui le propose : c'est d'arracher toutes ces espèces maurisques, barbaresques ou cypriases, et de n'en laisser subsister que les plants *indigènes* et assortis, tels que l'auverna noir, le vrai muscat et le bourguignon blanc. Un moyen sûr de gâter le cidre de Normandie, serait d'y planter toute sorte de pommiers, au lieu de l'espèce unique dont on extrait cette agréable boisson.

. . . . . *non omnis fert omnia tellus.*

Pour lui donner de la force et de la couleur, on s'est avisé de plusieurs moyens que je crois très-pernicieux, et

que je vais exposer, ou plutôt dénoncer.
Je déclare les avoir vu mettre en pratique par plusieurs particuliers qui ne s'en cachaient pas, tant il est dangereux de laisser passer en coutume certains abus qu'on se transmet de père en fils! Les uns saupoudrent le raisin de plâtre, ou de chaux-vive, et cela, dans la proportion d'un *sac* par tonneau; les autres jettent au fond de la cuve une mixtion de colombine et de poudre de moutarde; c'est, dit-on, pour faire *levain*; comme si dans un climat où d'ordinaire la vendange entre en fermentation le jour même qu'on la foule, il était nécessaire d'avoir recours à des levains artificiels! Il arrive de là que la décomposition du raisin est trop subite; qu'il fermente, qu'il bouillonne avec un bruit, un feu, un tumulte qui, chassant rapidement tout le *gaz*, dépouille la liqueur de presque tout son phlogistique, avant trente heures de cuvage. D'ailleurs, et ceci mérite la plus grande attention, il se fait d'autres fermentations successives et intermittentes, à mesure qu'on apporte d'autres vendanges, qu'on jette par-dessus la première :

l'opération de la nature est troublée quatre à cinq fois ; la cuve s'emplit de vapeurs mortelles ; il faut fuir, et l'on ne peut revenir, sous peine de la vie, que lorsque le vin trop chargé de couleur, et rendu acerbe et dur, par la macération de la grappe, n'est plus bon qu'à gratter le palais des muletiers ou des matelots.

Combien ne rendrait-on pas nos vins plus délicats et plus fins, si l'on avait soin d'égrapper le fruit ! Mais nous sommes si paresseux, si routineux, si peu sages ! Mordez la queue du raisin, essayez de mâcher la grappe, et vous verrez si ce goût styptique, austère, et acidulé est capable de communiquer à la liqueur qui s'en imprègne, une autre saveur que celle dont il affecte si desagréablement la bouche ! Dans les années froides et tardives, nos vins sont *mats*, roides et poussent facilement au retour de la sève : dans les années brûlantes et sèches, ils sont, au contraire, non pas âpres, mais âcres, d'une douceur très-fermentescible, et ils tournent toujours à l'aigre ; voilà des remarques locales ; voici quelques moyens généraux de remédier à ces inconvéniens accidentels.

Qu'on essaye de faire couper le raisin depuis trois heures du matin jusqu'à huit à neuf heures, comme on le pratique en Champagne pour les vins mousseux, on communiquera infailliblement au vin provençal ce ton vif et léger que lui donne le mélange de l'air et de la rosée qui entre alors dans sa composition, et divise sa trop grande mucosité. Dans les années humides et froides, on peut employer d'autres procédés, dégarnir le cep de ses feuilles, tordre la grappe et laisser dessécher le fruit à moitié, secouer le pourri, rejeter le verjus; ne vendanger qu'avec le soleil, si cela se peut; ajouter à la cuvée une quantité proportionnée de moût bouilli, de vin miellé, ou d'eau-de-vie sucrée ; mais surtout point de chaux, point de plâtre, point de moutarde, point de fiente de pigeon; toutes drogues corrosives et détestables qui, en exaltant nos vins, nuisent à leur conservation et dépravent nos estomacs. On répond à cela que le peuple n'acheterait pas le vin, s'il n'était pas violent et rouge à l'excès. Satisfaites, si vous voulez, le goût grossier du peuple ; mais vous qui, sans doute, l'avez meilleur, et que votre propre santé doit intéresser, faites à part et sans monstrueuse addition, le vin dont vous abreuvez votre femme, vos enfans, vos amis et vous-même.

Enfin, pourquoi laisse-t-on cuver nos vins, six, huit et jusqu'à dix, jusqu'à douze jours ? Ce n'est pas du vin potable qu'on obtient par cette décoction, c'est un gros sang de bœuf, lourd et dur, qui abonde en lie, et hérisse les tonneaux de croûtes salines et terreuses, parce que la trop grande fermentation, et les nouvelles recombinaisons de la matière dépouillent absolument la peau du raisin de ses parties résineuses et colorantes : ce mouvement tourmente et divise tellement sa pulpe, et son huile et son esprit, qu'il réduit le tout, pour ainsi dire, en *purée*. Or, nos raisins ont d'autant moins besoin de cette trituration répétée, que l'ardent soleil de nos contrées pompe bien plus fortement les parties aqueuses du fruit, et épure d'autant le feu gras et mucide qui s'élabore lentement dans le grain, lorsque la queue commence à se flétrir.

Je sais qu'il ne faut pas toujours crier contre les usages ; il en est qui sont le résultat de l'expérience des hommes et de la sagesse des siècles : mais je sais aussi qu'on peut, et qu'on doit quelquefois s'enquérir si tel usage est fondé en raison, ou s'il est l'aveugle dépôt de l'ignorance et des préjugés. Ce principe a conduit très-loin les modernes agriculteurs. En général, quand l'intérêt particulier imagine un nouveau moyen de lucre, ce moyen paraît souvent un faux calcul au philosophe. Toutes les petites vues de l'égoïste ne sont plus que de grandes sottises aux yeux de l'homme qui sait voir et penser en grand. Quelques particuliers âpres au gain, et grands propriétaires dans nos provinces à blé, ont prôné tel système *qui les enrichissait*: ils sont devenus fanatiques par intérêt. La désertion des fermes prouve aujourd'hui combien les réclamations des sages étaient fondées ; d'autres ont soutenu que, même dans les vignobles en réputation, il fallait viser à la quantité, qu'il fallait l'étendre en plaine, fumer les vignes, propager le cep fructueux, vendanger avec la pluie, etc., etc. Qu'est-il arrivé? D'abord ces vins ont baissé de prix, ensuite les capitales n'en ont plus voulu, ensuite, on n'a eu *que du vin*, et dans les mauvaises années, le vigneron est mort de misère; comme dans les bonnes, il a été ruiné par les frais de vendanges et les avances qu'il est obligé de faire en tonneaux.

Le vin de *Riez* avait de la rénommée; il croissait sur des coteaux frappés du soleil levant et midi; depuis quelque temps on a planté dans les bas, on a enterré des charretées d'engrais au pied des souches, les raisins y sont devenus gros comme ceux d'*Engaddi*; mais le vin a perdu toute sa qualité, et ceux qui le récoltent sont obligés de le consommer, tant il est à vil prix. En 1780, j'allai passer quelques jours chez un particulier des environs de chez moi : c'était pendant la vendange. Il bâtissait un mur de clôture autour d'un petit jardin d'orangers qu'il avait élevés tout auprès de sa maisonnette. L'année avait été aride et brûlante, l'eau de sa citerne était fort basse ; en revanche, ses tonneaux étaient pleins. Il hésita quelque temps pour savoir s'il pétrirait son mortier avec de l'eau ou avec du vin.... Enfin, tout calcul fait, il employa son vin, et il me démontra que cela revenait au même, et qu'il avait de plus le rare plaisir d'établir dans sa cour des fontaines de vin où ses maçons ne manquaient pas de venir souvent.... pour épargner l'eau de son puits.— Cela prouve qu'en général nous avons trop planté de vignes ; et c'est un mal d'autant plus grand en Provence, que le vin rend très-peu d'eau-de-vie. Du côté de Saumur, trois pièces dans les bonnes années, en donnent une d'esprit; en Provence, il en faut brûler jusqu'à sept. Nous avons cependant des vignobles fameux, où le cep croît dans la roche brisée et dans un gravier plein de feu: là, heureusement, l'homme ne peut pas gâter la nature ; les engrais y sont rares et chers, et le sol n'y souffrirait pas d'autre culture. Tel est le quartier de la Malgue à Toulon. Pour celui-là, il restera sur les hauteurs, parce que la plaine qui s'étend à ses pieds appartient à un vieux propriétaire qui ne laisse guère empiéter sur ses liquides domaines: *Regnat Neptunus, circumfluit Amphitrita.*

Adieu, mon cher C..., si vous voulez de plus amples instructions sur cette matière, vous pourrez lire dans les *mémoires de physique*, une dissertation sur la meilleure manière de faire et de gouverner les vins de Provence, soit pour l'usage, soit pour leur faire passer les mers. Cet excellent morceau d'économie rurale, est de M. l'abbé Rozier, et remporta le prix de notre Académie de Marseille, (*) en 1770.

(*) Cette célèbre Académie s'est toujours distinguée entre tous les corps littéraires de la France, par l'utilité des sujets patriotiques qu'elle propose, et par la perfection des ouvrages de littérature qu'elle couronne. Ce mélange heureux et nécessaire d'objets graves qu'elle approfondit, et de matières de goût, qu'elle discute, forme à Marseille un lycée vraiment digne d'Athènes, et de la société qui s'honore des noms de *Pithéas* et de *Pérone*. Si ses modernes restaurateurs en avaient exclu la littérature, ils eussent été des barbares : en admettant les sciences connues, sœurs des beaux arts, ils ont sagement prévenu l'ennui et la satiété nécessairement attachés à toutes les associations des savans qui ne sont que doctes, et qui ne savent qu'une seule chose. On lit, avec fruit, dans les Recueils de l'Académie de Marseille, tous les mémoires de M. *Bernard* et de M. Rozier. On relit avec encore plus de plaisir, les panégyriques des Sévigné, des Massillon, des Racine, des Colomb, et surtout ceux de la Fontaine : je dis *ceux* ; car le plus bel éloge de l'académie de

Marseille, dans le fameux concours de 1774.... *fut de ne pas se tromper en prononçant* entre deux auteurs, (de la capitale et de l'académie française) dont l'un emploie toutes les ressources de l'esprit, pour analyser les beautés que trouvait sans efforts, et *sans y songer*, l'instinct du *fablier français*; et l'autre ajoute, s'il est possible, à l'amour que nous avions tous pour le bon la Fontaine, et à notre admiration pour ses inimitables chefs-d'œuvre.

LETTRE DE M. GARDANNE

A M. B.,

Renfermant des recherches qui ne peuvent être trop connues dans les ports de mer.

Il règne, monsieur, sur nos vaisseaux, une colique particulière dont les symptômes sont les mêmes que ceux de la colique des peintres : parmi les écrivains qui en ont fait mention, et qui sont en petit nombre, il en est un qui a remarqué ce rapport sans varier ; mais aucun n'en a rencontré la véritable cause : tous entraînés par l'ancienne hypothèse sur la dégénération de la bile, à laquelle on attribuait quelquefois aussi la colique des plombiers, ont pensé que celle des gens de mer venait de cette acrimonie et de cet épaississement prétendu de la bile, et ont établi leur opinion sur cette théorie surannée.

Mes recherches faites il y a plusieurs années sur ce qui concerne les maladies causées par le plomb et ses préparations, m'ont toujours porté à redouter les couleurs dans tous les lieux où je les ai vues employer. Vingt ans au moins de séjour dans la ville où j'ai pris naissance, et dans deux ports voisins, l'un de roi, et l'autre de commerce, m'ont mis à même de monter souvent à bord des vaisseaux, où j'ai pu me convaincre de l'infection de leur intérieur ; j'ai dû, dans la suite, la confirmation de ces faits à un travail sur les maladies des gens de mer, dans lequel j'ai été aidé pas les conseils de créoles très-éclairés et des officiers de marine du premier ordre.

Il eût été difficile de méconnaître la cause de la colique des gens de mer ; aux signes qui la caractérisent, à la manière particulière avec laquelle elle affecte l'état - major dont les chambres sont toujours peintes, enfin à la présence de la couleur et à son odeur, qui, produisant la colique des peintres à ceux qui habitent trop tôt les appartemens nouvellement peints, ne pouvait manquer d'en faire autant dans les chambres et les entreponts, dont l'air surchargé de moffettes, ne peut souvent se renouveller, quand les fenêtres et les sabords sont fermés à cause du mauvais temps, ce qui arrive très-fréquemment.

Aussi après avoir médité mon sujet, et m'être convaincu, par ses faits, de tous les malheurs qui pouvaient en résulter, j'ai formé des vœux pour la réforme de la peinture intérieure des vaisseaux, dans un mémoire approuvé dans une assemblée publique de la faculté, imprimé et publié sur la protection du gouvernement, et accueilli par tous ceux qui savent voir, et qui ont l'âme honnête et désintéressée. Un événement affreux arrivé sur un vaisseau du département de Brest, achevera de convaincre ceux qui pourraient encore en douter. Je le tiens de M. le chevalier de Hotte, qui a bien voulu m'en donner les détails, écrits de sa main.

« Il est à ma connaissance que M. le chevalier de Marigny, commandant la frégate du roi *le Serin*, en venant de Brest à la Martinique, dans l'année 1775 ou 1776, a été empoisonné par la peinture de son vaisseau; il en a eu des coliques dont il a beaucoup souffert en

Amérique : il y a presque toujours été malade, et à son retour il a été obligé d'aller aux eaux. Son second est mort des suites de la maladie occasionnée par la peinture, et son chirurgien-major, après avoir souffert les plus cruelles atteintes de colique, s'est embarqué mourant, et n'a trouvé de soulagement à son retour, qu'aux eaux. M. Brûlé, aujourd'hui médecin de l'hôpital de Brest, a fait les fonctions de chirurgien-major au retour de la frégate en France ; il peut attester le fait, ainsi que M. le chevalier de Marigny, major de la marine de Brest, et capitaine de vaisseaux du roi : presque tout son état-major a eu la maladie. »

J'ai l'honneur d'être, etc.

DU CARACTÈRE ET DE L'IMPORTANCE

DE L'HOMME DE MER,

CONSIDÉRÉ COMME NAVIGATEUR.

L'homme de mer habite l'océan sa patrie est le monde ; tous les hommes sont ses compatriotes. Par lui, le genre humain est une vaste famille réunie par l'échange réciproque des besoins et des plaisirs : l'homme de mer est l'agent de ce commerce, comme le feu est celui de la nature ; il le crée, l'étend, le vivifie, l'alimente.

Il est désiré de toutes les nations, puisqu'il leur porte l'abondance : il doit en être chéri, il doit les aimer ; il donne aux nations barbares la connaissance de nos lois, de nos découvertes en tout genre, et les prépare à jouir d'un bonheur dont elles n'ont pas même l'idée ; il accroît celui des peuples civilisés, en leur procurant sans cesse de nouvelles jouissances.

Destiné à combattre tous les élémens et à les soumettre, à vaincre tous les obstacles, à affronter et surmonter tous les dangers, à faire tous les sacrifices, son âme doit être forte, son esprit orné de connaissances, ses vues grandes, son caractère noble.

Fier comme l'élément qu'il habite, libre comme celui qui le meut, il doit avoir des principes de conduite faits pour tous les temps et tous les lieux. Il méprise un vil intérêt, et ne s'occupe point à acquérir l'approbation du petit cercle qui l'environne; son ambition est plus vaste, et l'estime du genre humain est le but où il aspire, la seule récompense digne de lui.

Né pour vivre avec tous les hommes, il doit être sans préjugés, respecter ceux des peuples qui habitent les pays qu'il parcourt, et les disposer, par une conduite sans reproche, à goûter et adopter nos lois religieuses et civiles, et à chérir et estimer sa nation.

Envoyé des hommes éclairés, missionnaire de la divinité même, il prêche d'exemple : juste, droit, franc, vrai, désintéressé, humain, bienfaisant, ami de tous les hommes, il est partout dans sa patrie; enfin il est l'homme par excellence, le véritable cosmopolite. Ah! si le ciel daignait créer quelques êtres de cette trempe, on verrait bientôt naître le siècle d'or sur la terre.

Pour connaître l'importance de l'homme de mer, remontons dans l'antiquité la plus reculée, et consultons l'histoire sacrée et profane : nous y verrons Noë sauver le genre humain dans l'arche; *Jason*, conquérir la toison d'or; Icare, oser le premier traverser la mer Egée. On y verra les Tyriens et les Carthaginois, puissans et riches, parce qu'ils étaient marins; et les Romains, vaincre ces derniers en les imitant dans la profession de cet art plus qu'humain; Salomon, s'enrichir par les flottes qu'il envoyait annuellement à Ophir; les Perses et les Grecs, se disputer l'empire des mers, pour parvenir à une véritable puissance; enfin, l'empire du monde entier, décidé par la bataille d'Actium.

Suivons l'art et les succès de la navigation dans toutes ces progressions, nous verrons les Pisans, les Gênois et les Vénitiens jouer un rôle dans l'Europe, selon le degré de leur puissance sur mer, et presque tomber dans l'oubli, lorsque des nations plus heureuses ou plus habiles leur en ont ravi l'empire.

Christophe Colomb découvre un nouveau monde ; Vasco de Gama nous montre le chemin des Indes ; Magellan, celui de la mer du Sud ; Sébastien Cabot pénétre dans l'Amérique Septentionale ; et de nos jours, Cook s'immortalise par ses découvertes dans l'hémisphère austral. Le monde s'agrandit, notre esprit s'éclaire, et notre âme s'élève dans la même proportion ; les grands hommes en tout genre naissent et se succèdent rapidement, et les modernes surpassent la gloire des anciens, parce que des marins se sont élevés au dessus de l'humanité. C'est à eux que l'Angleterre doit sa puissance, la Hollande, sa liberté ; le Portugal, son existence ; l'Espagne, ses riches et vastes possessions ; la France, son opulence.

Nous leur devons la connaissance de la véritable forme et de l'étendue du globe que nous habitons. C'est par leurs talens, par leur audace que tous les humains savent qu'ils ont des frères dans tous les lieux que le soleil éclaire. Si leurs découvertes ont été quelquefois funestes au genre humain, c'est par une fatalité cruelle : l'homme commence toujours par des fautes ; mais la nature, qui le rappelle sans cesse aux sentimens de la fraternité, amène à pas lens ces temps fortunés où nous ne ferons plus qu'un même peuple.

Je crois avoir assez prouvé l'importance de l'homme de mer, mais ai-je peint son vrai caractère ? Hélas ! je l'ai tracé tel qu'il devait être, et non tel qu'il est. Aurais-je le bonheur de le rappeler à ses devoirs, en lui montrant tout ce qu'il peut, en lui apprenant tout ce qu'il vaut ! N'aurais-je formé qu'une chimère qui n'aura jamais de réalité ? Eh ! pourquoi les hommes, après avoir été pendant tant de siècles le jouet et la victime d'un intérêt vif et mal entendu, n'ouvriraient-ils pas leurs âmes à la connaissance d'un intérêt plus noble et plus vrai, à celle de leur bonheur réel ? Heureuse illusion ! daignez me séduire tant que j'existerai, et bannir loin de moi l'accablante vérité qui détruirait une espérance aussi flatteuse !

APOLOGIE

DU CARACTÈRE DES PROVENÇAUX.

Quelques écrivains ont fait un portrait peu avantageux des Provençaux, et l'on ne se douterait pas, qu'au nombre des défauts qu'ils leur reprochent, ils placent la sobriété; quant à moi j'avoue que je l'avais toujours crue une vertu. Ils prétendent que pour la douceur des mœurs et la noblesse dans la façon de vivre, ils sont bien inférieurs au reste de la France. A en croire un médecin Bruyère Champier, et un intendant qui s'appelait Bret, ils sont assez braves, mais arrogans et fiers, extrêmement conteurs et (ce qui est un grand crime aux yeux de ces messieurs) fort indociles au joug de leurs seigneurs. Un homme sage ne trouverait à cette indocilité, d'autre caractère que l'amour de la liberté, et cela ne lui semblerait pas aussi terrible qu'au médecin et à l'intendant. Mais, sans nous arrêter aux expressions grossières de ces deux hommes, disons qu'ils n'ont pas la plus légère connaissance des Provençaux. Ils sont peu polis, il est vrai, mais cela tient à leur franchise naturelle et à la vivacité de leur esprit qui n'exprime leur pensée que par explosion, et ne leur permet jamais de réfléchir sur l'effet que peut produire leur réponse. Ils sont braves ; leurs détracteurs en conviennent ; mais leur fierté n'a rien de l'arrogance, comme on le prétend ; elle tient à leur amour pour leur pays, qui le leur fait préférer à tout autre, et je ne vois pas ce qu'une semblable fierté peut avoir de blâmable. Ils sont commerçans, actifs, industrieux, économes, éclairés sur leurs intérêts, très-habiles en affaires ; et le doute qu'on élève sur leur bonne foi, est une injure bien gratuite. Ceux qui connaissent le négoce, ne disconviendront pas que les banqueroutes ne soient plus rares à Marseille que dans aucune autre place de commerce. Leur pétulance, comme je l'ai déjà dit, est extrême. Le climat, la salubrité de l'air, la gaîté des sites et leur amour inné pour le plaisir, doivent y contribuer; mais il en est une autre cause peut-être qui ne serait pas indigne, je crois des méditations de l'observateur : et c'est le genre de leur nourriture. L'énorme quantité d'ail dont ils font un usage habituel, et si propre à les entretenir dans un état constant de fièvre; le piment, le poivre, les épices, les anchois et les sardines salées, dont ils font une étonnante consommation, et qui doivent donner au sang une âcreté perpétuelle; l'huile et le poisson dont les propriétés échauffantes les rendent de véritables aphrodisiaques; l'acide des fruits, l'abus des glaces, les veilles nécessitées par la beauté des nuits consolatrices de la chaleur des jours; serait-il vrai que toutes ces choses, qui ont un si grand empire sur l'économie animale, n'eussent aucune influence sur le moral? J'avoue que j'ai de la peine à le croire; et peut-être, en examinant les causes premières des mœurs qui rendent souvent des peuples même très-voisins les uns des autres, si différens entr'eux, ne pense-t-on pas assez à la part que peuvent y prendre les alimens qui leur sont familiers.

Au reste leur gaîté doit être chère aux amis des arts : nous lui devons le premier germe de la poésie, et sans la poésie tous les arts disparaissent. Ce fut ici que naquirent les aimables troubadours, non ces poëtes guindés, froids et sans couleur, que Toulouse voudrait bien mettre au-dessus des autres, parce que Toulouse est gasconne, sur son antiquité littéraire, sur sa fameuse Isaure et ses académiciens, comme elle l'est encore sur ses jeux floraux : mais ces chantres charmans, fils de la galanterie, de la politesse et de la nature ; dont la plûpart des chansons font encore les délices de tous ceux qui ont l'amour du rire, des jeux et de la beauté. Ils ont dû leur origine aux comtes de Barcelone : ces hommes au-dessus de leur siècle, ennuyés de la vie féodale et du triste séjour de leurs obscurs châteaux, conçurent qu'il devait être, dans la société de leurs semblables, d'autres douceurs que celle d'une sombre et farouche grandeur. Ils vinrent donc fixer leur cour à Aix ; et brisant la barrière qui les séparait du reste des humains, appelèrent autour d'eux la beauté, et bientôt sur ses pas accoururent l'amour, les jeux, les grâces et les plaisirs. Alors s'opéra cette révolution dans les mœurs : heureux berceau de ces siècles de chevalerie, où les tournois, la bravoure, la galanterie et le désir de plaire filèrent les jours romanesques, mais heureux, de ces hommes qui n'avaient encore connu de leur fausse grandeur que l'orgueil qui déshonore, et la tyrannie qui rend odieux. Bientôt tous les seigneurs ou alliés, ou parens, ou vassaux des comtes de Barcelone, vinrent se ranger auprès d'eux. Aix devint le temple des ris; l'esprit gagna au désir d'être plus aimable. En cherchant à plaire, le langage s'épure; on veut une langue à part pour se faire entendre à l'objet qui nous touche. Les vers prirent naissance; et avec les vers, les troubadours.

LETTRE A M. C. G***

Route de Marseille à Lyon.

Monsieur votre cousin me donne souvent de vos nouvelles, mon cher C...; il doit aussi vous communiquer mes lettres. La vôtre m'est parvenue à Marseille, où je suis tombé malade précisément la veille du jour fixé pour mon départ. La fièvre me saisit au sortir du concert (où, par parenthèse, j'eus le plaisir d'entendre exécuter le *super flumina* de Giroux). C'en était fait, une horrible esquinancie allait me juguler, sans une saignée faite à-propos, et par l'ordonnance de M. Raymond, savant esculape des Marseillais. Oui, sans les soins que cet homme sage et M. Rigordi m'ont prodigués, votre ami, cher C..., voyait s'accomplir le vœu qu'il a toujours formé de mourir dans les lieux qui l'ont vu naître ; il espère bien que c'est partie remise.

Mon frère, dont vous connaissez la tendresse, a volé auprès de moi : mes parens, mes amis, mes confrères, ne m'ont plus quitté jusqu'à ma convalescence ; elle a été prompte. Le temps ayant changé, comme pour m'inviter à appareiller, j'ai profité des beaux jours que nous avions, pour remonter vers le nord à petites journées. J'ai rencontré sur mon chemin les députés de la Corse, désireux, comme moi, de ne point brusquer le voyage ; bonnes gens, quoiqu'on dise, écorchant le français, comme moi l'italien. J'ai mieux aimé cela, que telle autre société hazardeuse, dont par fois je me suis assez mal trouvé.

Adieu donc, me suis-je écrié, en montant en voiture, adieu, Marseille, séjour de la joie la plus pétulante, et malheureusement de la licence et du luxe, adieu ! déjà les monts calcinés qui t'environnent, dérobent tes tours à mes regards.

Aix se découvre : j'admire à peine son cours superbe, orné de trois fontaines, et ses vieux ormes surbaissés, et l'élégance attique de ses hôtels.... Me voici dans ce beau Comtat où la nature est si riante (pour qui se porte bien), où l'industrie est si morte (ailleurs que chez les juifs), où les femmes sont si jolies et les couvens si multipliés!

J'espérais, je vous l'avais mandé, revoir *Vaucluse*; nous avions traversé la rapide Durance: le mont Ventoux, blanchi par les premières neiges, nous offrait l'hiver en perspective, tandis que nous respirions dans la plaine, des tourbillons de poussière brûlante.... Il faut revenir sur nos pas. Peu de jours avant notre arrivée, un orage effroyable avait rompu les ponts et bouleversé tous les chemins. Nous repassâmes par Avignon.

Aux approches du grand fleuve qui traverse cette heureuse région, à l'aspect de ces fertiles jardins, toujours rafraîchis par les canaux tirés de la Durance et de la Sorgue, et par des courans d'air vifs et purs, je me sentis renaître. Vive un convalescent pour jouir pleinement des bienfaits réparateurs de la bonne nature! Un été charmant, un vrai printemps recommence et me ranime; j'en jouis quelques momens.... et déjà j'étais auprès de l'arc-de-triomphe d'Orange. Je m'écartai soudain de la route pour revoir, en passant, ce beau monument de l'antiquité.... O mon ami! quelle fut ma surprise et mon indignation! Sous ce pompeux portique où passèrent en triomphateurs les conquérans des Gaules, à la clef de cette arcade admirée, qui soutient tant de reliefs imposans; je vis.... m'en croiriez-vous...? je vis un *pendu* tout frais accroché, et que le vent balançait dans une oscillation de quatre à cinq pieds. Je vous fais grâce de mes réflexions sur messieurs d'Orange. Mad. de Sévigné qui jetait sa gaîté naturelle sur tout, aurait dit : *je ne vois pas pourquoi des pendus, car il me semble que le bel air des grands chemins ce sont des roués.*

Après Orange, le climat, les mœurs, tout change. L'affreux hiver secoue ses ailes neigeuses : l'enchantement est détruit : plus de vers, plus de jolies idées. D'épais brouillards nous enveloppent; les ténèbres sont palpables comme en Egypte. Hélas! nous ne voyons plus l'astre brillant qui ne se cache jamais pour la Provence. Des pluies continuelles et glaeées, nous forcent de tirer nos manteaux de nos malles ; nous nous empaquetons comme des Sibériens. Il fallait voir la mine violette et l'air d'humeur de mes pauvres Corses ; leurs dents claquaient, ils pleuraient de froid, il fallut les empailler dans deux bottes de foin.

Nous arrivâmes à Vienne, le sixième jour de notre route. Vous savez si j'ai lieu d'aimer cette ville ! L'image de mon oncle expiré dans ses rues étroites, cette image affreuse et sanglante m'y poursuit partout, et me glace encore de terreur, même après vingt années !... Je maudis, un million de fois, le ténébreux dédale de ses rues infâmes ; et le lendemain matin, les stors baissés, la tête enveloppée de mon manteau, je partis pour Lyon, en m'écriant : *Montes gelboe, nec ros, nec pluvia veniant super vos, Jonathas in excelsis occisus est.*

Mes amis S.... étaient venus au devant de moi. Jugez du plaisir que j'eus à les embrasser !

O qui complexus et gaudia quanta fuére !
Nil ego contulerim jucundo sanus amico !

Les doux, les tumultueux sentimens de mon cœur ne peuvent se rendre : je montai dans leur voiture, et je vins dans leur terre de M..., où j'étais attendu, j'ose le dire, avec toute l'impatience que j'avais moi-même d'y arriver.

C'est de là que je vous écris : vous avez voulu des détails, vous en avez. J'achève de rétablir ma misérable santé : des fruits pleins de saveur, du lait que je vais traire, des promenades délicieuses le long d'une allée tapissée de serpolet ; enfin, le céleste *far niente* ; voilà mon régime. Hypocrate, et Petit, son grand vicaire à Paris, ont eu la sagesse de ne m'ordonner que cela, et j'ai le bonheur de pouvoir exécuter leur douce ordonnance. Une société peu nombreuse, mais intime, des hommes instruits, des femmes aimables, un curé complaisant et rempli d'esprit, des lectures frivolettes, de petits jeux, des couplets, et mille riens enchanteurs, *donnent au temps les ailes du plaisir.*

Adieu, mon très-bon ami ; je vous annonce tout franchement que je vous verrai le plus tard que je pourrai, peut-être vers la St.-Martin. Je suis si peu content dans votre ville, et ici je suis si parfaitement heureux, si aimé, si bien voulu de tout le monde, que de manière ou d'autre, je veux finir par m'y fixer. Les Lyonnais sont bons, honnêtes, caressans, amis des étrangers : les Lyonnaises m'ont toujours paru d'un accueil aisé, d'un esprit liant, d'une humeur facile et gaie. J'espère être incessamment reçu de l'académie, et je tiendrai à très-grand honneur de me voir, par-là, comme citoyen d'une ville qui fut dès sa naissance, la patrie de l'éloquence, et qui semble, par le génie heureux de ses habitans, avoir plus de droit qu'aucune autre ville de province, à se promettre les plus grands succès dans la carrière des lettres.

RETOUR DE PROVENCE,

A L'AUTEUR DE L'HYMNE AU SOLEIL.

Je les ai parcourus, ces vallons enchanteurs,
Où la figue mûrit sous son ample feuillage ;
J'admirais ce beau ciel, plus large et sans nuage,
Où flottent les parfums des orangers en fleurs.
Mais son éclat trop vif a fatigué ma vue,
De l'effort de mes sens mon âme est abattue.
Je regrettais le jour d'un plus doux horizon,
Les détours d'un ruisseau que borde un frais gazon ;
Nos lointains, terminés en vaste amphithéâtre,
L'aspect fuyant des monts et leur chaîne bleuâtre....

Trianon, Saint-Germain, Bellevue et Meudon,
Séjours dignes des dieux et des fils d'Henri quatre,
Que je vous desirais ! O mon pays, pardon !
Tes rochers calcinés, à la cime grisâtre,
Attristaient mes regards, effrayaient ma raison.
Tes monts sont des volcans antiques, formidables,
Solitaires déserts, dont les tristes échos
Ne répondent jamais à la voix des troupeaux.
Ces abîmes noircis, sombres, inhabitables,
Tous ces rocs entassés, image du cahos,

Furent en proie aux feux, ou creusés par les flots.
J'y vois de l'océan les empreintes durables,
Et les conques des mers parmi tous les métaux ;
Mais l'œil y cherche en vain d'utiles végétaux.
Là, sur l'aride sein d'une terre durcie,
Est éteint pour jamais le germe de la vie ;
Là des buissons sans sève, et de faibles rameaux
Sont les fruits malheureux d'un sol sans énergie.

Oh ! que j'aime bien mieux nos champêtres coteaux,
Nos rians boulingrins, la scène des villages !...
Ces bois harmonieux, où mille et mille oiseaux,
Des fruits de leurs amours suspendant les berceaux,
Par la variété du verd de leurs feuillages,
Embellissent les fonds de ces charmans tableaux.
Qu'il est doux d'habiter les riches paysages
Qui de Blois ou de Tours couronnent les rivages !
Ces rivages bordés de jardins, de châteaux,
Où respirent encor les touchantes images
Des plus rares beautés et des plus grands héros !
Que j'aime à m'égarer vers les sombres bocages
Que recèle *Méld* dans son superbe enclos ;
Et promener mes pas autour de ces hameaux,
Où *Dufort*, digne ami des arts qu'il encourage,
Du sein de *Chiverny*, magnifique apanage,
Est l'espoir et l'amour des plus heureux vassaux !

Aux flots dévastateurs, qui grondent vers les plages
A ces immenses mers, empire des orages,
Que peuplent, il est vrai, d'officieux vaisseaux,

Mais trop souvent, hélas ! couvertes de naufrages,
Marseille ! je préfère, (excuse ces aveux)
Nos lacs profonds et clairs, où sur l'azur des cieux
Se peignent renversés les mobiles ombrages,
Et le pêcheur tranquille, assis sur nos rivages,
Aux habitans des eaux tendent un piége heureux,
Et nos troupeaux cachés dans de gras pâturages,
Et nos bleds ondoyans, et nos hameaux nombreux.

De ces piquans aspects que mon âme est charmée !
J'ai revu sans plaisir, le frileux olivier,
Qui prête si peu d'ombre à la bergère aimée,
Le luxe infructueux des palmes d'Idumée,
Et les jets odorans du stérile laurier.

La terrasse brûlante, et l'aride gravier
Où rougit du muscat la grappe parfumée, —
Près de quelques cédras, et d'un verd citronnier,
Les jardins resserrés où l'or de la cassie
Se marie à l'argent du jasmin d'Ibérie ;
La grenade et ses fleurs, l'épineux jujubier ;
Valent-ils ces beaux parcs, où l'art et la nature
Frappent le sentiment aussitôt que les yeux ?
Valent-ils ces berceaux, ces bois délicieux,
Qui voûtent dans les airs leur tremblante verdure ?
Quand je vais y rêver au retour du printemps,
Un charme universel se répand sur mes sens ;
Il les enchante tous, il en confond l'usage ;
Avant de la sentir, je crois voir la fraîcheur.
La lumière moins dure, à travers le feuillage,

Adoucit son éclat, tempère son ardeur !
Les branchages fleuris du chèvrefeuil sauvage,
Les sucs du peuplier, la menthe du rivage,
Exhalent dans les airs la plus suave odeur;
Enfin, l'enchantement passant jusqu'à mon cœur,
D'un bonheur qui n'est plus ces lieux m'offrent l'image,
Et de doux souvenirs font encor mon bonheur.

Platanes élancés, chênes, troncs séculaires,
Vénérables ormeaux, sycomores pompeux,
Salut : je vous revois, forêts hospitalières,
Daignez me recevoir sous vos toîts spacieux ;
Qu'à tout sensible cœur vos retraites sont chères !
Ici le laboureur, les troupeaux, leurs bergères,
De l'été dévorant viennent braver les feux.
Votre silence plaît aux amans malheureux.
Le sage suit en paix vos sentiers solitaires ;
Satisfait d'être seul, loin des pensers vulgaires,
Le poëte y ressent le soufle inspirateur ;
Pour moi, (de son penchant on suit l'attrait vainqueur)
Je viens y déplorer les humaines misères,
Méditer la nature, approfondir mon cœur.
J'y déteste, en pleurant, la démence des guerres,
Ces grands assassinats des peuples en fureur,
Long et tragique deuil pour les deux hémisphères,
Et je m'écrie : heureux qui jouit, loin des camps,
Des charmes du repos, des douceurs de l'aisance,
De soi-même, des arts et des plaisirs touchans,
Des célestes plaisirs, fruits de la bienfaisance !
Je possède ces biens si purs, si consolans ;

J'entends la douce voix de la reconnaissance ;
Mes amis, avec moi, cultivent les talens.
Leurs succès sont les miens et les seuls où j'aspire,
Pourvu qu'en mes écrits l'honnêteté respire,
Qu'ils peignent les objets de mes goûts innocens,
Que *la Porte* les lise, et leur daigne sourire,
La Porte, dont le goût dicte les jugemens :
Je méprise les traits de l'obscure satyre.

Eh ! qu'importe, en effet, que d'une faible main,
Timon, pour satisfaire à son besoin de nuire,
Au bord de son tombeau, tende un arc incertain,
Pour percer un auteur qu'en secret il admire !
Ses efforts impuissans excitent la pitié,
Et l'on rit d'un jaloux, rimeur octogénaire,
Qui, cédant aux transports d'un zèle atrabilaire,
Insulte en mauvais vers le goût et l'amitié.

Ah ! loin des froids pédans, artisans de censures,
Dont l'effet est d'aigrir, et le but d'offenser,
Heureux l'auteur qui joint, dans ses doctes peintures,
Au don de bien sentir, au grand art de penser,
Le goût des voluptés délicates et pures,
Et le talent exquis de nous les retracer !
» L'imagination qu'il a tendre et flexible,
» A tous les yeux charmés rend son âme visible.
» A peindre ce qu'il aime, occupant ses loisirs,
» Il arrive à la gloire en chantant ses plaisirs. »
Pour lui dans ces tableaux que son pinceau nuance
Le travail de produire est une jouissance.

Comme il touche nos cœurs lorsqu'il répand le sien !
L'amour de la vertu devient son éloquence.
S'il raconte les jeux de son heureuse enfance,
J'en jouis avec lui, son bonheur est le mien ;
Ses chants, faits pour charmer l'amitié confidente,
Sans prétendre à l'éclat de la célébrité,
Ses chants pleins des douceurs de sa vie innocente,
Seront tous entendus de la postérité.
Voilà l'auteur aimé, le sage, l'honnête homme :
Tu le cherches, Reyrac, et ma muse te nomme.

(Par M. BÉRENGER).

LES VOLEURS.

Relation envoyée à M. Bérenger, par l'auteur.

Lyon, le 10 floréal an 7.

Après avoir, du haut de la montagne d'Avignon, salué pour la dernière fois la superbe plaine du Comtat, après avoir rendu dans l'église des Cordeliers, mes derniers hommages aux mânes de Laure et de Pétrarque ; je me disposai à partir par la diligence de Lyon : son départ, ce jour-là, était retardé de deux heures ; le directeur, à qui je marquai mes craintes sur ce que nous arriverions trop tard à la Palud, village où nous devions coucher, et dont le voisinage était, disait-on, infesté de brigands, me répondit d'une manière qui n'était rien moins que rassurante. Naturellement ombrageux, je ne savais comment je devais prendre les chuchoteries qui avaient lieu entre le conducteur et un des voyageurs ; nous étions quatre ; le commandant de la gendarmerie devait être des nôtres : il ne parut pas. J'ai été fort tranquille dans le cours de la journée ; le grand jour ne m'a presque jamais intimidé. Nous arrivons à Mornas ; d'après notre calcul, s'il n'y avait pas du temps perdu, nous devions arriver à la Palud avant la nuit ; mais depuis près d'une heure notre conducteur avait disparu : nous pensions qu'il avait été requérir une escorte, et n'en étions pas moins impatiens. Il vient enfin, mais sans escorte, et nous dit qu'une dispute pour 5o sols de droits de passe l'avait fait aller devant le juge-de-paix. Le voyageur, avec lequel il avait paru lié, cherchait à l'excuser ; pour moi je croyais que, surtout, d'après l'extrême envie que nous lui avions montrée d'arriver de bonne heure, un intérêt plus grand que celui de 5o sols, aurait dû l'occuper ; dès lors j'eus, je ne dirai pas la crainte mais, l'assurance de la visite des voleurs. J'en fis part à mes compagnons de voyage ; mais un faux courage a toujours fait faire plus de sottises qu'une peur franche.

A mesure que le jour baissait, mes idées devenaient plus sombres ; et, comme il m'arrive d'ordinaire quand mon imagination se noircit, elles se tournaient vers la cupidité, l'astuce et l'hypocrisie des puissances du jour, si fort en opposition avec la pureté de vues et de principes ; la philantropie est une sorte d'optimisme qui, à la lecture de leurs proclamations, pénétre l'âme d'espérance et de joie. Le sort des miens est trop lié au retour de l'ordre et de l'humanité, pour que les idées dont je parle ne fassent pas toujours naître en moi les plus douloureuses sensations. J'avais l'âme oppressée ; mais distrait par intervalles, lorsqu'un moment je pouvais éloigner de moi, les images tristes, j'étais assez curieux, dût-il m'en coûter quelque chose, de voir comment se passeraient les scènes de voleurs dont j'avais tant entendu parler dans le midi. Une scène de ce genre manquait aux événemens dont ma vie n'a été que trop agitée. Cette bizarre curiosité qui mêle l'attrait du roman à la réalité du danger, s'était plus d'une fois emparée de moi sur la route de Nice, soit au bois de l'Esterel, soit aux environs de

St.-Maximin, où j'ai plusieurs fois passé dans la nuit, et où beaucoup de vols et d'assassinats ont été commis.

Nous étions entre Mondragon et la Palud, vis-à-vis le pont St.-Esprit; la nuit s'approchait; un sombre crépuscule ne permettait guère de bien distinguer les objets. Tout-à-coup on entend des sifflets, le conducteur s'écrie d'une voix faible : *des voleurs !* Je regarde par la portière, et vois arriver une bande d'hommes, la plûpart de petite stature, dans l'accoutrement de la misère, agiles, déterminés et armés de fusils et de pistolets qu'ils dirigeaient sur la voiture, quelques uns arrêtent les chevaux, d'autres ouvrent la portière et nous couchent en joue, en disant avec action et à voix basse : *descendez, silence, descendez, ou vous êtes morts.* Aucun moyen de défense n'était en notre pouvoir ; j'observai que sans qu'il fût besoin de descendre, nous pouvions donner ce que nous possédions ; et, pour éviter qu'on mît la main sur moi, je présentai montre, bague, argent; ce n'était pas tout ce qu'ils voulaient : ils insistaient pour nous faire descendre; et à mesure qu'un de nous descendait, on le forçait le pistolet sur la gorge, de s'étendre par terre et d'y rester immobile. Un des voleurs nous dépouilla, l'un après l'autre, de ce que nous avions d'effets de valeur; cruelle cérémonie qu'un autre renouvelle un quart-d'heure après ! Pendant que le chef et quelques voleurs visitaient toutes les parties de la diligence, les autres nous contenaient en nous faisant porter sur la tête et sur le cœur le bout de leurs pistolets et de leurs fusils. Un gros homme qui tremblait à côté de moi, ayant levé la tête, y reçut un coup violent qui aurait pu amener un massacre s'il se fût soulevé; car point de doute que nous croyant exposés, ainsi que lui, à des coups mortels, nous aurions tenté le sort de la résistance. Le chef des voleurs plaisantait à chaque découverte qu'il faisait dans la voiture, et en prévenait ses camarades.

J'étais plus ennuyé qu'effrayé de ma position, pensant que c'était ainsi que se faisaient de pareilles expéditions, que celle-ci ne serait pas de longue durée, et que nous serions bientôt libres; mais je conçus quelques craintes, lorsque le chef ayant découvert mes pistolets, dont malheureusement j'avais été dans l'impuissance de me servir, dit : *ô les brigands ! ils avaient des armes et ne les ont pas déclarées ; mes amis, vous savez que dans ce cas je ne fais point de quartier ; il faut savoir à qui les pistolets appartiennent ; au surplus, un moment, nous allons voir ;* et un instant après, il vomit contre nous les plus vives imprécations. C'était nous qui étions des coquins ; il gourmanda ses camarades pour ne nous avoir pas tués dès l'abord, et que décidément il fallait nous fusiller, qu'il brûlerait la cervelle à celui d'entr'eux qui n'obéirait pas à son ordre.

Lorsqu'il tenait ce discours, il y avait déjà plus d'une demi-heure que durait la visite. J'étais dans une affreuse agonie. Je devais croire à la réalité de sa menace ; car, en la faisant sans avoir l'intention de l'exécuter, il ne gagnait rien et risquait beaucoup. Il ne pouvait y gagner, puisqu'il n'avait rien à espérer ni à craindre de nous qui étions sans effets et sans armes ; il risquait beaucoup, car cette menace pouvait nous porter à un combat qui, quoiqu'inégal nous aurait peut-être attiré des défenseurs ; et je ne concevais que trop l'intérêt qu'ont des voleurs à faire périr ceux dont ils craignent d'être reconnus dans la suite, ou d'avoir pour témoins contr'eux dans une instruction. Si mon raisonnement n'était pas des plus justes, il ne contribuait pas moins à l'affaissement de mes facultés. Ce qui me décourageait davantage, était l'horrible abandon dans lequel nous nous trouvions depuis un temps plus que suffisant, pour que l'avis de notre mésaventure pût parvenir aux villages voisins et nous attirer des secours. Je voyais là un concert infernal de tous les êtres vivans pour nous laisser périr sans défense. J'étais persuadé que notre conducteur, quoiqu'ayant ainsi que nous la face dans l'ornière, était d'accord avec les voleurs. J'avais d'ailleurs entendu dire qu'il y avait de l'intelligence entr'eux et plusieurs habitans des lieux voisins des routes où ils arrêtent les voitures.

Le chef appela quelques uns des brigands qui nous menaçaient de leurs armes, et leur parla à voix basse. Ils revinrent nous coucher en joue ; mon état était à peu-près celui du malheureux qui, placé sous l'instrument de son supplice, n'attend plus que le coup de la mort. J'étais absorbé, il n'y avait plus de liaisons dans mes idées; seulement je voyais les jolies figures de ma femme et de mes enfans passer et repasser dans un nuage épais et ensanglanté; mais je n'éprouvais pas ces angoisses, cette terreur profonde qu'on croit que tout homme éprouve au moment de mourir, soit que les réflexions que j'avais eu le temps de faire sur les motifs qui empêchaient les brigands de nous tuer, eussent prolongé en moi la salutaire impression de l'espérance; soit que par le sentiment des maux que j'ai éprouvés dans le cours de cette horrible révolution, et peut-être par le pressentiment d'autres maux, je me fusse accoutumé à l'image du sort de tant de malheureuses victimes. L'idée de la mort est je crois plus supportable que celle de la douleur. *Ecoute*, dis-je au scélérat qui était sur moi.... *que me veux-tu ? si tu dois me tuer, ne me manque pas.* — *Je ne te manquerai pas.* Il reprend son attitude. *Voyez vous* (disait le chef) *voyez vous quelque chose dans les arbres ?* (Il n'y avait point d'arbres sur la route ni près de là) *Rien, rien*, répondaient les brigands. Après avoir brisé un coffre de la voiture, on trouva de fortes sommes d'argent dont le son retentit doucement à mes oreilles, car je jugeai qu'ils craindraient de compromettre, par du bruit, le sort de leur précieuse capture, et je jugeais bien. Après nous avoir tenus pendant plus d'une heure immobiles entre la crainte et l'espérance : *vite, vite, rentrez dans la voiture*, s'écrie le chef. Nous nous y jetons avec la rapidité de l'éclair, la portière se ferme ; mais au lieu de quatre que nous étions, avant d'être arrêtés, nous nous trouvons six, et l'obscurité nous empêchait de voir quels étaient les deux inconnus. Les chevaux allaient au petit pas : *ô le malheureux !* dit un voyageur, *où nous a-t-il conduits ? De grâce, citoyens, descendez, laissez-nous.* Je crus qu'on faisait aller la voiture à travers les champs, que les deux inconnus étaient des brigands armés ; et me voyant prêt à être aveuglément frappé de coups de poignards, je frémis d'horreur : de ma vie, je n'éprouvai rien de semblable. Une explication me rassura bientôt. Je reconnus que nous n'avions point quitté la grande route ; que les deux inconnus étaient des voyageurs arrêtés et forcés, comme, nous de se coucher par terre, et qui craignaient une pareille rencontre. Le postillon déclara avoir reçu 15 francs pour aller doucement, et donner aux voleurs le temps de s'évader. Enfin, nous arrivâmes à la Palud qui n'est qu'à une lieue de l'endroit où la scène s'était passée. Personne n'y parut étonné de notre accident dont on dressa procès-verbal. La capture était d'environ quarante mille francs, à l'exception de quelques mille francs appartenant à des particuliers ; la somme provenait partie du droit de passe, partie des fonds de la marine. J'en ai vu les lettres, ce qui a dû me surprendre, l'emploi de ces fonds devant se faire au lieu où ils ont été perçus ou envoyés. Je gardai pour moi mes conjectures ; et soit prudence, soit crainte de m'être trompé sur le compte du conducteur, je ne voulus prendre sur lui aucun avantage.

Ici mon front s'est déridé, et j'ai retrouvé un peu de ma gaîté naturelle : j'ai revu dans une des plus jolies maisons de la Croix-Rousse, d'où l'œil parcourt une étendue immense et pleine de tableaux, deux aimables favorites d'Apollon. (L'ex-comtess. de Mand.... et l'ex-chanoinesse de Du.... Gi.... sa sœur). Ces dames, qui ne sont point très-jeunes, ont tout ce qui empêche de vieillir. Elles offrent une sorte de phénomène littéraire ; elles composent, sans l'aide de ce qu'on appelle un teinturier, des vers qui rappellent l'âme et les talens de madame Deshoulières ; elles font leurs délices de la vie obscure et champêtre ; elles ont une si belle modestie, qu'il faut leur faire une sorte de violence pour avoir d'elles une timide lecture, et sont assez philosophes pour ne pas donner un regret à la perte de leur fortune et de leur rang. Je me suis lié chez elles avec un spirituel et habile compositeur de musique. (*) J'ai aussi été accueilli de la manière la plus flatteuse par le poëte Bérenger, membre associé de l'institut national, et professeur d'éloquence à Lyon. Il me dit que ses élèves venaient de reciter un fragment de mon héroïde de Werther. Je lui ai reproché d'avoir été la cause indirecte

---

(*) J. J. Momigny.

de mon accident, puisque sans la séduction de ses lettres sur la Provence, je n'aurais point été tenté de voir ce pays, à qui son coloris poétique a donné plus de charmes qu'il n'en possède réellement. Il est vrai que lorsqu'il l'a décrit, il n'y avait pas, comme il y avait encore lors du séjour que j'y ai fait, les ans 6 et 7 de la république française, des aspects révolutionnaires, des ruines non antiques, des chemins délabrés et impraticables, des guerres de parti, des proscriptions, des fusillades, les excès du pouvoir arbitraire, la mort du commerce, les réquisitions, des vols de plus d'une espèce, et des assassinats multipliés, produits inévitables de la misère publique et de l'anarchie.

Lablée, de l'Académie de Lyon

LETTRE A M. S***

D'Orléans, le 24 février,

Adieu, M.... si charmant !
Adieu, ses nymphes si gentilles !
Adieu, belle et sage maman,
Qu'on prend pour la sœur de tes filles !
Adieu, toi bienfaisant seigneur,
Philosophe aimable et tranquille,
Qui sais goûter, loin de la ville,
Des plaisirs purs comme ton cœur !
Je pars!... Mais triste voyageur,
Que, malgré moi, le sort exile,
Je reste en esprit dans l'asile
Dont tes vertus font le bonheur !

Recevez, mon cher hôte, mes petits vers et mes grands remercîmens, mes regrets et mes adieux ! Vous m'avez fait passer des jours dont le souvenir fera le charme de ma vie, comme la jouissance en a fait la félicité passagère. Que je le trouvais beau ce parc entouré de fructueux espaliers ! Ce parc où s'épaississent de si jolis bosquets, et où viennent se croiser tant d'allées symétriques ! *Que ces vieux arcs rompus de l'aqueduc romain*, font un bel effet sur les coteaux du voisinage ! Que dirai-je de cette ville antique dont les crénaux délabrés et les hautes tours se prolongent vers l'orient, et de ces Alpes, plus antiques encore, dont les masses énormes paraissent, dans le lointain, comme de grands pains de sucre, et réflectent, en certain temps, les plus brillantes couleurs du prisme ! Que ces objets sont bien faits pour la campagne d'un amateur tel que vous ! Que tout cela touche peu lorsque l'on connaît et votre charmante famille et cette belle maman qui réunit tant de grâces et tant d'esprit !... Oh ! qu'il faut être votre ami pour n'être que le sien !

> Quel ton charmant d'égalité,
> Loin de toute monotonie,
> Honnête, sans cérémonie,
> Civil, sans importunité,
> Gracieux, sans minauderie,
> Affable, par humanité,
> Sensible, obligeant par bonté,
> Et poli, sans afféterie !

Gardez-moi le secret, mon bon et généreux ami : je vais vous faire un aveu que m'arrachent la confiance et la vérité. A Dieu ne plaise que je veuille calomnier ma chère, mon adorée patrie ! Mais il faut le dire : le ciel de Provence étonne, on l'admire ; mais on s'en lasse. Les bois d'orangers sont délicieux, mais on est bien aise de se retrouver sous les grands arbres de nos autres provinces. Vos marronniers si pompeux, vos larges platanes, vos tilleuls frais et flottans, et vos charmilles si douces, et vos jolis peupliers d'Italie valent peut-être bien nos tristes bosquets de pins, *qui prêtent si peu d'ombre à la bergère aimée !* Vos bois et vos forêts parent mieux la campagne que les plantes desséchées et abâtardies de nos côtes méridionales.

La terrasse brûlante et l'aride gravier,
Où du cep du muscat pend la grappe rougie.
Où verdit tristement le frileux olivier,
Où, de poudre couvert végète le figuier ;
Les jardins resserrés, où l'or de la cassie
Se marie à l'argent du jasmin d'Ibérie ;
La grenade et ses feux, l'épineux jujubier,
Le funèbre cyprès, le stérile laurier.

Valent-ils ces beaux parcs où l'art et la nature
Frappent le sentiment aussitôt que les yeux ?
Valent-ils ces berceaux, ces bois harmonieux,
Qui voûtent dans les airs leur tremblante verdure ?
Quand je viens y rêver au retour du printemps,
Un charme universel se glisse dans mes sens;
Il les enchante tous, il en confond l'usage ;
Avant de la sentir je crois voir la fraîcheur ;
La lumière moins dure, à travers le feuillage,
Adoucit son éclat, tempère son ardeur.
Le branchage odorant du chevrefeuil sauvage,
Les sucs du peuplier, la menthe du rivage,
Exhalent dans les airs la plus suave odeur.
Enfin, l'enchantement passant jusqu'à mon cœur,
D'un bonheur qui n'est plus ces bois m'offrent l'image,
Et ces doux souvenirs font encor mon bonheur !

Un littérateur de mes amis m'a communiqué, ces jours derniers, à Paris, une lettre du marquis de *Pezai*, que j'ai trouvée digne de l'auteur *des Soirées :* elle est remplie de cette verve abandonnée, de ces expressions lestes et pittoresques qui caractérisent les écrits de ce charmant poëte. Je vais vous en transcrire un fragment qui flattera sans doute un *économiste Lyonnais*, et que j'aime surtout, parce qu'il rend les idées dont je suis actuellement affecté. « Pour

moi, dit-il, à son amie (madame de B....)
c'est avec un charme inexprimable, qu'en
me rapprochant de Lyon, j'ai retrouvé
ces sillons noirs et creux, ces champs
substantés par de puissans engrais, ces
plaines partout revêtues d'une couche
de terre végétale et féconde. Quel plaisir
d'y voir le soc s'enfoncer largement, la
semence y descendre, et la herse épineuse rendre friable cette terre prodigue,
où les germes se développent, s'alimentent, se centuplent! C'est là que la tête
du moissonneur diparaît dans les champs
de blé, et les cornes des béliers dans les
herbages! C'est là que les bergers se
cachent encore mieux à côté des villageoises qu'ils caressent.... Que d'arbres!
que de fruits! que de troupeaux! quels
flots de lait coulent ici dans les étables!
Et dans cette Provence si vantée, la table du riche ne présente qu'à peine cette
nourriture salubre et rafraîchissante! Où
trouverait-on en Provence ces plaines
sans bornes, ces ruisseaux où les génisses mugissantes viennent se désaltérer?
et ces massifs créés pour le bonheur des
amans et le repos des cultivateurs. Non:
je ne vous dépeindrais qu'imparfaitement

ce que j'ai ressenti en retrouvant la première forêt. O quelle magnifique parure de la terre ! Quel don de la magnificence céleste ! »

Et moi aussi, mon cher patron, en revoyant vos bois de fayards et de chênes, j'ai ressenti l'émotion dont parle *Pezai*, je me suis écrié :

Platanes élancés, chênes, troncs séculaires,
Vénérables sapins, ormes religieux,
Salut : je vous revois, forêts hospitalières,
Daignez me recevoir sous vos toîts spacieux ;
Qu'à tout sensible cœur vos retraites sont chères !
Ici le laboureur, les troupeaux, les bergères,
De l'été dévorant viennent braver les feux.
Votre silence plaît aux amans malheureux.
Satisfait d'être seul, loin des pensers vulgaires,
Le poëte y ressent le soufle inspirateur ;
Pour moi, (de son penchant l'on suit l'attrait vainqueur)
Je viens y déplorer les humaines misères,
Méditer la nature, approfondir mon cœur.
J'y déteste, en pleurant, la démence des guerres,
Ces grands assassinats des peuples en fureur,
Long et tragique deuil pour les deux hémisphères
Et je m'écrie : heureux qui jouit, loin des camps,
Des charmes du repos, des douceurs de l'aisance,
De soi-même, des arts et des plaisirs touchans,
Des célestes plaisirs, fruits de la bienfaisance !

C'est-à-dire en bonne prose, heureux les habitans de Montgriffon ! Heureux mon ami S...! Heureux ses chers enfans, parce qu'ils hériteront de ses goûts et de ses vertus ! Oh ! si j'étais libre du joug, comme je volerais dans ce riant asile qui m'a rendu si véritablement heureux, et m'a laissé de si tendres regrets ! Si vous saviez, cher papa, combien de fois par jour l'élan du désir me transporte auprès de vous, et aux pieds de vos charmantes fées...! Oui, grâces à vous, j'ai reconnu la vraie tendresse, et tous les charmes de l'amitié, et toutes les voluptés attachées à la reconnaissance, supérieures, peut-être, à celles de la bienfaisance elle-même !

O champs aimés des cieux ! agréable séjour,
Où la tendre amitié verse ses dons suprêmes,
  Où vous jouissez tour-à-tour,
Des charmes de l'hymen, des faveurs de l'amour,
  De la nature et de vous-même !
  O verger ! ô jardin charmant,
Cultivé par la main des grâces ingénues !
Et vous, sur ces hauteurs, voûtes demi-rompues,
Qui portiez dans Lyon un fleuve obéissant,
Pour abreuver son peuple et jaillir dans ses rues !....

De la grandeur romaine antique monument,
Majestueux arceaux, qui servez d'avenues
A ce parc d'où ma vue au loin fuit et s'étend
Des sommets du *Pila* jusqu'aux Alpes chenues
      Frais vallons, sinueux torrent !
      Retraites que j'ai parcourues
      Avec tant de ravissement ?
      O des hôtes le plus aimable,
      Le plus aimé, le plus aimant !
Mère tendre, famille adorée, adorable !
      Que de grâces mon cœur vous rend !
Recevez mes adieux ! je les fais en pleurant ;
      Et mes larmes et mon silence,
Sont le gage et la voix de la reconnaissance.
Admis dans votre sein, j'ai trouvé le bonheur,
J'ai trouvé l'amitié, l'amour et la constance,
      Vieilles chimères dans mon cœur,
Dont une fois au moins j'aurai vu l'alliance.
Le repos, les beaux arts, le plaisir, l'innocence,
Parent de leurs bienfaits vos jours délicieux :
Je vous en vis jouir : je suis moi-même heureux ;
      Et de ma nouvelle existence,
Du plus profond du cœur, je rends grâces aux dieux.

LETTRE DE M. H. MOREL,

Secrétaire-gén.l de l'académie de Vaucluse.

Monsieur,

Le départ de notre ami, M. Ballanche, toujours renvoyé d'un jour à l'autre, est cause que ma lettre vous arrivera tard. J'aurais bien voulu cependant me montrer plus empressé de paraître ce que je suis, je veux dire l'ami sincère d'un talent aussi distingué que le vôtre, les éloges qu'un journal très-estimé vous a donnés en dernier lieu m'ont engagé à relire vos Soirées Provençales, et j'ai cru y trouver la continuation de vos entretiens avec moi, car votre conversation est aussi brillante, aussi aimable que vos ouvrages.

J'ai adressé des vers à M. de Fontanes, conformément au conseil que vous m'en aviez donné ; mais, pour que l'exécution fût heureuse, il m'aurait fallu votre pinceau, et je ne l'avais point. Je les ai pourtant mis dans le courrier d'Avignon, et je vous envois la feuille qui les renferme; je suis assez content de quelques tirades de cette épître; mais j'ai sur la conscience quelques irrégularités qui me tourmentent à la manière des remords. Par malheur, vous n'êtes pas homme à les calmer, car vous êtes janséniste en matière de goût plus encore qu'en morale.

Je joins à la feuille d'Avignon, la petite chanson d'Annete. Annette trouvera-t-elle une place dans vos Soirées?

On m'apprend que vous devez être inspecteur de l'académie de Lyon; cette place vous convient mieux que celle de proviseur où il y a tant de détails de cuisine. Je ne sais ce qu'on me destine, mais *l'inspection* serait de mon goût; malheureusement il faut pour ces places ou un mérite éminent ou des protections extraordinaires.

Recevez, je vous prie, monsieur, les témoignages de mon estime très-affectueuse.

RÉPONSE:

J'ai reçu, monsieur et très-cher confrère en Apollon, votre aimable lettre et votre belle épître à M. de Fontanes. Je vous remercie de cette double faveur, et j'aurai pour vous le ménagement de ne pas vous dire tout ce que vos talens et vos qualités m'ont inspiré d'estime et d'amitié.

J'ose espérer que vous pardonnerez à ce dernier sentiment, l'essor que j'ai cru pouvoir donner à mon zèle pour vos intérêts, ou plutôt pour ceux de l'université qui va naître toute brillante de jeunesse et d'émulation et de succès.

J'ai envoyé ce matin cette épître à M. le grand M., et j'y ai joint la missive dont j'ai l'honneur de vous donner copie. N'y voyez, je vous supplie, et je dois le répéter, que le grand intérêt que m'ont inspiré vos talens, vos services et vos vertus. Je me suis cru obligé, en conscience, de dénoncer tout cela pour la plus grande gloire des muses et de leurs chers nourrissons, si à plaindre et si affamés, depuis le règne de nos ignorantissimes bourreaux.

Votre épître est fort belle, vous avez gagné une gageure faite avec vous même. Tous les ouvrages de M. de F.... y sont parfaitement caractérisés, la fin sur-tout est précieuse par le tour noble et infiniment poétique que vous avez su donner à votre désir, *qui, par là, n'est pas une demande*. Les quatre premiers vers ne pourraient-ils pas être mis au ton des autres ? ils me semblent moins parfaits. Je ne puis penser que M. de F. imite *Richelieu*, et réponde sèchement : *rien* ; comme fit ce ministre à l'apostrophe : *Armand, l'âge affaiblit mes yeux*. Du reste il faut écrire à MM. de Villars, de Roman et d'Aburon, inspecteurs-généraux, nos anciens amis et confrères, et tous les trois recherchant avec empressement les hommes de mérite, pour les placer. Si je suis ce que vous dites dans votre lettre, ce n'est point à ce titre ; mais la justice de M. de F.... voudrait me venger des tracasseries noires et insignes que j'éprouvai *quand on déchaîna dans ma vigne le sanglier qui la désola. Singularis ferus aper depastus est eam*. Mais le monstre a été signalé, et il ne peut plus faire de mal. Adieu, monsieur, conservez-moi les sentimens dont vous m'honorez, et croyez-moi du plus profond de mon cœur, tout à vous.

B.

Novembre 1808.

M. le comte,

J'arrive d'un voyage en Provence, et j'ai eu le bonheur de revoir et d'embrasser encore une mère, de près de 90 ans, et des amis, qui sont vos admirateurs et que vous connaissez, MM. Démore et Cavalier, insp. de la marine à Toulon. Il me fallait un tel motif et celui de quelques arrangemens de famille très-urgens, pour m'empêcher d'effectuer le projet que j'avais formé d'aller à Paris vous offrir mes félicitations et mes hommages ; je m'en suis reposé de mon sort à venir, sur l'amitié dont vous avez daigné me renouveler plusieurs fois la plus flatteuse expression.

Une chose m'a touché dans toute ma route, à Avignon, à Aix, à Toulon, et surtout à Marseille, c'est l'universelle satisfaction que les gens de lettres et les gens de bien témoignent hautement dès qu'on parle de votre promotion au premier grade du *pouvoir instructif.* On me félicitait du bonheur que j'avais de vous connaître;... on ne parlait que de cette belle, noble, et courageuse éloquence qui rapelle, à la fois, et les idées de Bossuet et le style de Massillon.... Et cependant votre dernier discours n'avait pas encore été prononcé !

La plûpart des professeurs sont en ce moment dans une anxiété cruelle, et dont l'enseignement souffre beaucoup. C'est une armée dans laquelle il y a plus de capitaines que de soldats. Il y a des craintes vagues que j'ai tâché de calmer. Les ecclésiastiques semblent avoir peur d'un nouveau *formulaire.* Les laïques mariés voyent en tout ceci une tendance au célibat qui leur fait presque désirer le divorce. Les prêtres *déprêtrisés* meurent de peur et de honte. Il est bien essentiel que l'organisation du corps enseignant soit prompte et vigoureuse pour refréner tant de passions, *tant de langues et sur-*

tout de plumes, qui ne sont plus d'aigles, mais bien du gros oiseau qui nous les prodigue.

Parmi les nombreux aspirans qui me priaient sérieusement, moi, de les protéger, un seul m'a véritablement intéressé. Vous verrez, M. le comte, que si j'ose prendre la liberté de vous le recommander, c'est parce qu'il est digne de vos faveurs, et fait, par son âge, par son mérite et par son caractère, pour occuper les places les plus distinguées. C'est M. Morel, ancien doctrinaire, long-temps professeur de rhétorique à Aix, et actuellement secrétaire perpétuel de l'athénée de Vaucluse. J'ai eu l'honneur de le voir à Avignon.

Il a les manières polies, le ton obligeant, la conversation riche, brillante et solide, et paraît jouir d'une grande considération personnelle. S'il est vrai comme on me l'assure, de toutes parts, que je suis porté par vous sur la liste des inspecteurs près l'académie de Lyon, permettez, monseigneur, que j'anticipe mes fonctions et que je vous fasse connaître un homme de mérite (peu fortuné) que sa modestie signale bien plus que son ambition. Il est, et vous l'avez reconnu, très-important de placer, en première ligne, de pareils hommes, dans les académies départementales.

J'ai l'honneur de vous envoyer les preuves de son désir et de son talent : l'épître que Ballanche vient de publier dans le journal de Lyon, a été très-goûtée. Cette ville a vu, avec plaisir, son poëte célébré une seconde fois par la poésie ; car il est vrai que votre belle épître à Boiss. vous a donné ici des lettres de naturalisation, autant que votre mariage.

Je finis de vous ennuyer, en vous disant toutefois, avec la liberté que vous me pardonnez toujours, que si vous aviez quelque pitié des gens que vous aimez et qui vous aiment, vous leur annonceriez leur sort. Si je dois être inspecteur, je désirerais être recommandé à M. le recteur, homme sage, modeste et juste ; afin que par égard pour mes soixante ans et mes longs services, il voulût bien me destiner aux missions les plus voisines de Lyon, surtout s'il faut marcher en hiver. Chamouni serait de mon ressort, et franchement un troubadour, même vieux, préfère l'exploitation des bords du Lignon, aux froides beautés de la Suisse.

Recevez, monsieur le comte, l'expression respectueuse de tout mon dévoûment.

L. P. B.

VERS

Sur le Désert de la Ste. Baume, en Provence;

Par M. Morel, secrét. de l'acad. de Vaucluse. 1788.

   Dieu ! quel tableau ! qu'il est vaste et sublime !
De mon œil enchanté rien ne borne l'essor ;
     Ici la mer n'a point de bord,
Et ces monts entassés me dérobent leur cîme,
Ramenons mes regards ; quels sites j'apperçois !
Quelle main a creusé ces abîmes terribles ?
     Mille objets viennent à la fois
M'effrayer, me charmer de leurs beautés horribles.
     Voyez ces arbres attachés
Aux fentes de ces monts tous noirs de cicatrices ;
Et plus bas, en vieux rocs par la foudre arrachés,
     Jonchant le fond des précipices.
Pour changer de plaisir, je détourne les yeux ;
Je fixe avec respect ce bois religieux
Dont la feuille protège une plaine fleurie,
     Et qui sous un riant berceau,
     Me laisse entrevoir un ruisseau
     Caressant la jeune prairie.
Ces ifs silencieux que la mousse a couverts
     Naquirent avec l'univers.

Eux seuls ont pu rendre inutile
Le feu du ciel et l'effort des autans.
Ils ont lassé la faulx du temps ;
Vingt états ont croulé, leur tronc est immobile
C'est ici, c'est dans ce séjour
Qu'une fameuse pécheresse,
De son printemps vint déplorer l'ivresse,
Que l'amour expia les fautes de l'amour.
Tout répéta dans ce désert immense,
Les soupirs de son cœur de repentir brisé:
Chaque rocher fut arrosé
Des larmes de sa pénitence....
Va, tes soupirs sont entendus,
Ta douleur ne sera point vaine..
Aux yeux du ciel, heureuse Magdelaine,
Tes remords valent mieux que toutes nos vertus.
Des potentats entourés de leur gloire,
Dans ta grotte ont porté le faste des grandeurs,
Mais tu fus sur la roche humide de tes pleurs
Plus grande que ces rois sur leur char de victoire.
De l'odeur de ta sainteté
Tu remplis ce désert sauvage;
Le mondain qui le voit est surpris d'être sage,
Et d'aimer les rigueurs de son austérité
Dieu ! quel charme inconnu ! quelle sérénité!
Des viles passions ici le règne expire,
Leur soufle empoisonné n'infeste point ces lieux;
Ici le cœur est pur comme l'air qu'on respire.
Ou y sent l'avant-goût des voluptés des cieux.
Heureuse l'âme à prier assidue,
Qui loin des faux attraits d'un monde corrompu,
Vient dans cette retraite assurer sa vertu
Ou la pleurer après l'avoir perdue!

LETTRE

A l'Auteur des Soirées Provençales.

Par M. D...t, *nég. du Comtat.*

Avignon, le 19 Octobre 1808.

Monsieur,

Je remplis un peu tard la promesse que je pris la liberté de vous faire à votre passage à Avignon. Des occupations inattendues m'en ont empêché jusqu'à ce jour; il est juste pourtant que j'acquitte une dette que je suis fier d'avoir contractée : si vous trouvez dans ma notice quelques observations dont vous jugiez devoir faire usage, veuillez, monsieur, les embellir des charmes de votre style; ce n'est qu'à l'aide de vos crayons, qu'elles pourront intéresser et plaire.

Avant la révolution, notre ville n'était à-peu-près connue dans le commerce que par les nombreuses contrefaçons qui sortaient de ses presses. La réunion du Comtat à la France, ayant ruiné (au moins en partie) ce trafic scandaleux, l'imprimerie a perdu dans cette ville les trois quarts des ouvriers qu'elle employait.

Depuis la réunion, une plus honorable industrie s'est développée et s'accroît chaque jour avec rapidité. Parmi le grand nombre d'objets qu'elle embrasse, il faut placer au premier rang, la garance et la soie.

La garance est cultivée dans presque tout le Comtat; elle y fut introduite, il y a cinquante ans environ, par un négociant grec. Les premiers essais se firent à Caumont, village à deux lieues d'Avignon, dans une terre de M. le duc de Caumont, sur la rive droite de la Durance. On sema les graines apportées du Levant. Le succès ayant couronné cette utile tentative, l'on vit en peu de temps se propager une culture qui présentait des bénéfices considérables.

Si les Hollandais ont décerné une statue à celui d'entr'eux qui découvrit la manière de saurer les harengs, les habitans de Vaucluse ne devraient pas moins être reconnaissans envers l'étranger, qui le premier a ouvert chez eux, une mine inépuisable de richesses en leur donnant la garance (*).

Cette racine, autrement dite *alizari* (nom sous lequel elle est connue dans le Levant) sert à la teinture des cotons et à celle des laines. Il est peu de couleurs applicables à ces deux matières où elle n'entre tantôt comme partie dominante, tantôt comme partie secondaire. Toutes nos indienneries tributaires autrefois du Levant, ont trouvé dans l'alizari du Comtat une teinture très-propre à remplacer celle qu'elles en obtenaient des alizari de Smyrne, de Chypre et de Tripoli. La garance rouge du Comtat est excellente pour imprimer au coton filé, ce beau rouge dit de Turquie, propriété que n'a pas la garance d'Alsace et de Hollande dont le principe colorant est jaune et manque de mordant, ce qui borne son usage à l'impression des toiles de cotons. Le Comtat produit également beaucoup

―――――――――

(*) Il est mort à l'hôpital de cette ville, dans la misère et dans l'oubli.

de garances jaunes; il possède ainsi le double avantage de tirer de son sol l'alizari rouge et le jaune, et de fournir à tous les genres de teinture auxquels cette précieuse graminée peut être nécessaire.

La plûpart des cultivateurs laissent pendant trois années leurs garances en terre; il est reconnu que celles qu'on arrache avant ce terme, ne donnent pas, à poids égal, autant de grappes ou poudre superfine que les premières.

L'alizari qu'on destine à la trituration doit perdre auparavant dans une étuve son humidité naturelle. Sitôt qu'il est parfaitement desséché on le livre à une meule de bois très-légère qui, frottant simplement la racine en tout sens, la dépouille, sans l'écraser, de sa pellicule et de son parenchime. Ces parties grossières passées au blutois, servent sous le nom de billon aux teinturiers en laine pour des fonds de cuve dans les couleurs fauves et communes : l'alizari privé de son écorce, soit par ce procédé, soit par le moyen d'une machine récemment introduite dans nos familles, et broyé sous la meule de pierre, et c'est en poudre qu'on l'expédie ordinairement aux manufacturiers de France, de Suisse et d'Allemagne. Il s'en fait aussi quelques envois en Espagne, principalement dans la Catalogne.

Si le commerce de la garance offre de grands avantages aux Avignonais, une source non moins féconde et lucrative leur est ouverte dans la vente des soies du pays, tant écrues que fabriquées par un recensement exact, fait au commencement de 1808. On a trouvé qu'Avignon possédait 2300 métiers à soie, tous en activité et souvent insuffisans pour remplir les demandes qui affluent de Lyon, de Paris et du nord de l'Europe. Ces métiers sont occupés presque exclusivement à la fabrication des florences, mi-florences et florences quadrillées. Chaque métier fournit 12 pièces par an. On peut évaluer à 300 f. terme moyen, le prix de chaque pièce de soierie; il en résulte qu'Avignon tire annuellement de sa fabrique un produit de 8,280,000 f. Si l'on y ajoute la valeur des soies grèges et des soies filées, expédiées au dehors, on verra combien est florissante cette seule branche de commerce. Pour avoir une idée de l'accroissement progressif qu'elle éprouve, il suffit d'observer qu'on comptait à peine 1100 métiers dans cette ville en 1805. La soierie en général y occupe actuellement six ou sept mille ouvriers des deux sexes.

Au commerce de la garance et de la soie, Avignon réunit celui d'une infinité de productions qu'elle tire de tous les points du département. Nous placerons, au premier rang, le safran connu sous le nom de *safran-orange* et *safran-comtat*. Une légère nuance divise ces deux qualités. L'*orange* est supérieure au *comtat*, non par la nature de la bulbe qui le produit, mais par la manière dont on a préparé la fleur. Le premier, séché au feu en deux heures de temps, conserve mieux la vivacité de sa couleur que le second qu'on fait sécher en plein air ; opération qui demande deux ou trois jours, et altère sensiblement le brillant de l'étamine. Le *comtat* vaut ordinairement quarante sous de moins par livre que l'*orange*. Néanmoins comme il ne fait pas autant de déchet en séchant, il est à-peu-près égal au cultivateur de conditionner son safran de l'une ou de l'autre manière. La plus grande consommation de cette fleur, se fait hors de la France. Avignon l'expédie directement en Suisse, en Autriche, en Bohême, en Prusse, en Russie, etc.

D'autres objets de teinture moins précieux, mais d'un usage plus étendu, sont demandés à Avignon : la graine jaune dite d'*Avignon*, que les fabricans d'indienne emploient dans le jaune d'application, et les peintres dans la détrempe et dans la composition du *stil de grain*; les sumacs d'un très-grand usage dans la tannerie et la teinture des draps noirs; le bois de *fustet* également utile aux teinturiers en laine et en coton; toutes ces productions du pays, sont répandues au loin par les Avignonais. Leur industrie croissant chaque jour, ils sont parvenus à partager avec Marseille, Aix et Montpellier le commerce des huiles, des amandes, des vins du midi, des miels, des essences de Lavande et d'autres plantes aromatiques qui couvrent les coteaux du Comtat.

La guerre maritime, il est vrai, en donnant une nouvelle direction aux expéditions, n'a pas peu contribué à cette révolution commerciale. Avignon, placé au bord du Rhône et sur la route de Marseille, devenait nécessairement le point de départ des marchandises destinées à remonter par eau jusqu'à Châlons-sur-Saône. Les négocians Avignonais ne sont pas bornés toute-fois au cercle étroit de la commission de passage ; favorisés par la position de leur cité, autant que par les circonstances politiques, ils ont élevé, pour leur compte, des maisons dont les relations embrassent une grande partie de l'Europe ; et l'on peut dire qu'ils ont su découvrir de nouveaux débouchés, en établissant des rapports directs avec des contrées septentrionales qui s'approvisionnaient auparavant dans les grandes villes de la Belgique et à Francfort.

Le même concours de circonstances politiques qui a fait d'Avignon le centre d'un grand commerce pour le nord, l'a rendue l'entrepôt et le marché général des grains et des farines destinées à alimenter plusieurs départemens méridionnaux. C'est à Avignon que la Bourgogne verse l'excédant de ses nombreuses moissons. Avignon est le véritable magasin de Marseille, sur-tout depuis que les Bouches-du-Rhône sont peu pratiquées, tant à cause des difficultés qu'elles offrent à la navigation, que de l'apparition fréquenté des croiseurs ennemis.

La réunion de ces diverses branches d'industrie est assez importante pour assigner à Avignon un rang distingué parmi les places commerçantes de France. C'est à la bienfaisante influence du commerce, que cette ville devra l'accroissement de sa population; elle lui doit déjà l'aisance d'une partie de ses habitans.

Voilà, monsieur, l'apperçu que j'eus l'honneur de vous promettre ; il vous paraîtra sans doute bien incomplet, bien mal rédigé. La plume d'un négociant pouvait-elle tracer autre chose qu'une très-faible exquisse ? C'est au pinceau de l'homme de lettres qu'il appartient de créer d'intéressans tableaux.

Veuillez agréer l'hommage de ma parfaite considération, et me croire avec un sincère respect,

Monsieur, votre très-humble et très-obeissant serviteur :

DUVAR.

P. S. Un procès-verbal de la municipalité de *Lille-en-Comtat*, dép. de Vaucluse, vient de constater la réussite d'une plantation d'indigo, exécutée en grand et en plein vent, sur la terre dite de Pluvinel, appartenant à M. Icard de Bataglini, propriétaire et cultivateur du pays. Il est dit dans le procès-verbal : qu'après un examen fait avec attention de l'indigo qui était provenu de cet essai, des commissaires avaient pensé que cette plante précieuse pouvait être naturalisée dans le département, et devenir un jour une principale source de ses richesses ; M. le maire, au nom de ses administrés, et les commissaires, ont adressé des remercîmens à M. Icard.

CARACTÈRE DES AVIGNONAIS,

BEAU SEXE, etc.

―――

Les Avignonais sont en général bons et complaisans ; le peuple n'a de grossier que son extérieur ; s'il paraît moins prévenant et moins poli que l'habitant du nord, il faut en accuser sa vivacité, son éducation, ses habitudes, l'influence même du climat, plutôt que son cœur. Des étrangers, dont la plûpart avaient trouvé chez nous un asile, ont égaré un petit nombre d'individus, et ont commis seuls tous les désordres qui ont rendu notre ville si tristement célèbre pendant les orages de la révolution. Si l'on connaît les grands crimes, on ignore une foule de traits d'humanité, de grandeur d'âme et de désintéressement qui honorent plusieurs familles du peuple. Combien n'en pourrais-je pas citer qui, en veillant sur les jours des proscrits, et leur prodiguant toute sorte de secours, couraient les plus grands dangers et devenaient, quelquefois, les victimes de leur humanité! Combien de pauvres citoyens ont partagé avec eux des alimens qui leur suffisaient à peine, dans un temps où des arrêtés inhumains punissaient la bienfaisance comme le plus affreux de tous les crimes!... Enfin, plusieurs personnes du sexe ont montré une fermeté et un courage dignes de figurer dans les fastes de l'histoire.

Depuis le retour de l'ordre, les Avignonais que la terreur avait rendus méfians et soupçonneux, ont repris leur ancien caractère, sans reprendre cependant leur ancienne gaîté. Nos mœurs ont été altérées par le passage continuel des troupes, par les romans immoraux qui sont plus répandus que jamais, même dans la classe du peuple; par des ouvrages soi-disant philosophiques, en un mot par des lectures qui choquent tout à-la-fois le bon goût, la pudeur et la morale. Les recherches de la police ne devraient-elles pas remédier à un abus d'autant plus funeste qu'il est la source des plus grands désordres? Que doivent être les mœurs, quand on imprime avec liberté et qu'on colporte les ouvrages les plus scandaleux?

Des lieux publics, connus sous le nom de *bastringues*, établis mal-à-propos, ou autorisés par faiblesse, si dangereux pour la dernière classe du peuple et pour nos domestiques ; de nombreux cafés, de cabarets multipliés, etc., etc., contribuent à augmenter le mal.

Dans tous les états, on a un goût beaucoup plus vif que dans les villes qui nous entourent, pour le luxe et tous les plaisirs qui font négliger les devoirs domestiques. Très-peu de personnes ont le courage de ne point suivre l'exemple de leurs voisins ou de leurs amis, quoiqu'elles aient la bonne foi de convenir qu'il vaudrait mieux l'éviter. Enfin, l'on redoute beaucoup trop cette espèce de critique mal fondée, dont on devrait s'applaudir.

L'éducation est négligée : on ne s'attache presque qu'à des avantages extérieurs et frivoles ; on laisse beaucoup trop de liberté aux jeunes gens ; de sorte que dès leur première jeunesse, ils sont aussi licencieux dans leurs actions que dans leurs propos. On ne leur inspire point avec assez de zèle et de constance, les principes de religion, d'humanité, de bienfaisance et de patriotisme qui sont le charme des belles âmes. La solide instruction est bannie des études ; la jeunesse est trop peu surveillée ; on ne cherche qu'à faire briller l'esprit, et le cœur aride manque souvent de cette sensibilité qui caractérise l'ami des hommes. (*) O nature ! combien nos institutions, nos mœurs et nos habitudes sont éloignées de tes saintes et douces lois !

Les différentes sociétés particulières sont divisées à Avignon en quatre classes ; chacune de ces classes a ses assemblées. La noblesse s'est toujours distinguée par

---

(*) Nous pourrions dire au sujet de l'éducation du sexe, ce qu'Horace disait aux Romains, dans sa belle ode qui commence par ces vers :

Delicta majorum immeritus lues,
Romane, donec templa refeceris,
   Ædesque labentes deorum, et
      Fœda nigro simulacra fumo....
Motus doceri gaudet Ionicos
Matura virgo ; et fingitur artibus
   Jam nunc, et incestos amores
      De tenero meditatur ungui.

son éducation, son usage du monde, son ton et ses manières; elle a ses fêtes, ses bals et ses sociétés particulières, où quelques individus de l'autre classe sont admis, mais en très-petit nombre. Il est étonnant que la révolution n'ait pas réuni les personnes que l'éducation et les mêmes malheurs auraient dû rapprocher. La seconde classe est composée des propriétaires aisés, des avocats, des médecins et de tous ceux qui ont reçu une éducation soignée. La troisième, comprend les marchands, les fabricans, les artisans; cette classe paraît vivre avec plus d'aisance depuis quelques années. La quatrième et la plus nombreuse, est celle des agriculteurs et des ouvriers.

Il y a de très-jolies personnes à Avignon, dans toutes les classes, sur-tout dans celle des marchands et des artisans; elles ont beaucoup de grâce et de vivacité; le costume de ces dernières, qui n'est point dépourvu d'élégance, tient le milieu entre celui du bas-peuple et des dames du premier rang. En général, le goût et la propreté les distinguent. La taille des Avignonaises est moyenne; de belles couleurs, un beau teint, de beaux yeux, une physionomie pleine d'expression, les font remarquer. Les étrangers qui voient nos promenades, un jour de fête, sont très-agréablement surpris et parlent tous avec enthousiasme du sexe qui les embellit. On pourrait croire un Avignonais prévenu en faveur de ses charmes, si une foule de voyageurs n'avaient fait avant lui les mêmes remarques ; mais *Sterne*, *Bernardin de St. - Pierre* et beaucoup d'autres écrivains, pourraient-ils être accusés de partager ma prévention ?

Extrait du discours sur l'hist. d'Avignon, par M. le doct. Guérin, de l'acad. de Vaucluse.

A M.r BÉRENGER,

Président de l'acad. des sciences de Lyon.

Avignon, le 16 mai 1809.

Monsieur,

J'eus l'honneur, dans ma première lettre, de vous donner un apperçu du commerce actuel de cette ville et des productions qu'elle exporte, soit dans l'intérieur, soit dans l'étranger; j'ajouterai à cet extrait quelques détails qui s'y lient naturellement.

Parmi les objets d'exportation, j'ai indiqué les vins. Je dois vous désigner parculièrement celui de *la Nerthe:* ce précieux nectar est, ainsi que tous les vins généreux, dur, âpre, épais pendant deux ou trois ans; mais à sa quatrième année, épuré par une douce élaboration, il acquiert cette suavité, ce parfum, ce velouté qui le distinguent et le placent au rang des vins les plus renommés.

Le coteau de *la Nerthe* a très-peu d'étendue, sept à huit hectares environ ; il a cela de commun avec les fameux coteaux de *l'Hermitage* et de *Côte-rotie* ; comme eux aussi il se voit renforcé de vignobles adjacens qu'on peut considérer comme d'heureuses *succursales* qui fréquemment dans le commerce usurpent les droits et le nom de la métropole. Bien souvent les vins de *Châteauneuf-du-pape* ont réjoui, sous le nom de *la Nerthe*, le palais abusé de nos plus difficiles gourmets. Il est vrai que le Châteauneuf de quatre feuilles, s'il a été bien soigné, est une liqueur délicieuse que de très-faibles nuances distinguent alors de *la Nerthe*.

Après ces vins exquis, on place celui *de Sorgue*, moins coloré, moins chaleureux, excellent toutefois; sa qualité gagnerait infiniment si les propriétaires portaient plus d'attention dans le choix des plans de leurs vignobles, s'ils en éloignaient ces grappes monstrueuses dont le jus embarrassé de flegmes, tourne facilement en acide aux premières chaleurs; s'ils étaient en usage d'égrapper leur vendange, s'ils la gouvernaient enfin comme on le fait à la Nerthe; mais égarés par une routine héréditaire, peut-être aussi par une économie mal entendue, ils sont assez aveugles pour ne pas observer ce qui se pratique sous leurs yeux. Objecteraient-ils que le vil prix de leurs vins ne permet pas des préparations dispendieuses ? Si ces vins étaient faits avec plus de soins, ils resteraient aussi bien que ceux de Châteauneuf et de la Nerthe, à l'épreuve des transports les plus longs; car ils ne manquent ni de feu, ni de vigueur ; ils seraient conséquemment recherchés au-dehors, et le prix en augmenterait à proportion des demandes. A coup-sûr, les vins de Bourgogne qui voyagent dans tout le nord sont bien moins abondans en esprits, mais ils sont préparés avec les précautions qu'une longue expérience a suggérées, tandis que la manipulation des vins de Sorgue est en général abandonnée à d'ignorans et misérables métayers. Que les propriétaires veillent donc eux-mêmes à leur vendange, qu'ils ne la laissent cuver que le temps nécessaire (*), qu'ils la soutirent en mars, qu'ils la collent, qu'ils soutirent de nouveau au bout d'un an les vins de réserve ; qu'ils reviennent sur-tout du préjugé qui les porte à croire que le vin doit rester sur sa lie et comme encroûté dans son tartre ; qu'ils soient plus difficiles sur le choix des futailles ; qu'ils les étuvent parfaitement et qu'ils fassent usage de la mèche de souffre : alors leurs vins seront exportés avec succès, et les propriétaires recouvreront largement de modiques avances ; mais ici, comme en tant d'autres choses, la coutume prévaudra long-temps.

Le même esprit d'insouciance et de parcimonie qui préside à la vendange dans la majeure partie du Comtat y dirige également la récolte des olives. Nous n'avons pas, il est vrai, beaucoup d'oliviers dans le département. L'hiver désastreux de 1788 les a presque tous détruits. Ne serait-il pas au moins possible de retirer

———

(*) Dans plusieurs cantons du dép.ᵗ, à Apt, St-Saturnin, etc., on laisse le vin près de deux mois dans la cuve et sur sa grappe.

du peu qui reste une huile de meilleure qualité ? Pourquoi mettre en monceau les olives fraîchement cueillies et les y laisser s'échauffer et fermenter ? Les paysans assurent que cette opération préparatoire dispose le fruit à se dégager plus facilement et plus abondamment de sa partie huileuse : opinion fausse autant que nuisible ; la fermentation de l'olive n'augmente aucunement la quantité de l'huile, et lui communique un goût et une odeur détestables. Quelques fermiers ajoutent à ce mauvais procédé celui de mêler parmi leurs olives des feuilles amères et astringentes d'olivier ; ils obtiennent par là une huile dont la couleur verdâtre les flatte singulièrement ; mais qui n'a pas le même mérite à l'œil du connaisseur.

A toutes ces causes de l'infériorité des huiles du département, on peut en ajouter qui proviennent du peu de soins qu'on apporte dans les moulins à la trituration et principalement à l'expression de l'olive. On emploie bien souvent pour cette dernière manutention, des paniers ou cabas qui n'étant pas renouvelés de plusieurs années, transmettent à la liqueur qui jaillit de leurs flancs comprimés, l'odieuse odeur dont ils sont empuantis : que les maîtres de moulins, que les propriétaires de vergers jettent donc les yeux sur ce qui se pratique dans le département limitrophe des Bouches-du-Rhône ; qu'ils considèrent avec quelles précautions, quelle propreté on extrait l'huile à *Maussène*, à *Mouriès*, *aux Baux*, à *Salon*. Étrange déviation de l'esprit humain ! Il ne s'agit que de traverser une rivière et d'observer les plus simples, les plus faciles opérations.... Il faut que l'empire des préjugés soit bien puissant quand il l'emporte sur l'intérêt personnel et qu'il étouffe jusqu'à l'ardente soif du lucre.

Il ne sera pas hors de propos de remarquer, en terminant cet article, que depuis quelques années les excellentes huiles de *Provence*, connues sous le nom d'huiles *d'Aix*, sont moins demandées dans le commerce. Il semble que la mode exerce son influence jusques sur des objets de consommation alimentaire qui devraient être absolument indépendans de ses caprices : nous l'avouons à peine, les huiles du *Port-Maurice* et de *San-Remo* enlèvent peu-à-peu à celles *d'Aix* le droit de prééminence dont plusieurs siècles paraissaient leur avoir garanti la possession ? Faut-il en rechercher la cause dans le bas prix et l'abondance de ces premières : il est reconnu cependant que quelque modéré qu'il soit sur les lieux, les frais énormes de tonnelerie, le nolissement et l'assurance jusqu'à Marseille, le portent aussi haut que celui des huiles *d'Aix*. Faut-il l'attribuer à la supériorité réelle des huiles de rivière ? Pour décider la question, il serait, avant tout, à propos d'établir en quoi consiste éminemment cette supériorité. L'huile *d'Aix* réunit, ainsi que celle de *Port-Maurice*, etc., la limpidité à la légéreté ; celle-ci, il est vrai, est absolument inodore et dépouillée de ce qu'on appelle *le goût du fruit*. Celle-là conserve un arome agréable et un goût exquis d'olive : il ne faut chicaner personne en matière si délicate : que les amateurs qui ne veulent dans l'huile ni saveur, ni odeur, préfèrent celle de la rivière de *Gênes*. (l'huile vierge d'amandes douces pourrait sous ce double rapport les satisfaire plus parfaitement) ; mais que ceux qui sont jaloux d'un parfum délicieux, d'un goût plein, nourri, non équivoque, s'attachent à l'huile *d'Aix*;

que les commettans du nord, les Allemands sur-tout ne confondent pas le véritable et léger goût de fruit avec cet autre goût rance, fort, exécrable des huiles inférieures, que d'avides commissionnaires leur expédient quelquefois, et qui sont propres plutôt à dégraisser leurs laines ou à râper le gosier dur et rocail- de leurs valets, qu'à flatter le palais sensuel du consommateur délicat. Qu'ils sachent enfin, que s'ils ont reçu des huiles *d'Apt* et *de Baume*, sous le nom de *Vitrolle* et *des Baux*, il n'est pas juste d'envelopper ces dernières dans une même proscription.

Je vous ai à-peu-près désigné, monsieur, toutes les productions que notre sol fournit au commerce : des tentatives récentes ont été faites pour acclimater dans nos champs quelques plantes exotiques. Sans parler des diverses espèces de coton, je ne peux m'empêcher de citer l'indigo qu'un de nos concitoyens, Mr. *Icard Bataglini*, est parvenu, à force de persévérance, et après plusieurs années de tâtonnement, à faire croître en pleine terre près de L'île. Il a obtenu de la plante macérée suivant la méthode des colonies, un très-bel indigo bien sombre, bien cuivré, dont l'échantillon a été remis au ministère. Il a ainsi démontré aux incrédules, à ceux qui long-temps ont ri de ses efforts, la possibilité d'élever sur notre sol une plante qu'il semblait repousser. C'est un grand pas de fait sans doute : la fureur des vents du nord, les gelées printannières, d'autres causes inhérentes au climat, permettront-elles d'étendre beaucoup ces patriotiques épreuves ? nous l'ignorons, et ne devons rien affirmer ni rejeter; mais ce qui ne saurait être révoqué en doute, c'est le juste tribut d'éloges qu'on doit à M. *Icard Bataglini.*

Si la culture en grand de l'indigo présente de nombreux écueils, celle du tabac moins embarrassée d'obstacles, peut fixer avantageusement l'industrie de nos cultivateurs : le tabac couvrait jadis une vaste portion des plaines du Comtat. On paraît en avoir perdu le souvenir. Un seul propriétaire s'est ravisé depuis peu ; il a créé sur ses terres non loin d'Avignon, des plantations superbes dont il retire certainement du bénéfice, puisque chaque année il y consacre de nouveaux terrains. Les regîtres des droits-réunis font foi de ce que nous avançons; l'exemple de ce planteur sera sans doute imité. Vaucluse verra un jour ses tabacs répandus dans le midi, rivaliser ceux *de Tonneins* et l'emporter sur ceux *d'Alsace*.

Je reviens maintenant, monsieur, aux questions que vous m'adressez sur nos fabriques et nos manufactures : il existait dans le Comtat, au commencement du siècle passé, des indienneries qui jouissaient d'une grande réputation ; il en existait aussi à *Orange*. Celles-ci jalouses de la proximité, peut-être de la supériorité des fabriques d'Avignon, sollicitèrent et obtinrent, à prix d'argent en 1734, de la cour *de Rome*, un concordat par lequel les indienneries du Comtat furent sacrifiées. Celles *d'Orange* s'enrichirent de leurs dépouilles ; cet empire indignement usurpé ne fut pas de longue durée ; il expira en 1766, époque de la banqueroute des associés commanditaires de ces fameux établissemens. Il s'éleva cependant sur leurs débris une nouvelle manufacture, mais trop peu importante pour attirer les regards, elle déclina rapidement et fut bientôt oubliée. Quelle cause amena donc la chûte de ces manufactures célèbres qui pendant cinquante ans fournirent à la *France*, à *l'Italie*, à *l'Espagne*, les belles toiles imprimées connues sous le nom de toiles peintes *d'Orange*? Doit-on la rejeter sur le luxe et les fausses spéculations des propriétaires, ainsi qu'on le fit dans le temps? Faut-il l'attribuer à cette force invincible de circonstances, à ce mouvement perpétuel qui, dans le commerce comme dans les arts, transporte, successivement sur divers points du globe la civilisation et l'industrie? Nous ne sommes point à portée de prononcer sur le reproche de mauvaise gestion; mais des causes étrangères à celle-ci, nous paraissent suffisantes pour expliquer la ruine des manufactures *d'Orange*.

De belles eaux et un ciel pur ne sont que de faibles avantages, lorsque la principale base sur laquelle doit reposer un établissement, n'est point en harmonie avec son étendue et l'objet auquel on le le destine; je veux parler du bas prix de la main-d'œuvre qui fait toujours présumer celui des objets de première nécessité et l'abondance de la population. Nos contrées ne sont pas, comme celles du nord de la France, riches en hommes et en denrées ; à peine l'agriculture y trouve-t-elle les bras indispensables à ses travaux : tant que le défaut de concurrence a maintenu très-haut le prix des toiles peintes d'Orange, ces manufactures, malgré le vice radical de leur situation, ont prospéré et jeté de l'éclat; mais lorsque la Suisse est devenue spontanément manufacturière ; lorsqu'on a vu s'élever les riches et nombreux établissemens de Wesserling, de Mulhouse, de Neufchâtel, de Boudry, de Colmar, etc. lorsque dans des climats où un peuple d'ouvriers donne son travail plutôt qu'il ne le fait payer, on a vu les immenses ressources de plusieurs familles millionnaires se déployer en s'appuyant sur cette économie sévère dont le principe est trop méconnu dans le midi ; alors on a vu présager que les manufactures d'Orange, ainsi que tout ce qui est parvenu au faîte de la splendeur, ne pouvaient que déchoir. Par quels moyens, en effet, auraient-elles rivalisé des établissemens qui, rapprochés les uns des autres, offraient à l'acheteur, outre l'avantage du prix, celle de réunir dans un même lieu, tous les assortimens qu'il desirait. Double et juste motif de préférence auquel on peut raisonnablement attribuer la chûte des fabriques *d'Orange* : il est à croire qu'elles ne se releveront jamais.

Le département possède quelques manufactures d'étoffes de laine ; elles ne sont pas assez considérables pour le dédommager de la perte de ses superbes indienneries. On y fabrique, avec les laines du pays, des cadis, dont la majeure partie se consomme sur les lieux. La petite commune de Lîle renferme dans ses murs une fabrique de couvertures de laine, qui s'alimente des laines basses du département et de celles d'outre-mer qu'elle tire de Marseille.

On compte quarante tanneries dans *Avignon*, *Carpentras* et *Lîle*. Les eaux de la Sorgue sont excellentes pour les opérations du tan : le sumac croît sur les lieux ; ces avantages doivent faire prospérer nos tanneries.

Douze médiocres papeteries sont en activité aux environs d'Avignon ; elles ne fabriquent que du papier commun, et font peu d'envois au-dehors : elles achètent dans le département presque tous leurs chiffons, et y vendent leurs papiers.

Nous n'avons à citer aucune poterie remarquable ; la seule ville d'Apt fabrique de la faïence commune de diverses couleurs et d'un vernis très-solide. Elle fournit aussi des briques rouges de forme hexagone très-recherchées dans les départemens méridionnaux, et dont on commence à faire usage à Lyon. Ce sont de jolis carreaux qui méritent d'être connus. Une couleur vive, inaltérable, une extrême régularité, un beau poli, les distinguent et doivent assurer le débit le plus étendu aux entrepreneurs de cette belle briqueterie.

Il me reste, monsieur, d'après vos désirs, à vous entretenir de notre fonderie de cuivre. Ce magnifique établissement, le plus vaste en son genre qui existe en France, mérite bien un article à part : il fut fondé, il y a quatorze ans, par deux frères (MM. *Hellot*), célèbres métallurgistes. L'un d'eux avait su dérober aux Anglais, au péril même de ses jours, les connaissances les plus secrètes de mécanique et de chimie, que ces peuples jaloux de toute industrie rivale, appliquent aux grands appareils des fonderies. Il avait pénétré dans leurs ateliers les plus renommés, levé le plan de toutes leurs machines, étudié leurs procédés dans la fonte; l'amalgame et le départ des métaux. De retour dans sa patrie, il l'enrichit de ses nombreuses observations, et ce fut à Avignon qu'il développa en grand, dans la pratique, les principes dont il avait acquis en Angleterre une si savante théorie.

Messieurs *Hellot*, après avoir dirigé pendant quelques années les fonderies de Vaucluse, furent dépossédés de l'administration, par M. *Paul Cappon*, leur commanditaire, qui se mit à la tête de l'établissement; il le régit lui-même peu de temps, et il fut obligé, par des causes dont il est inutile de parler ici, de le céder à une société d'actionnaires, entre les mains desquels il se trouve depuis deux ans.

Cette association anonyme repose sur un capital de deux millions quatre cent mille francs, divisé en douze cents actions de deux mille francs chacune. Le directeur général résidant à Paris, en possède six cents. Les actions restantes *sont au porteur* extraites d'un regître à souche. Le transfert s'en opère par une simple négociation; deux établissemens dépendent des fonderies de Vaucluse, celui *d'Avignon* et celui *d'Aiguille* (*) ; ils sont tous les deux situés sur la Sorgue dont les eaux abondantes assurent les travaux dans toutes les saisons. Ces travaux se divisent en six grandes branches.

1.re branche : fonderie de cuivre.

Son principal objet est le service de la marine qu'elle fournit de feuilles à doublage, de clous à doublage, de clous à bordage, de barres rondes pour chevilles, etc., etc. Elle fournit au commerce tous les ustensiles de chaudronnerie et les menus ouvrages de cuivre indispensables dans les usines et les ménages d'après une évaluation modérée, il peut sortir chaque mois de ses fourneaux et de ses laminoirs :

(*) Aiguilles est à deux lieues d'Avignon.

1500 quintaux feuilles à doublage, barres rondes pour chevilles, planches pour la chaudronnerie, etc.

70 quintaux clous à doublage.

90 quintaux clous à bordage.

90 quintaux chaudières, chaudrons et menue cuivrerie.

total 1750 quintaux, non compris douze canons de cuivre de 24 et de 36 livres de balle, qu'elle jette en fonte quand le gouvernement les demande.

2.ᵉ branche : fonderie de fonte de fer ou fer coulé.

On y jette au moule du lest pour les navires, des chaudières, des roues d'engrenage, des cylindres, et généralement tout ouvrage de fonte qu'on peut demander sur un modèle donné. Il s'y coule environ cinq cents quintaux par mois, sans compter la fonte qui s'emploie dans la manufacture même ; on peut aussi, dans cet atelier, sans déranger les travaux ordinaires, couler douze canons de fer par mois.

3.ᵉ branche : fabrication de tôle.

La tôle se lamine de la même manière

que le cuivre ; on emploie pour la fabriquer de vieux fers achetés au-dehors et les *calcats* de fer fondu qu'on forge dans la manufacture. On tire, en outre, du fer en plaques des mines de la haute Saône et de celles du département de l'Isère. On lamine cinq cents quintaux de tôle par mois.

4.e branche : fabrication du fer-blanc.

Il sort de cet atelier quatre à cinq mille feuilles de fer-blanc par semaine, on en pourrait porter la fabrication à cent mille feuilles par mois ; il y a des emplacemens suffisans.

5.e branche : plomb laminé.

On lamine le plomb à froid. Cette opération est conséquemment plus facile et plus prompte que celle du laminage du cuivre et du fer, où l'on est obligé d'appliquer le feu : cinq cents quintaux sont laminés, tous les huit jours, dans ce cinquième atelier.

6.e branche : poêles à frire.

Depuis deux ans seulement, cette nouvelle fabrication est établie ; les poêles qu'elle fournit au commerce peuvent soutenir la concurrence de celles d'Allemagne, sous le double rapport du prix et de la bonté; elles sont creusées au martinet et achevées au tour. C'est au moyen de l'eau, que ces mécaniques sont mises en action; l'eau est l'unique et constant agent qui, dans de très-nombreux ateliers, donne la vie et le mouvement à tous les travaux. La Sorgue ne tarit jamais et les froids les plus rigoureux ne condensent point ses flots limpides: phénomène surprenant aux yeux de l'observateur, quand il voit d'un côté, sous le même ciel et dans les mêmes lieux, un fleuve vaste, profond, rapide, se couvrir quelquefois de glaçons amoncelés par l'impétueux vent du nord ; de l'autre un paisible ruisseau rouler en paix et comme au sein du plus doux printemps, ses ondes transparentes.

Voilà, monsieur, le précis des opérations et des produits de nos fonderies. L'extrait que je vous en donne est exact; j'ai puisé mes notions dans de bonnes sources. Sans doute cet établissement n'a point encore atteint son plus haut point de prospérité. C'est le propre des plus belles institutions humaines de marcher lentement à la perfection; il ne faut aux fonderies de Vaucluse, pour y parvenir, que la paix maritime et de légères réformes dont le besoin est senti par quelques actionnaires ; mais sur lesquelles quiconque ne l'est point, n'est pas en droit de donner son avis.

Veuillez, monsieur, agréer la nouvelle assurance des sentimens de respect avec lesquels j'ai l'honneur d'être,

Monsieur, votre très-humble et très-obeissant serviteur

DUVAR.

VOYAGE A VAUCLUSE.

Enfin, mon fidèle ami, je l'ai donc accompli ce vœu que j'avais fait depuis tant d'années! J'ai vu, j'ai vu (mon cœur bat d'y songer) j'ai contemplé la solitude fameuse où le tendre *Pétrarque*

A soupiré jadis ses vers et ses amours.

Trois fois dans mes différens voyages, trois fois en cotoyant les rivages du Rhône, et prêt à quitter ce beau Comtat pour entrer dans les arides plaines du Dauphiné, trois fois j'avais douloureusement tourné la tête vers cette chaîne de monts altiers, dont le *Ventoux* est comme le roi, et qui, s'élevant par degrés jusqu'aux Alpes, servent de cascade aux torrens souterrains qui viennent s'abîmer dans des gouffres sans fond. Ces vallons sinueux, ces informes rochers, ces masures sacrées, où tant d'immortels souvenirs vivent attachés par les mains de l'amour et de la poésie, *Vaucluse*, enfin, m'appelait dans son auguste enceinte; chaque colline des environs, chaque ruisseau fuyant dans les prairies, dont ce riant paysage est embelli; chaque bocage solitaire me rappelait un sonnet de l'amant de *Laure*, et me plongeait dans l'enchantement. Fuyez, ah ! fuyez ce sanctuaire de la nature, âmes froides et dures qu'amour dédaigna d'attendrir, et qui n'avez jamais sacrifié aux grâces ! Mais vous, mortels doux et sensibles, qui ne vécûtes que pour aimer ! vous qui conservâtes à vos amis une âme fidèle et constante dans l'une et l'autre fortune ! venez, pénétrez avec moi dans ces mystérieux asiles; et là, séparés du monde entier, seuls avec notre mémoire et notre cœur, arrêtons un moment notre imagination rajeunie sur les charmantes illusions dont se composent les fugitives félicités des mortels !

J'avais commencé cette lettre à Vaucluse même, et vous devez vous appercevoir, cher C..., que

Mon langage se teint des couleurs du pays.

Je crois cependant qu'il convient de vous mettre d'abord au fait de ma route, afin que mon itinéraire vous serve l'an prochain, lorsque vous ferez ce pélérinage. Revenons sur nos pas.

Hier, mardi, après avoir admiré les formes pures et bien conservées de l'arc-de-triomphe d'Orange, et ri des lourds piliers modernes, qu'on a pris soin d'accoler à ceux des Romains, *apparemment pour faire contraste*, nous montâmes au cirque. L'énorme pan de cet amphithéâtre, qui, malgré le torrent des âges, est encore debout, composé d'assises de pierres sèches et mal taillées, déploie après deux mille ans, une façade imposante et colossale, comme le peuple qui l'éleva. L'arène est remplie de maisons, ou plutôt de huttes basses et mal-propres, où les hommes et les cochons vivent pêle-mêle parmi des jonchées de thym et de fleurs de saffran pourries. Ainsi d'indignes Turcs et des chevriers barbares sont assis dans le chœur de Ste.-Sophie, ou sur les ruines de Palmire.

De là, je veux dire du haut cirque, nous gravîmes sur la montagne voisine, par une rue étroite et très-escarpée. Nous parcourûmes la belle plate-forme, où gissent çà et là, renversés, les débris d'un château-fort, démoli par le temps et les guerres sacrées. Il paraît qu'on en a miné la base, pour en faire écrouler les différentes parties, et qu'ensuite on a divisé ces immenses quartiers de tours et de courtine, précisément comme on exploite une carrière, avec le pic et la poudre à canon. Nous vîmes ces ruines avec assez d'indifférence : en effet, des murs épais, des voûtes rompues, des masses, pittoresques à la vérité, mais gothiques et sans majesté, ne suffisent pas pour exciter l'admiration, et plonger dans ces graves rêveries qu'on éprouve à l'aspect des grands monumens de l'antiquité. *Il faut que ces débris parlent comme l'histoire*, qu'ils conservent la mémoire de quelque grand événement, d'une bataille, d'une alliance heureuse entre deux peuples rivaux, ou que les hommes fameux par leurs passions, leurs vertus, leurs talens, en aient consacré et immortalisé jusqu'aux derniers restes. Voilà ce qui rend si intéressans pour des âmes sensibles, les murs de l'abbaye du Paraclet, l'Ile-des-Peupliers, Frêne, la Brede, retraites des Daguesseau et des Montesquieu ; la château de Blois, les bords du Lignon et jusqu'aux décombres de la maison qu'habita *Pétrarque*.

Mais ce qu'on voit de vraiment admirable du haut de ce superbe *belvéder*, c'est la vaste et magnifique plaine du Comtat ; c'est la riante campagne d'Orange ; ce sont les côtes du Languedoc et les boulevards du Dauphiné, lesquels ceignent très-excentriquement le monticule qui vous sert d'observatoire. Le Rhône borne le couchant, et brille au loin, par intervalles, vers le nord de l'horizon : de l'est arrive à longs replis le fougueux torrent de l'*Eigne*, où l'on a construit un pont très-exhaussé (et au bas duquel je vous conseille de descendre, mon cher ami, avant de le traverser, sur-tout si le vent soufle avec quelque force) ; au midi se perdent dans les airs les innombrables flèches des clochers d'Avignon. Tout autour de vous sont semés les plus riches points de vue. Le pont St.-Esprit et sa ville au bout ; le mont Ventoux et son chauve sommet ; les murs élégans et circulairement crénélés des villes venasques, de fertiles guérets sillonnés en tout sens, des verds tapis de luzerne, des champs couverts de légumes,

séparés les uns des autres par des planta‑
tions de mûriers, de saules et de toute
sortes d'arbres fruitiers ; tout cela pré‑
sente ces campagnes comme un tableau
unique, où les figures les plus jolies,
les bordures les plus fraîches, les compar‑
timens les plus réguliers à la fois et les
plus bizarres, les verds les plus variés,
les gradations, les accords les plus har‑
monieux, ravissent l'œil, enchantent
l'âme et feraient oublier l'univers aux
voyageurs charmés, s'ils trouvaient les
plus doux des hommes dans le plus doux
des climats.

———

DE CARPENTRAS.

J'ai pris le chemin de Carpentras pour
me rendre à Lîle : la première de ces deux
villes coupait ma journée ; je pouvais voir
Vaucluse, y passer quelques heures, et
revenir souper à Lîle ; c'est ce que j'ai
fait.

La première lieue, semée de cailloux
ronds et mobiles, rend les cahots durs
et fréquens ; mais quel plaisir ne double

de prix, lorsqu'il est acheté par des peines ? On traverse un vignoble dont le vin ne m'est pas connu ; mais les ceps y plient sous le poids des plus excellens raisins. Les champs y sont couverts de lavande, de thym et de serpolet. Vous rencontrez partout des troupeaux bêlans, des pâtres jouant d'une espèce de flageolet très-aigu, des bœufs traînant leur charrue renversée, et tout ce qui peut animer le spectacle intéressant des campagnes. Pour moi, dès les premiers rayons du jour, je descendis de voiture ; je contemplai, avec un attendrissement mêlé d'extase, le pompeux lever du soleil, et ce beau réveil de la nature, qui mollement languissante et baignée de rosée, semble tressaillir d'allégresse à l'aspect de son radieux époux. Je m'écriai avec M. le C. de B.

Non, l'air n'est point ailleurs si pur, l'onde si claire ;
Le saphyr brille moins que le ciel qui m'éclaire,
Et l'on ne voit qu'ici, dans tout son appareil,
Lever, luire, monter et tomber le soleil.

Bientôt de hautes croix dorées, et chargées de tous les instrumens de la passion, disent aux gens : *Vous êtes en terre papale.* (*) Dès-lors commencent des chemins peu alignés, il est vrai, mais unis, roulans, bombés, bordés de saules et de peupliers, et servant de digues à des ruisseaux courans, détournés des canaux d'irrigation qui serpentent parmi ces riches pâturages. Partout des sillons noirs et creux annoncent la fertilité du sol, partout la végétation, même en septembre, est d'une énergie surprenante. Ici, s'élevaient des chanvres, où disparaissait, naguères, un cheval avec son cavalier; là, s'étendent des prés qu'on fauche en ce moment pour la cinquième fois. Auprès de tous les hameaux, de toutes les fermes, de nombreuses plantations meublent le pays, assainissent l'air, fournissent le bois de chauffage, et nourissent ces vers industrieux, dont vous chantez l'éducation et les travaux sur la lyre de Vida; ces vers

Qui tirent de leur sein notre espoir, notre joie,
Et, pour nous enrichir, s'enferment dans leur soie.

(*) Il ne faut pas oublier que ce voyage à Vaucluse a été écrit avant la révolution. (*Note de l'éditeur*).

Là, se récolte le plus pur froment.
Les légumes, les herbages les plus savou‑
reux y métamorphosent les champs en
jardins. La pomme de terre commence à
s'y naturaliser, et chasse peu-à-peu l'avide
millet qui consume et dévore les terres
les plus fertiles. Enfin, que vous dirai-je,
mon bon ami ? c'est là, dans cet heu‑
reux coin de terre, que semblent se réu‑
nir tous les avantages du sol et du climat,
de la terre et des eaux, pour la félicité
des plus paresseux habitans du globe.
Faut-il leur faire un crime de ce défaut ?
et la paresse des Comtadins est-elle une
maladie du gouvernement ou du peuple ?
C'est ce que je n'oserais vous écrire
aujourd'hui, crainte des *familiers*.

Avant d'arriver à Carpentras, nous
rencontrâmes la petite ville de Pernes.
Un colporteur était assis au bord d'une
fontaine, et étalait des livres. Achille se
trahissait, en choisissant des armes polies
et tranchantes : moi qui, grâces à Dieu,
ne suis ni si bouillant, ni si boudeur, ni
si batailleur qu'Achille, je me trahis en
me jetant sur des brochures. Nous nous
rafraîchimes à la fontaine publique, avec
une volupté qui n'est connue que des

voyageurs, et j'achetai, à fort bon compte, l'éloge de Fléchier, par M. de Trinquelague, et les œuvres de M Sabathier de Cavaillon, si connu par ses belles odes :

Mais malgré tout son goût, sentant l'hérésiarque
 Sur le fait de l'ami Pétrarque,
 Ce poëte du sentiment,
 Qu'il ose mettre en parallèle
 Avec Voiture et Fontenelle,
 Et qu'il outrage doublement
 Comme poëte et comme amant.

J'eus besoin, pour lui pardonner, de relire son sublime dithyrambe sur l'enthousiasme, et quelques-unes de ses jolies chansons. Dix minutes nous suffirent pour voir, même en détail, cette pauvre petite ville de Pernes. Elle n'est assurément remarquable, ni par sa magnificence, ni par sa grandeur, ni par son commerce, quoiqu'elle file assez de soie, et de la très-bonne : mais elle a donné le jour à un prélat que ses lumières, son zèle, sa douceur, sa bienfaisance, doivent faire regarder comme l'un des plus grands évêques du beau siècle de Louis XIV. *Et tu.... Nequaquam minima es*, etc.

« L'épiscopat ne fut pour Fléchier
» (dit l'orateur dont je viens de parler)
» ni l'heureux fruit de l'intrigue, ni le
» prix mendié de la faveur. Des con-
» naissances profondes pour instruire les
» peuples, des vertus douces et com-
» patissantes pour s'en faire adorer,
» une éloquence maîtresse des cœurs,
» pour les enchaîner au devoir, le zèle
» de la religion, la passion du bien ;
» voilà ses titres. » Au milieu de cette
foule de devoirs, Fléchier, en les rem-
plissant tous, trouvait encore des momens qui le rendaient à lui-même : les
lettres et l'amitié venaient se le partager. C'est à ses heureux momens que
les muses doivent le renouvellement de
l'académie de Nîmes, et les liens qui
en associent les membres à ce corps
illustre d'orateurs et de philosophes qui,
sous la protection du trône, se consa-
crent aux lumières et aux vertus. Je
m'arrête avec complaisance sur l'éloge
de ce prélat-citoyen, parce qu'il me
semble que son nom rappelle trop ses
talens oratoires, et trop peu ses bien-
faisantes vertus. Il ne sera jamais que
le premier du second ordre, quand on

nommera les Bossuet, les Fénélon, les Massillon ; mais il marche avec eux, comme ami de l'humanité souffrante et délaissée.

A quelques lieues de Pernes, sur une colline peu élevée, qui domine une plaine fertile, quoiqu'aride, et agréablement plantée de *vignes labourables* et d'oliviers, on voit Carpentras, ville très-bien bâtie, dans le sein de laquelle un élégant aqueduc verse de belles eaux, et fournit à plusieurs fontaines.

Les curieux vont chercher, à l'extrémité du palais épiscopal, les restes d'un arc-de-triomphe élevé, dit-on, à Domitius Enobardus, en mémoire de la victoire qu'il remporta sur les Allobroges au confluent de la Sorgue et du Rhône.

Ce monument, bâti de gros quartiers de pierres-de-taille, était soutenu dans ses angles d'une grande colonne, cannelée, qui s'élevait sur un piédestal. Les quatre faces de l'édifice étaient percées par des arcades : la face occidentale est ornée, entre les colonnes, d'un grand trophée en bas-relief, attaché sur le haut d'un tronc d'arbre, d'où pendent, de chaque côté, deux boucliers chargés d'ornemens. Des figures d'hommes à longs cheveux, les mains liées derrière le dos ; des casques, des javelots, des dards ; tels sont les restes de ce monument que le cardinal Bichi enveloppa dans la maçonnerie de son palais, et dont il *fit le passage de ses cuisines.*

A Carpentras, comme à Pernes, on trouve aussi dans la bouche du peuple et des malheureux, le nom d'un évêque digne des plus beaux jours de l'épiscopat. L'immortel d'Enguimbert, dont la bienfaisance était moins encore l'obligation d'une âme religieuse, que le besoin d'un cœur naturellement généreux et sensible, a fait bâtir, à ses frais, hors les portes de la ville, un magnifique hôtel-dieu. L'architecture en est noble et riche, le dessin pur et bien ordonné, l'escalier large et doux, les salles vastes, très-bien éclairées, et d'une propreté ravissante. J'ai abordé plusieurs ecclésiastiques, pour me procurer quelques renseignemens sur ce prélat ; tous m'en ont parlé comme du plus respectable et du plus régulier des pontifes. C'est à lui que la ville de Carpentras doit la riche bibliothèque qu'elle possède, et qu'il rendit publique de son vivant. Tel est le juste et digne emploi des revenus ecclésiastiques. *O la sublime, la touchante image, que celle d'un pasteur vertueux, environné d'un peuple qui l'adore, tendant vers ce peuple indigent, ses mains remplies d'aumônes, et le conjurant, au nom de Dieu, qu'il les éclaire tous, de s'aimer et de se secourir!* Tel fut M. d'Enguimbert, qui mourut en 17.... pleuré des catholiques, regreté des juifs, et ayant été pour ses confrères, un digne modèle de zèle et de charité.

J'ai considéré quelques tableaux de Vernet, dans les pièces de passages de la bibliothèque, et entr'autres la fameuse tempête *prise sur le fait* par notre hardi compatriote ; ce morceau me paraît éloquent et sublime, et je revins plusieurs fois considérer les tristes et belles horreurs qu'il me retraçait.

Je vis aussi, mais en courant, quelques *antiques;* que les amateurs font semblant d'estimer beaucoup. Je ne prétends chicaner le plaisir de personne ; mais je ne serai pas assez hypocrite pour feindre, pour de vieux morceaux de métal, une admiration que je ne ressens pas. Un cabinet de coquillages, bien choisis, bien classés, de brillans madrépores, d'ardens coraux, des oiseaux rares, des pierres précieuses, encore incrustées dans la matrice où elles naquirent, me paraissent des raretés tout autrement agréables à voir; aussi comptez mon cher ami, que, sur la promesse que je vous ai faite, je ne manquerai pas de vous décrire les richesses en ce genre, qui me frapperont dans les cabinets que je dois voir à Marseille.

En voilà, je pense, assez pour une lettre; pardonnez mes citations; j'en farcirai mes lettres pour vous dédommager de l'ennui que pourraient vous causer mes propres rêveries. Pardonnez mes longueurs: ai-je le temps d'être plus court? Croyez-vous que j'irai m'amuser à recopier mes lettres? Je vous les livre telles qu'elles sortent de ma plume; vous m'y trouverez davantage moi-même. Demain, je reverrai Vaucluse, demain j'y lirai, j'y traduirai mon Pétrarque; que sais-je? peut-être oserai-je tirer quelques sons de sa lyre plaintive....

In quella parte, dov'amor mi sprona,

*Convien, ch' io volga le dogliose rime
Che son seguaci della mente afflitta.*

P. CANZ. XV.

VAUCLUSE.

*Fonti numen inest, hospes, venerare liquorem,
Undè bibens cecinit digna Petrarca deis.* B....

Nous partîmes à midi de Carpentras. Le ciel était pur et brûlant; la campagne paraissait enflammée, et comme au fort de la canicule, semblait gémir sous les rayons de l'astre étincelant qui tournait sur nos têtes. Nous nous mîmes en liberté; et ayant tiré nos abat-jours, pour adoucir le trop vif éclat de la lumière, nous courûmes de L'île à Vaucluse, au risque de crever nos chevaux. Nous nous égarâmes; l'erreur heureusement ne fut pas de longue durée. Vers les deux heures nous commençâmes à descendre à travers un coteau de vignes, qui nous conduisait dans la gorge où coule la Sorgue.

Ici commence un nouvel ordre de

choses, ici se découvre une nature forte et neuve, et dont l'art descriptif ne saurait représenter la magie. Vives comme l'éther, pures comme l'eau qui forme le diamant, les ondes de cette belle rivière fuyent dans un lit large et profond qui nourrit de superbes truites et des écrévisses monstrueuses. Une herbe d'un verd foncé, flottante en longues touffes, et couchée par la vîtesse du courant, tapisse agréablement le fond du canal limpide, si limpide et si transparent, que, dans des creux de six pieds de profondeur, je comptais les cailloux, distinguais leurs couleurs, et voyais les poissons nager, plonger, se croiser à l'envi, et glisser mille fois les uns sur les autres.

Ses bords, tantôt escarpés et bizarres, tantôt couverts de gazons émaillés de fleurs, quelquefois embellis de potagers en terrasses, et de larges figuiers, suivent les tortuosités du vallon et les inégalités du sol où l'on marche. Le chemin cotoie la Sorgue, s'en éloigne quelquefois, y revient plus souvent. Il aboutit bientôt à un petit misérable village, dominé par un rocher, sur la pointe duquel s'allongent les vieilles ruines du prétendu château de Pétrarque.

Les lisières du fleuve offrent une verdure, une ombre, une fraîcheur délicieuse, tandis qu'à quelques toises, les rochers qui s'élèvent presque parallèlement, sont nus et frappés de stérilité.

Aux approches de ce bourg, nous mîmes pied à terre ; nous avançâmes.... C'est là qu'en regardant devant moi, vers la tête de la rivière qui n'est guères qu'à trois cents pas, je crus voir les bornes de la nature. En effet, à mesure qu'on approche de la mystérieuse source, les rochers semblent s'agrandir et s'exhausser : le jour devient moins vif, les échos y résonnent avec des répercussions lointaines et solitaires. Les mutilations de tous les rocs, le désordre des masses, l'entassement confus et sans aplomb de tant d'épouvantables débris prêts à glisser ou à tomber, des divers plans inclinés où la foudre les a jetés au hasard les uns sur les autres ; enfin, l'aspect effrayant de l'antre ouvert devant moi, et le bruit des flots bouillonnans de vingt sources qui jaillissent avec fracas à travers des rochers couverts de mousse ; tout cela frappait d'effroi mon imagination étonnée......... Dans ce moment, je regardai autour de moi : le silence du lieu, qui n'est troublé que par le bruit des cataractes, et l'isolement où je me trouvais, commencèrent à m'épouvanter. Je m'armai de courage, et souris de mon espèce de peur : à chaque pas qui me rapprochait du gouffre, je croyais me rapprocher de l'Averne. Mon œil mesurait avec timidité l'immense hauteur du roc solide et majestueux, qui sert d'entablement au portail de la sombre retraite. Elle peut avoir de 60 à 80 pieds d'ouverture : à l'égard de sa profondeur, nul homme encore n'a pu la sonder.

Je descendis, non sans hésiter, vers le bassin, par un sentier en entonnoir, profond d'environ dix toises ; et enfin, enfin, je pus me mirer dans l'eau même de l'abîme.... Oh ! je vous avoue, sans détour, qu'en m'inclinant, mes cheveux se hérissèrent d'horreur (oui, pour me servir d'une belle expression de Bossuet) : *ainsi descendu sur les bords d'un gouffre sans fond, entouré de bornes de tous côtés, resserré, et comme pressé de toutes parts, je ne pouvais respirer que du côté du ciel....* J'eus beau rappeler mes esprits, beau raisonner mes craintes, mon cœur palpitait, et dans certains momens, j'éprouvais une sensation pareille à celle d'un homme qui serait prêt à se noyer en nageant. Je ne fus là que six minutes ; mais tout m'effrayait, l'obscurité de l'antre, les arceaux surbaissés de plusieurs voûtes de pierres brutes et mal ordonnées, les crevasses des rochers, qui font paraître ces voûtes comme prêtes à s'écrouler, des piles de rochers, inégalement amoncelés et minés par le temps, et surtout la profondeur du gouffre, où je lançai des pierres qui descendaient circulairement, et que j'appercevais encore tournoyer au bout de quelques secondes. J'observai tout en frissonnant, j'admirai tout bien vîte, et je m'enfuis.

Bientôt ayant gagné l'abri du premier figuier, où j'apperçus des fruits et de l'ombre, je vins m'asseoir au bord du canal ; et, mon Pétrarque à la main, je lus à haute voix, je déclamai avec transport l'ode charmante que le seul Voltaire pouvait embellir en la traduisant, mais qui respire en italien je ne sais quelle mollesse attendrissante, qui touche, qui pénètre et finit par exciter des larmes.

Chiare, fresche, dolci acque,

Claire fontaine, onde aimable, onde pure;
Où la beauté qui consume mon cœur,
Seule beauté qui soit dans la nature,
Des feux du jour évitait la chaleur;
  Arbre heureux dont le feuillage,
  Agité par les zéphyrs,
  La couvrait de son ombrage,
  Qui rappelle mes soupirs,
  En rappelant son image;
Ornemens de ces bords, et filles du matin,
Vous dont je suis jaloux, vous moins brillantes qu'elle,
Fleurs qu'elle embellissait quand vous touchiez son sein;
Rossignols, dont la voix est moins douce et moins belle,
Air devenu plus pur, adorable séjour,
  Immortalisés par ses charmes;
Lieux dangereux et chers, où de ses tendres armes
  L'amour a blessé tous mes sens!
  Écoutez mes derniers accens,
  Recevez mes dernières larmes!
      V.

SUR PÉTRARQUE.

Vous me demanderez, peut-être, mon cher ami, d'où peut venir mon admiration pour Pétrarque, et comment on a

le courage de lire un pareil poëte, lorsqu'on connaît Horace et Tibulle? Il me semble que je vous entends vous écrier : » Qu'a
» donc d'intéressant ce Pétrarque? Toute
» sa poésie est d'un même ton, d'une mê-
» me couleur. Nul contraste, nulle va-
» riété : les roses, les perles, les cheveux
» d'or, des eaux douces, fraîches et lim-
» pides ; l'ombrage, les collines, les
» rives, les grottes, les fontaines s'offrent
» presque à chaque vers. Que d'idées ou
» fausses ou puériles, dans la plûpart
» de ces fameux sonnets! » Il est vrai que Pétrarque a tous ces défauts ; mais malgré tous ces défauts, Pétrarque ne laisse pas de mériter sa célébrité : il créa des expressions, des images, une poésie nouvelle; il détermina la forme poétique de sa langue, et sut parler quelquefois le pur langage du cœur et de la passion.

Ce qui me frappe dans cet écrivain si attachant pour les âmes sensibles et déli-cates, c'est, et l'originalité de ses idées, lors même que l'imitation des anciens, qu'il connaissait à merveille, semblait devoir gêner ses formes et ses ornemens, et la retenue de ses pinceaux dans ces momens où la passion l'emporte, où le délire l'exalte..... Ardent, mais délicat ; passionné, mais chaste; il a beau désirer comme Sapho, sentir comme Tibulle, il ne s'exprime que comme Platon : *basso desio non è ch' evi si senta*.

Aussi l'enthousiasme des Italiens pour Pétrarque, est une espèce de culte et de fanatisme superstitieux ; il y a, comme l'amour et la vertu qu'il adore *ensemble*, des autels dans tous les cœurs de Naples à Venise, et de Rome à Florence. C'est qu'il est vrai, c'est qu'il y a dans son style une perfection dont les Italiens sont les seuls juges ; c'est que ces odes allient les grâces les plus sensibles et le plus séduisant abandon, à des traits remplis de force et d'élévation, de poésie et de majesté.

» Pour peu qu'on se familiarise avec Pétrarque, (dit un de nos plus savans littérateurs, *né sur les bords de la même Sorgue*, M. l'abbé Arnaud), on ne saurait se défendre de je ne sais quel charme qui flatte d'abord l'oreille, et enfin pénètre insensiblement jusqu'au fond de l'âme. Lisez ses *Canzoni* (odes) où respire tout son génie poétique, et vous verrez, pendant cette lecture, que vous n'aurez d'autres idées, d'autres mouvemens, que ceux que vous recevrez de sa passion.

» Suivez son essor sur la montagne de Provence, dans l'ode admirable et brûlante, *Di pensier in pensier, di monte in monte, mi guida amor*, etc. Assurément, ni la seconde églogue de Virgile, ni la dix-huitième élégie de Properce, ni Ovide, ni Tibulle, n'approchent de la chaleur, du mouvement qui vit dans ce morceau. Quelles grâces faciles et attendrissantes ! que d'images douces et fleuries, dans les trois pièces que les Italiens appellent les trois sœurs ! *Chiare, fresche e dolci acque;* — *S'el pensier che mi strugge;* — *In quella parte dov' amor mi sprona.* Y a-t-il rien de plus poétique que l'idée du sonnet *Rapido Fiume ?* Quelle vérité dans cet autre plus célèbre encore, *s'amor non è che dunque è quel ch' io sento !* Trouvez des couleurs plus sombres à la fois et plus douces, une douleur plus sentie et plus pénétrante, que dans les pièces *Solo è pensoso i piu deserti campi;* — *Cercato ho sempre è solitaria vita;* — *Si è debile il filo, a cui s'attene;* — Et dans tous les sonnets où il célèbre la mort de Laure, quel sentiment profond ! quelle contagieuse passion ! — Lisez, ou plutôt gardez-vous de trop lire les sonnets 242,

239, 238, 241, 214, et l'ode *che debb' io far ? che mi consigli, amore ?* — Spirat adhuc amor, vivunt commissi calores fidibus.

SUR AVIGNON. (*)

Plus je revois ce beau Comtat, ses plaines fécondes, ses canaux d'irrigation, ses villes ornées de fontaines, ceintes de murs parfaitement entretenus, flanquées de hautes tours quarrées; ces avenues magnifiques, plantées d'ormes et de peupliers, et ces longs bancs de pierre, placés de distance en distance, comme pour convier au repos, et ces superbes hôpitaux par-tout multipliés, par-tout décorés d'une architecture noble et simple; et plus je reconnais que les Romains, même ceux du douzième et du treizième siècles, étaient des hommes respectables, lorsque nous autres *Welches*, n'étions encore que des barbares. Tous les établissemens, tous les embellissemens du

---

(*) Tous ces morceaux ont été écrits avant la révolution. (*Note de l'éditeur.*)

Comtat, annoncent que ses maîtres et leurs agens ont daigné compter le peuple pour quelque chose.

J'ai passé deux ou trois jours dans Avignon : j'ai admiré ses remparts, ses promenades, ses belles juives, mais très-peu ses rues, pour la plûpart étroites, tortueuses et mal-propres. Les plus sales, les plus inextricables sont celles où les juifs sont parqués, comme un vil et dangereux bétail qu'on tient la nuit sous la clef, et qu'on distingue pendant le jour, à des chapeaux rougeâtres, ou à des rubans jaunes qu'on les oblige de porter, je ne sais pourquoi. En vérité, c'est une chose bien révoltante, que de voir ces malheureuses tribus bannies de l'instruction publique, de l'agriculture, des emplois, tandis qu'on les écrase d'impôts, qu'on les flétrit par un costume particulier, et que nous les obligeons, comme la vermine, à ne s'engendrer que dans les cloaques.

J'allai, comme il se pratique, voir aux cordeliers le tombeau de Laure ; aux pénitens noirs, le tableau de la cène ; à la cathédrale, la cloche d'argent qui sonne à la mort des papes. C'était la veille de je ne sais quelle fête, et je fus convaincu que Rabelais avait eu raison d'appeler Avignon *la ville sonnante*. L'interminable et bruyant carrillon qui assourdissait mes oreilles, m'inspira la fantaisie de gagner une hauteur qui devait être au-dessus du bruit. J'y courus : de là je dominai, pendant une heure, sur cette multitude presque infinie de clochers, dont les pointes, les combles et les tours hérissent la ville, et de loin, forment dans les airs, par la variété de leur structure, un fracas, un jeu infiniment agréables à la vue.

Vous désirez des détails particuliers sur cette ville fameuse : il en est que vous trouverez par-tout ; mais j'en ai de moins communs dont je vous ferai part quelque jour. Aujourd'hui que je suis en pays ennemi, je me bornerai à quelques apperçus généraux, et au récit d'une conversation que j'eus hier au soir avec milord M....

La ville d'Avignon ne renferme guères que 25 à 30,000 âmes : on y compte huit chapitres, absorbant, *comme il est juste*, environ 100,000 livres de rentes, trente-six maisons religieuses, riches de 100,000 écus ; sept confréries de pénitens ; trois séminaires ; et enfin dix hôpitaux qui demandent grâce pour le reste. Chaque pape y a fait jadis ses fondations ; chaque légat y élève, à présent, un monument ; plusieurs n'attestent que l'orgueil ; un plus grand nombre console l'humanité et perpétue la bienfaisance.

En revenant de Vaucluse, je rencontrai certain Anglais, qui, charmé de jouir de la beauté de la vue et du frais de la soirée, était descendu de sa berline, et allait lisant *les lettres de cachet*, ouvrage nouveau qu'il avait acheté, me dit-il ensuite, chez les contrefacteurs du Comtat. Moi je marchais aussi, pour lire plus tranquillement mon Pétrarque, dont je voulais traduire un morceau *dans les lieux qui l'avaient inspiré.*

Pays chéri des dieux, et que la France envie
Au souverain sacré de l'antique Ausonie,
A ce pontife roi, successeur des Césars,
Qui, fièrement assis sur les débris de Rome,
. . . .
Fait respecter ses droits jusques dans nos remparts.

(*Mad. de* BOURDIC).

Après avoir cheminé ensemble près d'une demi-heure, mon taciturne compagnon me demanda, d'un air distrait, si j'allais *en Avignon* ? D'un air demi-distrait, je lui répondis que j'y allais, et je me remis à lire. — Mon laconisme piqua sa curiosité. — Monsieur est-il Français, me dit-il à cent pas de là ? Et je satisfis à sa demande par un *oui, monsieur*. — Il me regarde : mot. Nous allons. — *M*. Quelle auberge à L'île, Mr.? — *B*. Mr., la meilleure. — *M*. Combien de temps ? — *B*. Jusqu'à ce que je m'ennuye. — *M*. Ah ! pardieu, et moi aussi. Aimez-vous les truites et le vin de Frontignan ? — *B*. Fort, et je viens ici pour l'amour des truites, autant que pour l'amour de Pétrarque. — Ce ton original plut à mon homme, qui me dit, et moi je viens ici pour voir le paysage : en vérité il forme un assez beau jardin anglais, et cette rivière est jolie. Mon ami *Freintch* a eu raison de choisir Vaucluse pour s'y noyer. Vous savez, sans doute, son aventure, Mr. ? Elle est récente, ses raisons étaient sans réplique. J'approuve son choix ; quand on a pris son parti, c'est dans un pareil bassin qu'il faut se jeter. On disparaît à tout jamais, et l'on sauve à ses restes, les ridicules avanies auxquelles sont exposés ceux qu'on repêche... — J'étais tenté de rire ; mais j'aurais tout gâté. Je lui dis donc que cela était fort sensé, fort à l'anglaise ; et que tout Breton, résolu d'aller par eau dans les champs élysées, ferait prudemment de venir de chez lui, à petites journées, jusqu'à Vaucluse, au risque d'oublier en chemin l'objet de son voyage.

Nous arrivâmes à L'île, et il était temps ; le vent s'élevait, et commençait à souffler avec la plus impétueuse violence. Les Comtadins sont faits à cela : sans ces rapides courans d'air, leur humide pays serait inhabitable. Milord dit quelques mots anglais à son valet-de-chambre : on apporta du thé, et nous causâmes tout le reste de la soirée. — *M.* Jusqu'à présent je suis satisfait de mon voyage : j'ai vu partir le premier ballon aérostatique ; j'ai dessiné l'aspect de Vaucluse, et conversé trois heures avec l'éloquent auteur du livre que voilà (les lettres de C.) Je pars pour l'Italie, et j'irai, non pas à Rome que j'ai vue six fois, mais à Naples, et peut-être en Sicile. Voici le beau moment : les tremblemens de terre, et tous les volcans en feu, y donnent des spectacles dont je suis curieux ; j'y cours pour voir si j'admirerai.

— La conversation de ce seigneur-là me parut piquante : elle se portait naturellement sur des objets sérieux. Il possédait l'histoire, et l'avait très-présente. Nous parlâmes de la paix des Colonies et de l'Inde ; il fut obligé d'avouer que l'Angleterre avait été très-heureuse qu'il n'ait pas existé trois baillis de Suffren dans les trois parties du monde où l'on se battait, etc. etc.

Je lui parlai, moi, de la législation anglaise (criminelle) avec admiration ; d'Adisson et de Loke, avec la plus haute estime ; de Richardson, avec enthousiasme.... Enfin j'avais dans ma poche la nouvelle traduction de Pope, dont M. de Fontanes m'a fait présent la veille de mon départ ; nous parlâmes de Pope. Milord M.... le savait par cœur : je lui lus plusieurs tirades du poëte français, et il convint de bonne grâce qu'elles valaient le texte.

Insensiblement la conversation passa de

Pope au pape, et tomba bientôt sur le Comtat. — Se peut-il, disait milord M...., que la France ait rendu cette belle province ! La nature la lui a donnée : ce pays, dépendant d'un autre souverain, forme un voisinage dangereux pour les malfaiteurs, pour les marchands frauduleux et pour des légions de filles perdues. C'est une école des maximes ultramontaines, qui peut perpétuer les plus ridicules des préjugés, et les étendre au-delà dans toute la France ; c'est une barrière pour votre commerce, par les bureaux et les droits des différentes monarchies, qui arrêtent et gênent vos opérations. Enfin, il est étonnant que les Avignonais eux-mêmes ne sollicitent pas leur réunion. — *B.* Oui, très-étonnant : mais, lui dis-je, on prétend en effet qu'ils désirent d'être réunis. Il est vrai que la nature a incorporé ce pays à la monarchie française, sans laquelle il ne peut subsister, et Rome devrait être la première à la reconnaître ; son intérêt est nul. — Et *son titre*, dit milord, en secouant la tête ? — *B.* Son *titre* ! ne parlons point de cela, milord ! Le *titre* du pape sur Avignon est plus légal que celui de tous les rois conquérans ; vous êtes sûrement assez philosophe pour n'en pas douter. Le Comtat est une très-belle ferme que les papes ont eue à fort bon marché, j'en conviens ; mais enfin un *contrat de vente*, une *quittance* sont, je pense, d'assez *bons titres*. — Je parle du premier titre, dit milord presqu'en se fâchant : n'est-ce pas une excommunication contre le comte de Toulouse ? — *B.* Soit : mais *Jeanne* vendit. — *M. Jeanne* était folle, c'est-à-dire, amoureuse ; *Jeanne* était reine ; *Jeanne* était mineure. La souveraineté n'est-elle pas elle-même un obstacle à l'aliénation ? Les États ont-ils consenti ? — *B.* Oh ! non vraiment, et j'avoue que cette démarche alla directement contre leurs vœux, mais *Jeanne* reçut très-bien de Clément VII *les* 80,000 *florins bien trébuchans d'or de Florence.* — *M.* Mordieu ! c'est ce prix, qui est d'une modicité ridicule ! Un pareil pays ! tant de belles villes ! tant de fertiles plaines, de vignobles fameux, de canaux admirables pour 6 à 700,000 liv. !... Cela est fou. — *B.* Mais vous ignorez peut-être, milord, que la reine (mineure) a fait, par le

même acte, *donation de la plus value.*
— *M.* Encore plus absurde ! voilà qui prouve clairement que la lésion était connue de l'acheteur. De pareilles précautions font présumer la fraude, et décrient nécessairement le marché ; d'ailleurs, vos historiens prétendent que cette somme n'a jamais été payée. — *B.* MM. les historiens se trompent ; ce n'est pas une merveille. L'historien de Provence (M. Papon) voyageant dernièrement en Italie, pour prendre communication des chartes relatives à son travail, a retrouvé, dans la bibliothèque du roi de Naples, la quittance des 80,000 florins. Ce fait sera consigné dans le 3.e vol. de sa savante histoire ; et la publication de cette pièce, si long-temps inconnue, fera, sans doute grand plaisir à la cour de Rome. — *M.* Eh bien ! il faut rembourser la cour de Rome ; il faut lui céder quelque lisière, et non le meilleur du drap ; il faut..... *vouloir.* N'est-il pas injuste qu'une multitude d'hommes soient privés, par cette obstination, des avantages que leur donnent le sol et le climat ! Les inconvéniens que les Comtadins éprouvent par

le défaut d'émulation et de circulation, rejaillit, ce me semble, sur toutes les autres provinces. Le roi n'est-il pas le père commun de tous ses sujets ? Plus il y a de facilité dans les communications, d'union entre les différens membres du corps politique, d'accord dans les lois, d'arrondissement dans les états, et plus il y aura de prospérité, d'ordre et de force. Ce pays n'est pas peuplé à raison de sa fertilité : cela saute aux yeux ; les villes y sont mortes, les villages rares, les bords des rivières, ailleurs si couverts de hameaux, sont ici sans habitans et sans habitacles : et cependant que d'hommes ces contrées pourraient faire naître et nourrir et multiplier! *B*. Milord! vous raisonnez en politique ; mais daignez, je vous prie, observer en philosophe. Qu'importe, après tout, que ce pays-ci puisse renfermer plus d'habitans ! Il s'agit de savoir si ceux qui l'habitent sont heureux. Or, voyez, et jugez : ici, *l'homme réduit aux* 40 *écus*, paye, il est vrai, sa capitation; mais on lui fait grâce du taillon, des aides, des gabelles, du sou pour livre et des vingtièmes. Ici, les moissons ne sont pas dévorées par un camp volant de commis et de collecteurs plus cruels, plus dévastateurs que la grêle et les sauterelles : les publicains *n'y travaillent pas le pays en finance.* Le tabac vaut deux sols l'once ; le sel, six liards la livre ; le vin, deux sols le grand pot. Le pain et la viande y sont taxés à un prix bien raisonnable, qui accommode à la fois et le propriétaire et le consommateur. Ces plaines couvertes de verds mûriers, fournissent une énorme quantité de fort belle soie aux manufactures de Lyon et du Languedoc. Ces longues allées d'ormes, d'amandiers, d'oliviers ; ces mille avenues de saules donnent le bois de chauffage, produisent des huiles et des fruits en abondance, et suppléent au manque des forêts. Tous ces canaux si bien ménagés ; les eaux du Rhône, les bras de la Durance, ces saignées de la Sorgue avivent ces trèfles et ces luzernes, et sont comme les veines et les artères de ces pâturages féconds en herbes et en troupeaux : De là, les laines, les engrais, le bétail qui laboure, et le lait qui nourrit le laboureur. Pensez-vous, milord, que la belle culture de tant d'héritages puisse exister dans cet état florissant, sans une population convenable, sans économie politique, sans bonheur? Je suis loin de le croire, M.; je regarde, au contraire, ce pays-ci comme une des plus heureuses contrées du monde, et il faut, M., que la plûpart de vos compatriotes en fassent la même estime, puisque toutes ces campagnes sont actuellement habitées par des Anglais, et louées à bail; ici, milord, propriété, sûreté, liberté, ne sont pas des vains mots: on y redoutait jadis l'inquisition; mais on n'a jamais eu sujet d'y faire le livre que vous tenez là. (Pardonnez ma chaleur; je crois défendre la vérité, et j'aime ce pays-ci avec passion.) J'y vois, quoiqu'on en dise, des mœurs douces, de la joie, de l'aisance, du calme. L'air satisfait et tranquille annoncerait-il, à votre avis, moins de félicité que cette turbulence inquiète, ces regards avides, cette ardeur âpre et cupide des habitans des villes commerçantes?

Pendant que j'achevais de pérorer ainsi pour mes chers Comtadins, milord attentif tenait, prêt à la boire, une tasse à moitié pleine de thé, le coude sur la table, et les yeux sur moi, il me regarda long-temps en silence après que j'eus cessé de parler. — Son valet-de-chambre annonce qu'on est servi : il avale son breuvage, et nous passons dans la salle à manger. J'avais un appétit de voyageur, il était près de dix heures; l'action fut vive. Milord me proposa de le suivre en Italie; il ne concevait pas, disait-il, qu'un homme de lettres pût se dispenser de ce beau voyage. Je lui fis connaître les liens qui me retiennent, pour ainsi dire, *à la glèbe*. Il me fit promettre de lui écrire; j'ai tenu ma parole, et je vois, par sa correspondance, que s'il n'est pas né pour admirer beaucoup, il doit souvent être admiré lui-même. C'est presque un autre milord *Maréchal*; il a été ministre, et n'a quitté sa place, que parce qu'ayant, dit-il, perdu la moitié de sa vertu, il a voulu conserver du moins ce qui lui en restait.

La chère fut exquise; le frontignan et le donzerre corrigèrent la crudité des eaux de la Sorgue : mais quoi! nous n'étions que deux hommes.

Combien de fois je dis tout bas,
En sablant le jus de donzerre :
Dieu nous préserve des repas
Où l'on ne fait que bonne chère !

SUR ARLES.

La ville d'*Arles*, jadis capitale de la Gaule romaine, fut célèbre par les richesses de son commerce et par le concours des nations. Rien n'égalait, du temps de Constantin, la magnificence de ses édifices publics et la pompe de ses jeux scéniques. La douceur du climat, la beauté du site, la proximité de la mer, invitèrent les Romains à peupler et à décorer un séjour si délicieux, qu'ils croyaient y jouir du ciel même de l'Italie. D'Athènes, de Bysance, de Smyrne, les Grecs s'y rendaient en foule pour en faire l'entrepôt de leurs vins, de leurs parfums, de leurs étoffes et de leurs riches pelleteries. Les Gaulois y descendaient par le Rhône, et rapportaient ces objets de luxe aux cités riveraines de la Loire, de la Seine et du Rhin; et c'est ainsi que les mœurs des peuples policés, leur langage, leur industrie et leurs vices pénétraient dans toutes nos provinces sur les aîles du commerce.

La ville d'Arles ne joue plus un rôle si brillant : long-temps rivale de Marseille, elle n'est aujourd'hui qu'une ville du second ordre ; et tandis que Marseille compte plus de cent mille habitans, Arles ne renferme tout au plus que le quart de cette population. La décadence de cette ville commença dès le cinquième siècle : comme sa position la rendait maîtresse d'un passage très-important, les barbares du nord et du midi, après l'avoir disputée chaudement aux Romains, se l'arrachèrent tour-à-tour, et dévastèrent son territoire avec un acharnement opiniâtre. Les Visigoths l'emportèrent d'assaut ; les Francs la leur reprirent, et la saccagèrent ; les Normands s'en emparèrent, et ne la traitèrent pas mieux ; les Sarrasins les chassent ; elle se gouverne quelque temps en république ; enfin, elle se soumet à Charles d'Anjou : voilà son histoire.

Comment un peuple, continuellement harcelé par des hordes de brigands et de pirates, aurait-il pu se livrer au commerce et à l'agriculture, ces arts de paix, sources des vraies richesses et de la population des États ? Aussi le commerce devint-il bientôt un misérable cabotage; et le peuple de ces contrées, abandonnant ces plaines fertiles, coupées de canaux, et traversées par des fosses profondes et navigables, se réfugia dans les villes murées, et ne cultiva que leur étroit territoire. Alors s'engorgèrent les ruisseaux qui couraient jadis vers le Rhône : ce fleuve jeta au loin, par ses débordemens, d'immenses bancs de sable et de gravier. Le terrain de ses bords s'exhaussa considérablement; et des lacs, des étangs, des marais infects et pestilentiels, croupirent çà et là dans un espace de plus de 40 lieues de circuit.

Ce n'est que dans des siècles postérieurs, et presque de nos jours, qu'on a rendu à l'agriculture une petite portion de ces belles contrées : c'est par la culture; c'est en creusant, en ramifiant maints et maints canaux, à travers les cailloux de *la Crau* et les plaines voisines, qu'on a repeuplé ces villages déserts, et multiplié les hameaux.

Les dehors de cette ville sont enchanteurs : on s'y promène à couvert sous de belles allées de mûriers d'Espagne,

La vue y glisse sur une suite de prairies et de rians vergers arrosés par les eaux de la Durance. De la porte de Laure, l'œil s'enfonce délicieusement dans une vallée qui vaut presque celle de Montmorenci ; mais les amateurs des paysages et des vues fraîches et pittoresques doivent aller sur la hauteur qu'on appelle *des moulaires* ou *des moulins*. On découvre de là, d'abord la ville d'Arles, dont le Rhône baigne les murs, et parcourt le terroir : plus loin, les villes de Beaucaire, de Tarascon ; par tout, une foule de villages semés au milieu de verdoyantes prairies ; et, dans le lointain, des bois dont les massifs coupent l'uniformité *du plan*. Vers le midi, le fleuve ouvre ses bras d'argent, et laisse voir des îles longues et couronnées de saules ; puis rassemblant ses eaux au-dessus de leurs pointes, il se divise encore, et court, en deux immenses canaux, se jeter à la mer.

Les antiquités d'Arles rendent cette ville très-intéressante pour les curieux. On voit au quartier des *arènes*, un amphithéâtre assez bien conservé ; à la place St.-Julien, quelques restes d'un édifice élevé en l'honneur de Constantin et de sa famille; dans la cour de l'ancien couvent de la miséricorde, deux belles colonnes, restes d'un temple que l'on croit avoir été consacré à Diane. L'hôtel-de-ville est d'une belle construction ; il fut fait sur des dessins de Mansard ; mais il n'approche ni de la loge de Marseille, ni du majestueux édifice qui décore la place des terreaux à Lyon.

On admirait à Arles la statue de Vénus, que ses habitans adoraient jadis, et qui passait pour un chef-d'œuvre. Elle est de marbre grec, de six pieds de haut, d'une attitude admirable, avec un air de tête charmant : elle est nue depuis la tête jusqu'aux hanches; mais le reste du corps est voilé de la plus belle et de la plus légère draperie. Les habitans d'Arles ayant retrouvé leur ancienne déesse, en creusant un puits, l'exposèrent à l'hôtel-de-ville, où elle a été long-temps dessinée par les artistes. Enfin en 1684, ils en firent présent à Louis XIV ; et Girardon l'ayant restaurée, elle fut placée dans la galerie de Versailles.

L'obélisque, qui est au milieu de la place, est un des plus superbes monumens du royaume : on ne sait ni en quel temps, ni par qui il a été transporté dans cette ville. Le P. Papon pense qu'il a été élevé par l'empereur Constance, qui fit célèbrer dans Arles les jeux *circenses* en 354. Il est de granit, comme les 40 obélisques taillés en Egypte, et a éprouvé, ainsi que les autres ouvrages des Romains, la fureur des barbares, et les outrages du temps. C'est en 1676 qu'il fut exhumé et placé sur un piédestal devant l'hôtel-de ville, en l'honneur de Louis XIV : il a 47 pieds de haut sur une base de sept pieds de diamètre. On assit sur la pointe un globe d'azur, aux armes de France, surmonté de la figure du soleil, auquel on a comparé Louis XIV, avec une inscription, qui fut peut-être la cause de la ligue générale sous laquelle ce fier monarque faillit succomber avec tout son peuple ; car enfin *nec pluribus impar*, en bon français voulait dire : *seul contre tous.*

M. de Hesseln, dans son dictionnaire, dit qu'il y a dans Arles, une Académie de gens de lettres, érigée par lettres-patentes du roi, en 1668, sous le nom d'*Académie des sciences et des langues*, et fixée au nombre de vingt membres titulaires, qui *doivent être nobles d'extraction*. Si cela est (car on peut, sans être sceptique, revoquer en doute l'existence de ce fait); si cela est, St.-Ambroise né dans Arles, préfet du prétoire, aurait pu y avoir une place ; mais cette noble et insigne académie aurait apparemment donné l'exclusion à un Démosthène, fils d'un forgeron ; à un Théophraste, d'un fripier ; à un Horace, d'un affranchi ; à un Virgile, d'un boulanger ; on n'y aurait probablement reçu, ni Amyot, fils d'un corroyeur, ni Lamothe, d'un chapelier, ni Rousseau, d'un cordonnier, ni Rollin, d'un coutelier, ni Fléchier enfin, d'un marchand de chandelles. La noblesse est une fort belle institution, sans doute ; mais la république des lettres, n'admet que la personnelle ; et le génie ainsi que les talens sont plus souvent roturiers que titrés. Je ne sais où j'ai lu (je crois que c'est dans le Moine de St.-Gal) que Charlemagne allait lui-même, dans les colléges de Paris, faire l'examen des écoliers : il mettait les bons à sa droite, et à sa gauche, les paresseux et les ignorans, *qui étaient tous les enfans des nobles.*

Il ne faut cependant pas s'étonner d'un pareil règlement dans une ville où il y a beaucoup de noblesse, et où elle donne le ton.

En toute autre chose, le ton est excellent dans Arles ; on n'y est ni altier comme à Aix, ni pétulant comme à Marseille, ni d'une vivacité brusque comme à Toulon : ce sont les mœurs languedociennes plutôt que les provençales, et la vivacité du caractère y est plus gracieuse et plus tempérée que par-tout ailleurs. Les femmes, sur-tout, y sont charmantes, et bien plus que belles, car elles sont parfaitement jolies : le costume y est séduisant, et le langage d'une *euphonie* tout-à-fait musicale. Demain, mon cher ami, je donnerai plus d'étendue à ces deux points, et je vous parlerai des combats des taureaux, si long-temps en honneur dans ces pays voisins de l'Espagne.

Suite de la Lettre précédente.

L'habillement le plus curieux et le plus leste, celui qui paraît avoir le plus de rapport avec le costume des anciennes Grecques, c'est la robe des femmes d'Arles, d'Avignon et de presque tout le Comtat. Ces Perrettes-là sont d'une vivacité, d'une pétulance à désoler. Laborieuses, actives, gaies, une draperie lourde et embarrassante ne saurait leur convenir; un jupon simple et court tombe à moitié sur des jambes chaussées de fins bas de soie blancs et de souliers sans talons. Leurs boucles de souliers, de tout temps, larges et grandes, comme, celles que nous portons depuis une douzaine d'années, parent leurs pieds, et les font paraître plus petits. Une robe nommée *drolet*, de couleur noire (et blanche en été) laisse leurs bras presqu'à nuds, et caresse leur taille, qu'elle dessine avec le plus coquet avantage. Cette robe est partagée en quatre pointes, et ne descend que jusqu'aux mollets ; elle rappelle les *stoles* flottantes des Lacédémoniennes ; et dans les monumens antiques, les déesses et les nymphes ne sont pas autrement représentées. Les bras des Arlésiennes et des Avignonaises sont ornés de bracelets à l'antique, composés d'un fil d'or plus ou moins gros, et de petits cercles qui y sont entrelacés. Le collier est dans le même genre avec une grande croix à-peu-près comme celle de Malte. (Cet ornement est sans doute une addition plus moderne.) Presque toutes les femmes portent pour coiffure un mouchoir de soie peint en verd foncé avec des fleurs et une petite bordure jaune. Ces mouchoirs sont en usage dans plusieurs îles de l'archipel : c'est le voile ancien, rapetissé et relevé sur la tête. Elles ont conservé l'usage des corps à baleine ; mais ils sont souples et très-dégagés.

En général, le sang est très-beau dans cette contrée : les formes y satisfont le peintre et le sculpteur (sans déplaire aux poëtes). Les *drolets* bruns ou noirs, relèvent l'éclat des carnations : de grands yeux noirs, des sourcils bien arqués, des joues rondes et fraîches comme des pommes d'api, le plus joli sourire du monde, et une prodigieuse mobilité dans les muscles du visage, tels sont les *propres* que ces charmantes créatures, (je parle du peuple) apportent presque toutes en dot à leur époux. Joignez à ces biens un jargon d'une naïveté, d'une douceur infinie; des expressions caressantes, un accent séducteur; l'usage des diminutifs les plus mignards, et voyez si l'on peut tenir à tant d'enchantemens; voyez si c'est à tort que Vénus était anciennement la patronne des femmes d'Arles.

Enfin, Arles est une ville, où l'on accueille parfaitement les étrangers : elle a été le séjour de tant de rois, d'empereurs et de princes, qu'elle a conservé très-distinctement cette politesse, cette aménité qui naît de l'envie de plaire, nulle part plus vives que dans les cours. Les villes de Blois, de Tours, d'Angers, de Poitiers, de Bourges, où nos souverains ont fait quelque résidence, n'offrent-elles pas encore une société plus liante que nos villes du nord de la France?

J'ai promis de vous donner une idée de nos combats de taureaux : ce sera mon dernier épisode. A demain.

Seconde Suite.

Muse ! de grâce, au fait, et point d'exorde.

On voyait il n'y a pas long-temps, dans les *arènes d'Arles*, des combats de taureaux sauvages, élevés à la Camargue. Ces jeux barbares attiraient le peuple des villes voisines, et rarement on quittait la scène sans la voir teinte de sang humain. Quel affreux et détestable plaisir de voir des hommes lutter contre ces fiers animaux, leur planter de petits pavillons pointus sur le crâne, les saisir allégrement des deux mains par les cornes, au risque d'être éventrés, et les égorger enfin d'un coup de poignard, au milieu des acclamations et des battemens de mains d'une populace imbécile et féroce. C'est pourtant là le grand spectacle d'un grand peuple et d'un grand royaume ! Dans cette extrémité de l'hémisphère, en Europe, au 18.e siècle, les élégans de Séville et de Cadix descendent gravement dans l'arène, piquent le taureau, l'affrontent, le harcellent, le font passer sous leurs manteaux;

d'autres étourdis, montés sur d'intrépides chevaux, le poursuivent, caracolent autour de lui, tachent de le blesser par devant; et pour peu qu'ils manquent de prestesse, le taureau furieux baisse le front, s'élance, et jette à vingt pas le cheval et son cavalier. L'un et l'autre seraient en pièces dans le moment, si l'on ne donnait adroitement le change au bourreau d'animal; tandis qu'on emporte *signor cavaliero* sur un brancard, le pauvre cheval paye alors pour deux; il est bientôt criblé, percé à jour il se traîne, il combat, les intestins hors du ventre, il succombe enfin, et meurt foulé aux pieds du taureau mugissant de joie.

Dans les cirques d'Espagne *les matadors* se relayent; le premier taureau expédié, l'on en amène d'autres, et la boucherie recommence, au grand contentement des belles dames. A la fin on en abandonne un aux amateurs: soudain les loges se dégarnissent, l'arène se remplit; on lâche l'animal, pour ainsi dire, sur le peuple; jugez des événemens, il va distribuant ses coups de cornes à droite et à gauche; c'est à qui le harponnera, il écume, il rugit, il bondit comme un chamois ; on a beau être leste, il joint toujours quelqu'un ; mais le nombre doit l'emporter ; on se jette sur lui, et dans une minute il reçoit autant de coups de poignards, qu'il a eu d'ennemis et de spectateurs.

Nous avons en Provence des jeux beaucoup plus agréables. Les colonies grecques ont conservé, même de nos jours, la gymnastique de leur ancienne patrie ; mais les Romains avaient établi, dans les cités qu'ils fondèrent, les jeux sanglans du cirque, auxquels ils devaient cette férocité de caractère, qui en fit de si sublimes brigands. J'entrerai quelque jour dans de plus grands détails sur ces jeux, lorsque j'aurai pu juger par moi-même, de leur conformité avec ceux de l'antiquité. Si nos gouvernemens modernes avaient donné plus d'attention à ces institutions utiles et vraiment patriotiques, les jeux sédentaires auraient moins prévalu, nos corps seraient plus robustes, nos esprits moins ennuyés et nos cœurs en proie à quelques passions de moins.

RETOUR A MARSEILLE.

Le désir de voir en détail les différens cabinets d'histoire naturelle que les amateurs viennent admirer à Marseille, et l'envie que j'avais de parcourir ses nombreuses manufactures, m'ont déterminé à prolonger mon séjour dans cette délicieuse capitale. J'ai été très-gracieusement accueilli par M. de Pastoret, notre ami commun, et par toutes les personnes à qui vos soins aimables m'avaient recommandé. M. et Mad. Geff.... m'ont comblé de politesses ; je suis touché de celles que j'ai reçues de MM. Barthe, sur les obligeantes lettres du fils de l'ami des hommes. J'ai eu le plaisir, l'indicible plaisir d'entendre *l'art d'aimer* en famille, pour ainsi dire ; et j'ai vu de mes yeux, que pour saisir une infinité de traits sensibles et délicats, l'auteur de ce charmant poëme n'avait pas eu besoin d'en sortir. Je crois que ce qui distinguera très-avantageusement cet ouvrage de celui de Bernard, c'est d'adord son caractère national ; ce sera son but, qui paraît être celui de nous ramener au véritable amour, et ce ton, moitié plaisant, moitié sérieux, qui n'est point un froid persifflage, mais une certaine fleur d'esprit et de philosophie badine, telle que Lafontaine la montre souvent dans ceux de ses ouvrages qu'on lit le plus, et qu'on cite le moins. Au reste, mon amitié ne séduit pas mon jugement : vous prononcerez bientôt vous même.

J'ai la tête si étourdie de tout ce que je vois ici, que vous ne devez pas vous attendre à beaucoup d'ordre; cependant, tous les soirs je fais mes notes, selon la coutume des voyageurs qui veulent s'instruire et amuser les autres. Je n'ai pas oublié vos désirs particuliers sur la manufacture de corail : j'espère la revoir une seconde fois, afin de ne rien hasarder. Vous aurez incessamment cette lettre-là; mais parlons d'abord de Marseille.

Il y a dans ce moment-ci, environ 550 navires dans ce port : on dit qu'il en peut contenir jusqu'à 900, et je le crois. Sa longueur est de 500 toises sur une largeur de 200. Le commerce de cette place est, dit-on, de douze millions par mois : quelques négocians m'ont assuré qu'il passait souvent quinze, et qu'il allait quelquefois jusqu'à vingt.

Le mouvement qu'occasionne un pareil commerce est prodigieux. Vous ne voyez par-tout que ballots, que tonnes, que porte-faix chargés de caisses, de boîtes : par-tout des traîneaux, des brouettes, des brancards ; une odeur de drogueries et d'aromates sort par bouffées de tous les magasins. Les productions des quatre parties du monde, tous les habitans de la terre dans leurs divers costumes ; tous les pavillons qui flottent sur les mers, sont ici rassemblés. Ceci rappelle ce qu'écrivait Mad. de Sévigné : » Une foule de cheva-
» liers vinrent voir Mad. de Grignan ;
» des noms communs, des aventuriers,
» des épées, des chapeaux du bel air,
» une idée de guerre, de romans, d'embar-
» quemens, d'aventures, de chaînes, de
» fers, d'esclaves, de servitude, de capti-
» vité.... Moi qui aime les romans, je
» suis transportée. Il y a cent mille âmes
» au moins ; de vous dire combien il y
» en a de belles, c'est ce que je n'ai pas le
» loisir de compter. »

Je vais vous indiquer en bref les principales curiosités de Marseille ; les plus remarquables sont :

L'écusson des armes du roi, en marbre, exécuté par Puget, ce morceau (d'un fini rare) est placé sur la porte extérieure de la bourse, qu'on appelle ici la *Loge*.

Dans la salle du conseil, sont deux tableaux peints par *Serre*, Marseillais, représentant la peste de 1720. Je n'ai pas eu la force de m'arrêter devant cet horrible et hideux spectacle.

Sur la porte de la salle consulaire, est le portrait de M. de *Malignon*, ancien évêque de Condom, et abbé de St.-Victor, de Marseille. Le conseil de ville donna à la mémoire de ce bienfaisant prélat ce témoignage de reconnaissance pour les établissemens pieux qu'il avait faits, tant aux hôpitaux qu'au collége de la ville. Honneur, trois fois honneur aux pasteurs généreux qui font un si digne usage des revenus ecclésiastiques !

A la cathédrale, vous verrez les trois tableaux de *Puget*, qu'il est surprenant qu'on n'ait pas gravé.

A la consigne, édifice bâti sur l'eau, le fameux bas-relief de la peste de Milan, aussi par Puget, morceau plus vanté que sublime.

A St.-Victor, l'église inférieure, les tombeaux antiques, le cloître bâti d'anciens édifices profanes et sacrés ; le trésor, les inscriptions. J'engage les curieux qui vont voir le joli baptistaire de S. S.... à faire attention à un tableau peint sur bois, à la manière flamande, il représente une basilique gothique; la Sainte-Vierge est à genoux sur un prie-dieu, l'ange Gabriel vient lui annoncer l'incarnation du Verbe ; le Père-Éternel entre par une fenêtre avec le St.-Esprit, un faisceau de lumière part de leur sein et vient sur celui de Marie ; aux deux tiers du rayon l'on distingue un petit enfant Jésus légèrement tracé, qui va plonger dans le sein de sa mère. Le même tableau se voit aussi à Avignon.

On voit enfin dans presque toutes les églises de Marseille, aux Chartreux, à St.-Ferréol, aux Carmélites, à St.-Martin, des tableaux des plus grands maîtres, et quelques-uns peints par les derniers comtes d'Anjou, d'un dessin assez baroque; ils donnent une idée de l'état des arts en Provence, au commencement du quinzième siècle.

Voici les principales manufactures établies à Marseille ; elles forment des objets d'un commerce d'exportation immense.

1.º Les manufactures de savon les plus renommées de toutes celles qui existent ; 2.º les blanchisseries des cires du Levant ; 3.º les manufactures de faïence et de porcelaine ; 4.º les raffineries de sucre, qui cependant, il faut l'avouer, n'approchent pas de la perfection des vôtres. 5.º la fabrication des salaisons, telles que le thon mariné, les anchois, capres, olives, etc. Cette branche de commerce est une des plus considérables ; 6.º les manufactures de bonnets, *façon de Tunis* ; leur supériorité est prouvée par la différence du prix que nos négocians, établis dans le Levant, obtiennent en faveur de celle-ci ; 7.º les raffineries de souffre, d'alun, de colle-forte, de sumach, etc. sont encore l'objet d'une consommation prodigieuse pour le royaume et pour toutes les nations commerçantes ; 8.º nos fabriques de liqueurs et de parfums fournissent le nord, le Levant et les colonies ; 9.º les fameuses manufactures de toiles peintes, celles de tapisseries à la détrempe, celles de toiles peintes à l'huile et au vernis, sont supérieures pour le goût, le choix des objets, et le fini, à tout ce que la Hollande et l'Italie voudraient nous opposer.

Je vous parlerai, dans ma 1.re lettre, de la fameuse manufacture de corail, où j'ai passé hier toute la matinée. M. R.... me permit d'en suivre tous les détails, et satisfit à toutes mes questions avec une complaisance et une politesse qu'on ne trouve pas toujours dans les établissemens de ce genre. Son élégant et riche cabinet me fut ouvert, et je vis là rassemblé, en coraux de toute couleur, des trésors dont la valeur vous paraîtrait fabuleuse, si vous ne saviez aussi bien que moi, le prix fou que le caprice des amateurs donne à ces riches joujoux.

Au sortir de la manufacture de corail, on en trouve une dont l'inscription me fit plaisir : *manufacture de vins*, a-t-on écrit en gros caractères au-dessus de la grande porte : voilà un exemple de franchise et de bonne foi que je n'ai encore rencontrée qu'une seule fois dans cette espèce de commerce ; ne serait-il pas à désirer, en effet, qu'en Provence, comme à Paris, on pût distinguer le marchand du fabricant de vins ! On saurait à quoi s'en tenir, et s'empoisonnerait qui voudrait. Ici se trouve la rue, ou plutôt le scabreux chemin qui conduit à N. D. de la Garde; c'est une tentation à laquelle je ne résiste jamais, que celle qui me promet une belle perspective et de touchans souvenirs. Combien de fois dans ma première jeunesse, à cet âge qui embellit tout, j'ai gravi sur ces hauteurs parfumées, pour relire avec volupté Théagène ou Daphnis, Gessner ou Fénélon !

J'errais souvent sur ce rivage
Que blanchit l'écume des mers,
Je parcourais ces bords déserts;
J'écoutais le calme et l'orage.
Là, disais-je, à travers les eaux,
Des Grecs, pour fonder ma patrie,
Vinrent, du fond de l'Ionie,
Fixer l'ancre de leurs vaisseaux.
Ici, ce peuple redoutable,
Ces fiers Romains ont respiré;
Ici Milon a soupiré;
César foulait ce même sable.
De ces grands noms, de ces héros
J'occupais mon âme attendrie,
Et cependant le bruit des flots
Interrompait ma rêverie.

MÉMOIRE

SUR LE COMMERCE DE FRANCE

Avec les treize États-Unis de l'Amérique.

Il est essentiel que les négocians soient éclairés sur la nature de leurs expéditions pour l'Amérique septentrionale. Les dernières qui ont été faites pour Philadelphie, étaient si mal entendues, qu'elles auraient été dirigées plus à propos aux Isles ou au Levant.

Les assortimens en marchandises sèches des navires anglais, sont faits avec la plus grande intelligence. Nos armateurs ne peuvent trop se hâter d'étudier et de satisfaire le goût des Américains. Les marchandises qui ont été envoyées étaient assez belles et assez bonnes ; mais celles d'hiver arrivant en été, restent long-temps en magasin. Les droits de commission, les faux-frais et les retards absorbent les bénéfices qui ne sont pas aujourd'hui assez forts pour couvrir les pertes.

La plûpart de nos manufactures sont à présent reconnues en Amérique, supérieures, ou au moins égales à celles de l'Angleterre. Il y a quatre ou cinq mois, qu'à bonté et à qualité égales, nos marchandises étaient de huit à douze pour cent meilleur marché que celles des Anglais, et elles sont encore un peu moins chères. Les draps d'Angleterre avaient visiblement du désavantage sur les nôtres, auxquels on ne faisait de reproche fondé que celui de leur raccourcissement. Les Américains se désabusent de l'ancienne opinion que nos draps étaient plus chers que ceux des Anglais, et ils voient déjà que nos superfins le sont un peu moins.

Nos draps de coton sont plus estimés que les leurs, ainsi que nos toiles peintes.

La modicité comparative du prix de nos soieries en assurent la défaite. Le goût de ces étoffes s'accroît, et les Anglais ne peuvent porter les leurs par-tout où les nôtres atteignent.

Les modes, les gazes, les blondes,

les parfums, la galanterie, et tout ce qui sert au luxe des femmes, sera peu contrarié par la concurrence étrangère, et sera constamment d'un débit avantageux.

Nos batistes et nos toiles peintes se vendent à meilleur marché ; mais nos toiles blanches, supérieures à celles d'Irlande, quoique d'un blanc moins éclatant, sont d'un prix trop supérieur pour entrer en concurrence : des sacrifices pourraient seuls accréditer cet article.

Notre faïence ne rivalisera celle d'Angleterre à laquelle on est habitué, que quand nos manufactures la livreront au moins au même prix que les Anglais ; la leur est préférée par sa solidité et sa légéreté.

Leur quincaillerie l'est aussi ; et la perfection de leurs ouvrages en fer et en cuivre, les bas prix de ceux d'Allemagne, prescrivent la plus grande circonspection, et seulement sur des demandes, dans les envois de cette espèce.

Leur verrerie l'emportera aussi sur la nôtre, à moins que nous n'en imitions les formes, la qualité, ainsi que le flintglass. Le très-bas prix de celle d'Allemagne pourra bien enlever cette branche même aux Anglais.

Les tapis et les glaces sont presque le seul ornement des appartemens. Le goût dominant pour les glaces, est la forme ovale de 27 à 30 pouces de hauteur. Il faudrait imiter les bordures anglaises dorées, peu chargées d'ouvrage, mais assez fini. Les plus grandes glaces carrées ne vont pas au-delà de 42 pouces. Les Anglais fournissent les tapis à fort bon compte, pour qu'il soit facile de lutter contr'eux : les plus grands n'excèdent pas 15 pieds sur 12.

Le succès de la bijouterie, des ouvrages d'or et d'argent, dépendra encore plus de l'opulence et du caprice que du goût national ; quelques faibles essais ont été assez heureux : il en sera de même des galons d'or et d'argent.

Quoique nos eaux-de-vie et nos vins n'ayent pas encore le débit qu'ils acquerront, ils sont déjà fort recherchés; nos vins le sont surtout en été ; et dans quelques parties du continent, le menu peuple commence à en boire dans les cabarets, au lieu de punch et de bière

Les eaux-de-vie ont donné et donneront des profits très-considérables, quand nous aurons sur les lieux des facteurs qui les vendront à-propos.

Les vins de Bordeaux de moyenne qualité en procureront d'aussi forts, et même au-delà, lorsqu'on aura des magasins bien établis et bien conduits. Les vins fins seront moins recherchés jusqu'à ce que le luxe des tables ait fait de nouveaux progrès. Le bas prix de ceux de Languedoc et de Provence en assure le débouché dans le peuple, et peut réduire à peu de chose la fourniture que faisait l'Angleterre des vins de Portugal et de Madère.

On se plaint que nos marchandises sèches sont moins bien emballées et plus mal pliées que celles des Anglais; cette négligence leur nuit plus qu'on ne saurait l'imaginer auprès des Américains, accoutumés au coup-d'œil du pliage et de l'emballage anglais.

Nos négocians se font un tort notable en exagérant indécemment le prix de leurs factures ; c'est exciter la méfiance, sans avantage pour le prix de vente, qui est réglé sur les besoins et l'affluence des marchandises.

Enfin, la célébrité dans les opérations, peut seule en assurer le bénéfice, et l'on ne peut trop recommander la plus grande bonne foi dans ce commerce, l'intelligence dans la composition des cargaisons, et l'envoi d'agens nationaux, actifs, éclairés et fidèles.

Les maisons solides d'Angleterre rentrent dans ce commerce avec leur ancienne expérience. La régularité de leur procédé leur donne tant d'avantages sur les Français, que si ceux-ci ne composent pas mieux leurs assortimens, des pertes réelles les dégoûteront d'un commerce utile, quand il est fait sans précautions; mais dont les profits sont certains, lorsqu'il est suivi avec intelligence et mesure.

Il y a une autre considération puissante, c'est le long crédit dont les Anglais ont l'usage, qu'ils ne manqueront pas de faire valoir aux Américains. C'est aux Français à se consulter, et à juger s'ils peuvent tenter quelques épreuves de la même méthode. L'argent est et sera vraisemblablement encore long-temps fort rare en Amérique, et le propriétaire est souvent obligé de contracter plutôt avec l'Anglais qui lui fait crédit, qu'avec le Français qui en peut moins accorder, mais qui livrerait à meilleur prix une marchandise égale.

Au reste, le congrès avait proposé sur toutes les importations, des droits uniformes qu'il fixait à cinq pour cent. Tous les États y avaient consenti, à l'exception d'un seul, dont l'obstination a fait échouer ce plan. Il est vraisemblable qu'on y reviendra, et que les droits sur les marchandises d'Europe ne s'élèveront jamais fort haut. Ceux des États qui n'en avaient établi aucun, se mettront naturellement à l'uniformité avec les autres, à mesure que leur commerce fera des progrès; des différences donneraient trop d'avantage ou de désavantage aux États voisins, et produiraient des versemens frauduleux. En attendant l'établissement de ces cinq pour cent sur l'importation projetée par le congrès, les droits particuliers les plus forts de chaque province ne vont pas au-delà de deux pour cent, ce qui ferait en tout sept. Ceux de l'exportation se réduisent à quelques frais modiques de permission ou d'entretien de fanal et de rivière. On écrit de Charles-Town que cet État a accordé de très-grandes faveurs à la France sur les droits, par comparaison avec le Portugal, l'Espagne et l'Angleterre.

Il est important que les négocians calculent leurs spéculations sur les besoins, les habitudes, les goûts et les productions de chacun des treize États. Ils peuvent être divisés en trois classes ; le nord, le centre et le midi ; la première produit principalement des bois, des bestiaux et des salaisons ; la seconde, des grains ; la troisième, des tabacs, du riz, de l'indigo, du bray. L'expérience, et sur-tout des correspondances exactes, indiqueront bientôt la mesure que comportera chacun des produits de notre industrie et la balance des retours que les Américains peuvent nous fournir, soit en nature, par les productions de leur sol, soit par les espèces et remises qu'ils devront à leurs livraisons, aux nations qui ont des besoins différens des nôtres.

Les Français qui iront fonder des maisons de commerce en Amérique, seront accueillis et vus avec plaisir. Nos navires et leurs cargaisons ont été reçus par-tout avec le plus grand empressement.

MARSEILLE.

Je sors de l'observatoire de Marseille, dont MM. de Saint-Jacques et Bernard, de l'académie, sont directeurs. Ce local est admirable, et la vue dont on jouit du haut de la plate-forme, est d'un genre unique dans l'univers ; le port, la ville, la campagne et la mer, forment quatre tableaux différens qu'un seul regard peut embrasser à la fois. Le *port*, hérissé de mâts et de cordages, ressemble à une forêt que l'hiver a dépouillée de ses feuilles. La *ville* offre les masses de ses quartiers et de ses combles, des files de moulins à vent sur les hauteurs, et un mélange d'arbres et de toîts dont l'effet est riche et piquant. La *campagne* est peuplée de *bastides* au nombre de cinq mille ; tous les héritages dessinés à l'œil par le serpentage inégal des murs de clôture, dont la blancheur coupe le verd du vignoble ; les coteaux voisins, couverts de bouquets de bois, les rochers du fond de la plaine formant l'enceinte et les remparts de ce riant territoire, présentent un paysage rare et frappant. Enfin, la *mer* étend sur la droite une surface unie, azurée, immense, que sillonnaient dans le moment, où je la considérais, quelques bâteaux de pêcheurs, quelques tartanes à voiles latines, et un gros navire hollandais à larges flancs, à haute poupe, lequel cinglait pesamment vers le Château-d'If. M. Bernard, dont les talens égalent la modestie, ce qui n'est pas peu dire, nous conduisit à la salle de l'académie ; je vis avec le plus grand plaisir, auprès du portrait de M. le cardinal de Bernis, celui de M. de Malouet, intendant de Toulon (nous sommes redevables à cet ami des muses, du local de l'observatoire, récemment accordé à l'académie lors de la vente de l'arsenal) ; la douceur de ses traits ne dément point celle de son caractère, et ses utiles écrits, déposés à l'académie, en sont un des plus précieux trésors. Rival de l'abbé de Reyrac, par un ouvrage en prose poétique et harmonieuse, qu'il a lu tout entier dans nos séances, il l'est encore de Bougainville et de Cook, lorsqu'il fait l'histoire de ces voyages maritimes en historien, en sage et en homme d'état.

Le cabinet de notre académie, quoiqu'un des plus modernes, n'en est pas moins intéressant. Il est dû au zèle et aux recherches du savant M. Grosson, actuellement directeur de sa compagnie. La partie qui concerne la Provence, est rangée dans des armoires séparées, de manière que les étrangers peuvent en peu de temps connaître les productions de ce climat. Le droguier sera dans la suite un des plus curieux et des plus complets, par la facilité que donne le commerce de Marseille, pour se procurer toutes les qualités de drogues de toutes les parties du globe ; il commence à fixer l'attention des connaisseurs.

M. de Fauris de St-Vincent, président à mortier au parlement de Provence, a augmenté ce muséum, de la collection des médailles de Marseille ancienne, depuis l'époque de la république grecque, jusqu'au moyen âge.

Voici les pièces les plus remarquables du coquillier de l'académie ; vous connaissez mon goût pour ce genre de curiosité, et vous me pardonnerez d'en parler en amant.

Elle possède dans chaque famille plusieurs pièces recherchées ; une de celles qui attirent le plus de regards, c'est la grande huître des Indes, dont l'intérieur est blanc, avec un liseré violet.

Parmi les moules, une pinne marine des Indes Orientales, violet foncé ; parmi les vis, un vis terrestre d'Abyssinie, de couleur blanche à tâches brunes, très-rare.

J'ai vu parmi les minéraux de ce cabinet, un superbe morceau de *filosferri*, d'une grosseur extraordinaire.

Ce cabinet a été enrichi par M. Grosson, de tous les doubles qu'il avait parmi sa collection, et d'une étonnante variété de drogues, qu'il est à désirer qu'on suive et qu'on renouvelle avec soin.

M. Collé, maître en pharmacie, et membre de l'académie, possède une très-belle collection, dans les trois règnes ; elle a l'avantage d'être agréablement distribuée dans des armoires à glaces, régnant au pourtour d'une vaste pièce, et représentant sans confusion les diverses parties qui la composent. Les coquilles, les minéraux, les polypiers et le droguier, sont dignes des plus grands cabinets.

Les PP. de l'oratoire possèdent un beau cabinet d'histoire naturelle, et une assez riche collection en idoles, vases, ustensiles et instrumens de sacrifices, etc.

Les PP. capucins ont une suite de curiosités, formée par un de leurs frères; on y distingue les coquilles de nos colonies, et les divers polypiers des mêmes contrées. Ce cabinet est mêlé de tous les genres; s'il était rangé avec ordre, et placé dans une pièce éclairée, il serait bien plus intéressant pour les amateurs.

M. Grosson a complété chez lui la classe minéralogique: les objets que fournit la Provence, y sont particulièrement suivis, ce qui n'empêche pas que la partie des coquilles n'y soit très-nombreuse et très-variée, de même que celle des polypiers; les espèces exotiques sont dans chacune de ces trois classes, et en très-grande quantité.

Cet amateur possède encore une collection de plusieurs monumens antiques, avec une suite de médailles marseillaises, parmi lesquelles il en est qui sont encore inédites. Cette suite est des plus complettes; j'ai distingué dans la classe des coquilles, une huître fluviatile des sources du nil; j'ai presque vu tous les lépas de la côte de Provence, et le fameux *parazol chinois;* les familles des rouleaux, des porcelaines, des cames, des limaçons présentent ici (toujours chez M. G....) les plus superbes variétés. Je passais les heures à contempler les surfaces, l'intérieur, l'émail, le poli de tous ces coquillages. Quelle surprenante diversité de formes et de couleurs ! Ici ce sont des bandes plus ou moins larges, de vrais arcs-en-ciel; on les nomme *fascies :* là ce sont des bigarrures transversales, des cercles, des lignes, des points en compartimens. Tantôt vous admirez des flammes, des soleils, des étoiles, des croissans ; tantôt des chamarrures bizarres, des enchaînemens symétriques, des filets coloriés et correspondans. Sur ceux qui portent le nom *d'amiraux*, vous suivez des notes de musique, des caractères hébreux, gothiques, chinois; des rangées de lignes ponctuées ; des surfaces truitées, tigrées, bariolées en tout sens. On est ébloui par le brillant émail de ces belles enveloppes ; on s'étonne que de si riches productions ayent été formées par de vils animaux, et qu'ils en soient eux-mêmes les architectes ;... ou plutôt la raison confondue se tait, et ne peut s'empêcher de reconnaître la main toute-puissante de celui qui se jouait, en prodiguant toutes ces merveilles, de la création.

P. S. Dans les minéraux de ce savant (M. Grosson), j'ai remarqué un caillou d'Égypte, dont les cristaux de quartz ont retenu en partie la couleur brune de la pierre silicée qui leur sert de matrice. Je crois ce morceau rare.

On distinguera, je pense, aussi dans ce Cabinet, un Mercure trouvé à Marseille. Il tient une bourse d'une main, et une autre attachée à sa ceinture. Les Grecs, toujours ingénieux, toujours emblématiques, me paraissent avoir enseigné, par ce symbole, que la prudence est la première vertu du spéculateur.

TESTAMENT

D'un Naturaliste Anglais.

Traduction nouvelle.

Par mon testament présent et volonté dernière, je soussigné, malade de corps et sain d'entendement, dispose, en la manière suivante, des biens et effets que je possède en ce monde :

Premièrement, je donne et lègue à ma chère épouse une boîte de papillons, une autre de coquillages, un squelette de femme et une momie de basilic.

Item. A ma fille Élisabeth, mes préparations de rosée de mai et de saumure d'embryon. Plus, mon secret pour embaumer les chenilles.

Item. A la petite Fanny, ma fille cadette, trois œufs de crocodile. Plus, un nid d'oiseau-mouche, qui lui sera délivré à la naissance de son premier enfant;

bien entendu qu'elle ne se sera mariée que du consentemment de sa mère.

Item. En reconnaissance du bien de campagne que mon frère aîné a bien voulu donner à mon fils Charles, je lègue à mon dit frère ma collection de sauterelles de l'année passée.

Item. A ma nièce Suzanne, sa fille unique, les herbes sauvages d'Angleterre, collées sur papier royal. Plus une collection de toutes les espèces de choux qui croissent aux Indes, grand in-folio.

Item. Ayant eu pour associé dans l'étude de la nature, le docteur Joannes Elserickius, professeur d'anatomie, et voulant laisser à ce digne et savant ami un monument éternel de mon affection, je lui lègue la v.... d'une baleine et les t.... d'un rat, pour en jouir en toute propriété lui et sa postérité masculine ; au défaut de laquelle, je substitue le présent legs à mon exécuteur testamentaire, et à ses hoirs, à perpétuité.

Je ne fais aucune disposition en faveur de mon neveu Isaac, attendu que j'ai amplement pourvu à ce qui le concerne, en lui donnant, il n'y a pas long-temps, un scarabée cornu, la peau d'un serpent, à sonnettes, et la momie d'un roi d'Égypte, avec ses bandelettes d'Amyanthe.

Et d'autant que Jean, mon fils aîné, m'a donné des preuves d'un mauvais naturel, notamment en ce qu'il a parlé avec indécence d'une sienne petite sœur, que je conserve dans l'esprit-de-vin ; je déshérite ledit Jean, et le déclare déchu des biens paternels, le réduisant, pour tout partage, à une coquille de pétoncle, etc.

Mes héritiers embaumeront mon corps *à l'antique*, et pourvoiront aux frais de mon enterrement, dans un des caveaux de Westminstre.

SUR LE CORAIL.

Qu'est-ce que le corail ? Les anciens le rapportaient au règne végétal : ils l'appelaient la plus belle, la plus précieuse de toutes les plantes marines, et l'ornement des dieux de la mer. Les Grecs, dont l'imagination était si riche et si féconde en tableaux, représentaient Vénus et Neptune assis sur un char formé par la plus élégante des couches. Une brillante nacre en tapissait le fond argenté : le pourtour était incrusté de nautiles blancs comme l'ivoire, d'opercules d'un rouge de sang, de porcelaines, de nérites, d'aigrettes choisies par les nymphes elles-mêmes, de cristaux, de madrépores et de branches de corail, que les tritons nerveux avaient arrachés du fond des mers, et qu'ils portaient en triomphe aux pieds de la belle *Aphrodise*. Les Néréides, qui flottaient autour de son char, appuyées sur le dos des dauphins, avaient les cheveux ceints de perles, et des bracelets d'un *corail incarnat*. Le sceptre même du dieu qui commande aux humides royaumes, n'était pas d'une autre matière ; et sa couronne étincelante du sombre feu des émeraudes et des saphirs, était entourée de *pointes de corail*, taillées à facettes, dont l'éclat et la vivacité le disputaient à la vermeille bouche de la mère des amours.

« Les sentimens des écrivains ont été
» partagés sur la nature du corail. Quel-
» ques-uns, dit M. Adanson (voyez
» l'encyclopédie, à l'article *corail*) l'ont
» mis au nombre des pierres ; d'autres
» ont cru que c'était le produit d'un
» précipité des *sels de terre* ; le grand
» nombre en fait un végétal : enfin, il
» s'est trouvé des naturalistes qui ont
» démontré que c'était un véritable
» *zoophite*. » Cette découverte est due aux observations de M. Peissonnel, de l'académie de Marseille. Ce savant découvrit en 1725, sur les côtes de la Barbarie, que les prétendues fleurs de corail étaient de véritables insectes qu'il appelle *orties corallines*.

La tige du corail, vers sa base, ou, pour mieux dire, avant l'enfourchure de son tronc, ne passe guère un pouce de Paris : la plus grande hauteur à laquelle il s'élève dans nos mers, est d'un pied-de-roi. Cette végétation marine ressemble à une branche d'arbrisseau, de prunelier, par exemple, dépouillé de ses feuilles. Sa substance approche de la dureté d'un arbre; et malgré cette dureté, elle est sujette à être rongée, cariée par des petits animalcules qui s'y insinuent à l'aide d'une très-subtile tarière : alors le corail devient fragile, et n'est plus bon à rien.

On pêche du corail sur les côtes du Languedoc et de la Provence, auprès de Toulon, et principalement dans le voisinage de Cassis et de la Ciotat. — Il y avait autrefois à Marseille des manufactures où l'on ouvrageait cette matière : il paraît même que ces établissemens étaient anciens. On trouve dans l'église des dominicains, un autel dédié à St. Éloi, par les *pêcheurs et fabricans de corail.*

Les pêcheurs siciliens, corses et catalans, venaient vendre leurs coraux à nos fabricans ; ceux-ci les faisaient scier, polir, trier, enfiler, etc. et envoyaient des colliers et des chapelets, des bracelets et des poudres dans les quatre parties du monde.

Ce commerce était lucratif; on établit, comme de raison, une belle compagnie exclusive. La compagnie, dite d'Afrique, se forma : ses administrateurs multiplièrent les établissemens pour les pêches. On attira, l'on sut fixer à Marseille des ouvriers intelligens : ceux qu'on plaça dans les divers comptoirs ne l'étaient pas moins. Les caisses d'assortimens, de grandes ramifications pour les cabinets, et de branchettes pour les grains, arrivèrent en abondance au magasin général. La beauté de sa couleur, la variété, la fidélité des assortimens, ne laissant rien à désirer, firent bientôt donner la préférence aux coraux d'Afrique ; quelques commerçans s'enrichirent, et tous les autres fabricans furent écrasés.

La langueur succéda bientôt à cette première fureur, ou, pour mieux dire, ceux qui s'étaient enrichis voulurent jouir : les entreprises furent moindres, les actions baissèrent, la manufacture tomba, et les Toscans s'emparèrent de cette branche de commerce.

Enfin, nos négocians se ravisèrent, il y a quelques années ; ils achetèrent la pêche d'Afrique pour un assez long espace de temps. Ils obtinrent le titre de *manufacture royale*. Le peu de fabricans et d'ouvriers qui restaient à Marseille, ne pouvant soutenir une pareille concurrence, passèrent au service de la nouvelle compagnie ; on y joignit des lapidaires très-habiles ; et ceux qui furent mis à la tête pour diriger les opérations, connaissaient l'histoire naturelle, et n'étaient point étrangers à la physique. Cet établissement ne tarda pas à prendre de l'importance, de la stabilité, et c'est aujourd'hui un des objets le plus satisfaisant pour la curiosité des voyageurs.

Comme j'ai suivi avec attention, et à deux différentes fois, tous les procédés de la coupe et de la taille du corail, je pourrai vous en donner une notion assez claire, quoique je ne me pique en ceci, ni d'une exactitude pédantesque, ni d'une précision qu'on n'a droit d'exiger que d'un homme de l'art, et non d'un simple amateur qui fait ses notes en courant. La première opération consiste à trier les coraux ; ceux dont les branches sont heureusement disposées, et qui forment un bel éventail ; ceux où l'on remarque des accidens singuliers, des enlacemens bien ordonnés ; et ceux dont la base et le pied présentent des coquillages adhérens, des tuyaux contournés et rampans, des manchettes, des huîtres, des vis, des éponges, des mousses, etc. Ceux-là sont mis à part, nettoyés, polis, ajustés sur des piédestaux, et destinés au cabinet des curieux.

On prend ensuite toutes les branches communes, mais saines et sans carie ; on les divise avec des ciseaux ou forces ; on sépare tous ces morceaux selon leur grosseur ; les plus gros servent à faire des agraffes pour les Orientaux ; les médiocres, des olivettes ou gros grains ; les autres sont employés aux colliers, tours et bracelets.

On polit ces morceaux sur la meule de grès tournante, on les dégrossit, ensuite on les force avec des aiguilles d'acier d'une fine trempe ; il faut, après cela, les enfiler dans les fils de fer assoupli, on les fait rouler rapidement sur une plaque de fer mouillée et couverte de sable ; enfin le grès les arrondit et les polit de nouveau.

Les perles rouges, ainsi finies, sont enfilées proprement comme de longs chapelets, et gancées aux deux extrémités avec de la soie bleue. Ces sortes de colliers varient de prix ; mais ceux qui sont bien choisis, bien fournis, et d'une teinte égale, ne valent guère moins de trois à quatre louis.

Pétersbourg, Moscou, Constantinople, les Échelles, consomment cette précieuse marchandise ; il ne faut pas disputer des goûts ; mais des yeux français ne seraient pas flattés de voir ce rouge vif briller au cou de nos beautés, et éteindre, par son éclat, les douces couleurs de la nature.... Il est vrai que si quelque Turc m'entendait, il pourrait me demander s'il est plus beau, plus adroit de barbouiller ses joues de fard et de carmin, pour se donner le teint et le regard des furies.

Êtes-vous disputeurs ? Mes amis, voyagez....

Il est des contrées où la couleur sangurine du corail est plus recherchée ; dans d'autres, c'est le rouge-pâle ; je serais assez du goût de ces derniers ; j'ai vu de belles Grecques entourées de ces ornemens incarnats, et vraiment elles en étaient embellies, si toutefois quelque chose peut embellir ces modèles de la vraie beauté. J'ai vu des négresses le cou garni de gros grains semblables à des cerises enfilées, et leur face d'ébène recevait une expression singulière du rouge ardent de leurs colliers.

L'habileté du négociant consiste à faire ses assortimens relatifs au goût du pays où il fait ses envois.

Le grand coffre qui renfermait cette immense provision de colliers et de chapelets, n'aurait peut-être pas été payé sa valeur par un million de nos livres; il est vrai qu'il contenait aussi quelques boîtes remplies de gros morceaux travaillés, et dont plusieurs étaient destinés, m'a-t-on dit, à orner la couronne des rois d'Afrique ou d'Asie. Enfin, mon cher ami, et ceci va flétrir toute votre admiration pour ce beau présent de la nature, les coraux façonnés en poire, en œuf, en longues perles, ou simplement cassés et morcelés comme les fragmens d'un bâton de cire d'espagne, servent de monnaie à la traite des nègres : une négresse vous donnera sa fille pour un collier de cette nature ; un père imbécille et dénaturé vous vendra ses prisonniers, ses jeunes frères, ses propres enfans, pour un certain nombre de ces grains qu'il prend en échange, et qu'il va négocier et revendre dans le fond de la Guinée et sur les bords du Sénégal; ainsi l'infâme et criminel trafic de cette malheureuse espèce d'hommes convertis en troupeaux par le luxe et la barbarie, se perpétue à l'aide de quelques branches d'un vil polype ! Ainsi le commerce, fils de la liberté, pénètre dans ces royaumes noirs, et y commence l'exécrable édifice de l'esclavage américain, qu'il cimente froidement avec des fleuves du sang humain ! Oh ! quand cesserons-nous d'insulter à la nature, et d'outrager les lois !... Et ces lois qui se taisent, quand cesseront-elles d'être complices, par leur silence, de nos passions cupides et de nos abominables préjugés ?

MARSEILLE.

Comme il y avait très-long-temps que je n'avais vu Marseille, les nouvelles mœurs de ses habitans m'ont frappé bien davantage, et je veux vous faire part de mes réflexions ; au reste, vous y viendrez après moi, vous observerez, et vos remarques serviront à redresser ou à confirmer celles que j'ose hasarder. Permettez-moi quelques rétrogradations historiques, selon que j'en ai usé dans mes autres épitres ; ces esquisses servent de point d'appui et de terme de comparaison pour juger, d'un coup-d'œil, si nous sommes meilleurs ou pires que nos ancêtres.

Soit que la perfection des arts et la prospérité du commerce ayent influé sur le changement de nos mœurs, soit que l'esprit de la capitale et celui du siècle, l'amour du faste et de l'ostentation, la fréquence des spectacles et le caractère de nos pièces (la plûpart si libres et si obcènes) ayent accéléré la révolution ; soit enfin que toutes ces causes réunies ayent altéré ou détruit la simplicité de nos mœurs antiques, il est certain que Marseille n'est plus, comme autrefois *la seule ville de l'univers qui ait conservé ses mœurs avec son commerce.*

Si durant plusieurs siècles, au rapport des plus fameux historiens, les mœurs s'y conservèrent dans leur première simplicité, c'est parce qu'on eut soin d'éloigner les arts qui les énervent, et les oisifs qui les corrompent. La comédie n'avait point de théâtre à Marseille, ou bien elle y était chaste. L'économie et la vertu en rendaient les citoyens ennemis de tout ce qui pouvait introduire le luxe ou alarmer la pudeur. Leur frugalité fut long-temps citée.... Les femmes y brillaient d'une modestie rare : « Sobres dans leurs repas, décentes dans toute leur parure et leur conduite, elles ne connaissaient ni le vin ni les ajustemens frivoles. La gymnastique des Grecs établie à Marseille, et commise à un gymnasiarche choisi pour ses vertus, autant que pour ses talens, était une espèce d'école militaire où se préparait le germe des talens

utiles, et des vertus patriotiques. » Je n'ai pas imaginé ces traits caractéristiques ; ils sont gravés dans le tableau de l'histoire par la main des Tacite, des Justin, des Valère-Maxime. On lit dans la vie d'Agricola : « Né vertueux, il fut préservé de
» la séduction, du mauvais exemple,
» par son propre caractère, et par l'avan-
» tage qu'il eut, dès son enfance, d'étu-
» dier dans la ville de Marseille, école des
» sciences et des mœurs, où règne la
» la politesse des Grecs, avec cette éco-
» nomie qui ne se trouve plus que dans
» nos provinces. » C'est dans les mêmes termes que Cicéron parle de Marseille en cent endroits divers. Pline caractérise cette capitale, et le pays qui la ceint, par ce passage fait pour être retenu : *Agrorum cultu virorumque dignatione nulli provinciarum postferenda* : tel fut notre âge d'or.

Ces beaux jours s'éclipsèrent sous le gouvernement des empereurs. Marseille oublia ses premières maximes ; et le luxe, animé par la pompe des spectacles, la licence, la débauche, la crapule même, corrompirent bientôt toutes les conditions. Il faut voir le portrait des Marseillais, tracé par Athénée, et sur-tout ce qu'en disent l'évêque Salvien et Sidoine Apollinaire.... Je n'ose les transcrire. Suétone et Tacite ne peignent pas avec d'autres couleurs les Romains de leur temps.

Cependant le christianisme, introduit dans les Gaules par Arles et Marseille, régénéra peu-à-peu les mœurs de ces deux grandes villes. La pureté des maximes de cette religion céleste, la sublimité de ses principes, et l'horrible persécution dont la Provence fut le théâtre, y multiplièrent les prosélites de l'Évangile; nos écoles redevinrent encore florissantes. Les Romains et les Gaulois vinrent apprendre dans les gymnases marseillais les secrets de l'éloquence et de la poésie. Constantinople et plusieurs célèbres cités de l'Asie, au rapport d'Ausone, appellèrent à grands frais, dans leur sein, des rétheurs provençaux, pour enseigner les humanités dans leurs académies.

Enfin, presque tous les auteurs, depuis César, ont dit des Provençaux et des Marseillais en particulier, « qu'ils joignaient, » à un talent décidé pour les sciences et » les arts, l'amour de la gloire et des

» distinctions ; qu'ils étaient sincères et
» généreux, braves et bienfaisans, so-
» bres, hospitaliers, loyaux, pleins de
» mépris pour les lâches, d'attachement
» pour la religion, de déférence pour
» les femmes, et *des héros en amitié.* »
(Voy. Ruffi, Papon, les Lettres de Sidoine
Apol. et le Voyage de M. Guis, tom. 1.er.
Comparaison des Grecs et des Marseillais.)

Que les temps sont changés !... Je le
dis à regret ; mais notre patrie, asile
antique des mœurs et de la simplicité,
est aujourd'hui le séjour du luxe et de la
licence ; le luxe y confond tous les rangs ;
la licence y est effrénée : père de famille,
garde-toi d'envoyer là ton fils, si son
innocence et sa santé te sont cheres !...

1.º J'ai remarqué que les hommes
accoutumés, pour la plûpart, à se rassembler entr'eux dans des espèces de
clubs, rendez-vous de la médisance et de
l'ennui, sont à peu-près sans courtoisie
dans la société, et que privés de cette
liberté de mauvais goût, dont ils jouissent
entr'eux, ils n'ont plus avec les femmes
qu'une aisance de bien mauvais ton. Vous
ne retrouvez dans leur commerce, ni ce
liant, ni cette aménité qui font le charme

et l'attrait des cercles d'Arles et d'Avignon. Aussi pour peu qu'un étranger veuille s'en donner la peine, il est bientôt distingué, et revient chez lui aussi content de nos dames, qu'étonné du ton marin de leurs époux. Cependant, comme je parle ici d'une province plutôt que d'une ville, d'un peuple et non des individus, l'on aurait tort de conclure du général au particulier. On pourra même observer, dans les premières maisons d'Aix et de Marseille, une fleur d'esprit et de politesse, un air d'aisance et de gaîté, une liberté franche et décente, qui semblent le privilège distinctif des Provençaux.

2.º Les mariages se célébraient parmi nous, il n'y a pas encore long-temps, avec une certaine simplicité touchante et patriarchale. Les nôces étaient plus bruyantes que brillantes, plus gaies que somptueuses, c'était une époque pour la paix et la réunion des familles divisées. Les mariées se piquaient de rendre à leurs compagnes des dons qui ne fussent pas inférieurs à ceux qu'elles avaient reçus ; mais elles ne cherchaient pas à enchérir puérilement les unes sur les autres.... Ces ruineuses bagatelles font aujourd'hui contracter des dettes excessives, qui, jointes aux dépenses qu'on est obligé de faire en bijoux d'usage, dentelles, robes, bourses de la mariée, frais d'etablissement, etc., ouvrent aux fortunes bourgeoises ou commerçantes, des brêches irréparables, ou du moins très-longues à réparer. La longueur des accords, le faste et la fréquence des repas, la richesse et la variété des modes et des habits, sont les sujets d'une émulation ridicule autant que coûteuse, et qui ne laisse souvent, après ses éclats scandaleux, que la honte de déchoir, le dépit d'être éclipsé, et le long et inutile regret d'avoir mésusé.

3.º Je l'ai vu avec douleur, je voudrais l'écrire avec l'éloquence de J. J. : les mères de famille ne nourrissent presque plus elles-mêmes ; l'étrangère les remplace dans l'exercice de ce devoir sacré ; l'étrangère est l'objet du premier sourire de leurs enfans ; elle reçoit ses premières caresses !... De là, on l'a tant dit, moins de tendresse, moins de reconnaissance de la part des enfans ; plus de liberté, plus d'écarts dans les mœurs d'un sexe qui décide des nôtres : de là, la première éducation toujours grossière et manquée; delà, enfin, une foule d'êtres empoisonnés, ou délabrés pour la vie, parce qu'aux environs d'un port aussi fréquenté, la plûpart des nourrices sont viciées jusques dans la moëlle des os.

4.º L'éducation particulière et solitaire prévaut de jour en jour sur l'institution publique : cependant, quand on ne préfère pas de vains dehors aux avantages solides ; quand on connaît le pouvoir de l'émulation sur de jeunes cœurs, et la foule des grands hommes qui ont pris leur essor des bancs publics, peut-on s'empêcher d'être de l'avis de Quintilien, de Rollin, de l'abbé de St.-Pierre, etc., etc. sur la prééminence de l'éducation publique? Les philosophes, les observateurs, les écrivains utiles ne cessent de le demander, *avec tous nos préceptes, toutes nos méthodes, pourquoi le plus savant même dans nos écoles n'est-il pas encore le plus vertueux?* Est-ce la faute de tant d'honnêtes instituteurs? et la nature ne doit-elle pas plutôt accuser les parens aveugles, qui, par une molle complaisance, par des soins meurtriers, affaiblissent, énervent l'âme d'un enfant, et effacent son caractère ?

5.º Dans ce pays, jadis renommé par sa frugale sobriété, le luxe des tables a fait, grâces aux voyages et aux voyageurs, des progrès surprenans. A nos rares invitations de famille toujours présidées par de grands parens, et dont l'assemblée ne formait qu'une société d'amis, commencent à succéder ces fréquens et insipides festins, où la table, trois fois chargée de trois somptueux services, est entourée de gens qui souvent ne se connaissent pas, ou qui se détestent. J'aimerais bien mieux m'asseoir à table-d'hôte, avec des inconnus de tout sexe et de toute humeur, que parmi les sots parvenus, les plats parasites, les froides coquettes, ou les pâles joueuses qu'on rassemble dans certaines maisons. Le banquet provençal n'est plus terminé, comme autrefois, par ces rondes gaies et bruyantes, qui inspiraient la joie et resserraient l'amitié, mais au sortir de table, on s'assied incontinent auprès d'une autre ; et ces fameux cartons, imaginés jadis pour divertir un roi imbécile, sont les hochets des convives saturés.

Là, comme ailleurs, on dit d'un homme, qu'il n'est bon à rien, lorsqu'il ne sait pas appliquer son esprit à de stériles combinaisons, ou lorsqu'il n'est pas assez sot pour perdre son argent en dupe : et n'allez pas croire qu'on se borne ici au jeu de la société ; on aime à jouer gros jeu. Dans plusieurs maisons connues, fréquentées, on passe les nuits à se ruiner. L'on a vu plusieurs de ces furieux sortir du tripot, pour aller se jeter dans la mer. Il n'y a pas long-temps que M. de *** perdit 40,000 liv., rentra chez lui à six heures du matin, et se brûla la cervelle.

6.º En général, la jeunessse de ..., mais celle-ci est non-seulement ..., plus dépravée encore, qu'on ne le remarque dans toutes les grandes villes maritimes (Londres et Amsterdam exceptés). Certains quartiers regorgent de filles perdues, comme un cadavre pourrissant fourmille de vers. Les environs de la comédie sont le réceptacle d'une légion de prostituées, dont l'impudence et le regard sont insoutenables. L'entrée de ces infâmes rues, toutes aussi mal-propres que des sentines, est bordée de ces traînées. Les portes et les fenêtres en sont garnies à toutes les heures du jour et

de la nuit. Tout invite, tout excite à
la grossière et vénale volupté des jeunes
gens, dont le sang adulte, le tempé-
rament brûlant et les précoces désirs
n'ont pas besoin de ces irritantes invitations. Il me semble qu'on pourrait empêcher en partie cet abominable scandale.
Qu'une patrouille exacte saisisse impitoyablement toutes les raccrocheuses ; qu'on
force cette engeance pestiférée à se cacher dans ses sales manoirs ; qu'on dérobe
ce lubrique spectacle à la vue des jeunes
personnes obligées de traverser ces dégoû-
tans et malheureux quartiers ; et qu'enfin,
allumés dès le coucher, brillent par-tout
certain qu'il y a bien moins de liberti-
nage, et qu'on voit bien moins de turpi-
tude dans les villes *illuminées*, que dans
nos sombres et luxurieuses cités. Pourquoi Marseille, pourquoi toutes nos villes
provençales refusent-elles si opiniâtré-
ment d'adopter cet usage, en pratique
dans tout le royaume ? Des vues basses et
sordides étoufferaient-elles le cri des bonnes mœurs ? Marseille est à coup-sûr, après
Paris, la ville de France à qui cette police
est le plus nécessaire : je sais qu'une foule

de citoyens le désirent très-vivement; j'exprime ici leurs vœux avec toute l'ardeur que peut m'inspirer le patriotisme dont j'ai plus d'une fois fait profession. Puisse cette réclamation produire incessamment cette réforme urgente et désirée!

―――

NOTE *tirée d'un nouveau Voyage en France, depuis 1775 jusqu'en 1807, par M. Milran, auteur du roman aimable de* Jeanne Royez. — *Paris.* Le Normant. *1814. 4 vol.*

« L'opulente ville de Marseille est éclairée enfin;
» et j'ai bien envie d'en faire honneur à M. Bérenger.
» Il a réclamé très-fortement, dans ses *Soirées pro-*
» *vençales*, contre l'obstination ou la fausse écono-
» mie des corps municipaux qui se refusaient à cette
» utile dépense. On assure que depuis *l'éclairage*
» (ou les reverbères) on voit beaucoup moins de
» filles publiques, soit que ne pouvant plus exercer
» leur prostitution dans l'ombre, elles y ayent re-
» noncé, soit plutôt qu'elles s'adonnent moins ou-
» vertement à leurs habitudes libidineuses, ce qui
» serait encore un bien pour les mœurs. » *Tom.* 1, *pag.* 433.

―――

Suite de la Lettre précédente.

L'influence des mœurs marseillaises sur les mœurs de la Provence entière remonte à la plus haute antiquité. La colonie phocéenne apportant, du sein de la Grèce, des lois, des usages, des arts, une langue polie, une religion douce et riante, avec l'ambition de régner et de s'enrichir, eut bientôt fait ressentir son ascendant à tout le pays des Liguriens. Ses richesses, sa splendeur, son commerce, attirèrent et fixèrent dès-lors tous les peuples voisins dans ses murs. La population devint immense ; elle jeta ses essaims tout autour d'elle. Bientôt les bords de la mer et du Rhône, la côte de Gênes, les monts voisins, furent couverts de ses colonies. Ses écoles, ses gymnases répandirent la philosophie et la langue des Grecs dans la Provence, et, de proche en proche, dans toutes les Gaules. Ils subjuguèrent, par les arts et le commerce, ceux qu'ils n'auraient pu soumettre, en les attaquant à force ouverte.... *Id apud imperitos humanitas vocabatur, cùm pars servitutis esset.* Tac.

Marseille est encore aujourd'hui pour la Provence, et même pour les provinces qui l'entourent, ce qu'est Paris pour tout le royaume. Talens, richesses, projets, tout tend vers la capitale. Ainsi les fleuves de la terre courent tous s'engloutir et se perdre dans les gouffres de l'océan. Talens, richesses, projets; tout, chez nous, tend vers Marseille. Ses spectacles, ses jeux, la liberté dont on y jouit, les plaisirs de toute espèce qu'on y rencontre; tout y attire la jeunesse, tout y distrait l'homme ennuyé, tout y devient piège pour l'imprudent. Pour peu qu'on y séjourne, on oublie sa patrie; on oublie ses devoirs; on se dégoûte du calme et de l'uniformité de sa province; on vend son patrimoine, et l'on vient à Marseille espérer et mendier les flottantes faveurs de la divinité,

Qui vend toujours si cher ce qu'on croit qu'elle donne.

Qu'arrive-t-il? le grand nombre périt de misère, quelques-uns végètent dans une obscure et précaire médiocrité; deux ou trois réussissent, et ne sont pas plutôt enrichis, qu'ils prennent le chemin de la capitale. Là, ils achètent une charge, ils obtiennent un emploi, ils parviennent aux honneurs.... et n'en sont pas plus heureux.

 L'humble toît est exempt d'un tribut si funeste,
 Le sage y vit en paix, et méprise le reste.
 Content de ses douceurs, errant parmi les bois,
 Il regarde à ses pieds les favoris des rois.

P. S. Si vous voulez des details sur les femmes de nos pays, donnez-moi le temps. Pezai a dit qu'il est *plus difficile de connaître une femme qu'une république* : vraiment je suis assez de son avis. Laissez-moi prendre la nature et le naturel sur le fait, et vous aurez un précis de mes remarques : car ce n'est pas la peine de vous mander ce que vous savez ; qu'elles ont ici l'âme dans les regards, dans le sourire, et jusqu'au bout des doigts ; qu'elles sont folles de la danse, d'une vivacité qui va jusqu'à la plus pétulante étourderie, d'une sensibilité prompte et contagieuse, d'un babil enchanteur. Il vous faut du particulier, et des traits qui n'appartiennent qu'à nos climats : je vous en promets. En tout cas, si mes découvertes sur cette belle matière n'étaient point galantes à écrire, je les garderais pour votre oreille, et nous dirions avec le bon homme : *ma foi, la femme est toujours femme.* En attendant, je vous transcris ici l'anecdote primitive qui a servi de canevas à la charmante pièce du *bienfait anonyme*, il est certain que le rôle de M.... dans cette aventure, *est divin, divin*, je n'en rabats rien ; mais le pauvre Robert est si intéressant, si vertueux ! sa reconnaissance et sa tendresse filiale sont exprimées *par sa conduite*, d'une manière si simple et si sublime, qu'il arrache des larmes et transporte d'admiration. Cette anecdote peint nos mœurs, et à ce titre, elle doit trouver ici sa place.

ROBERT,

OU LE JEUNE MARSEILLAIS

ET LE BARON DE M.***

Un jeune homme nommé *Robert*, attendait sur le rivage, à Marseille, que quelqu'un entrât dans son batelet. Un inconnu s'y place; mais un instant après il se prépare à en sortir malgré la présence de *Robert*, qu'il ne soupçonnait pas d'en être le patron. Il lui dit que puisque le conducteur de cette barque ne se montre point, il va passer dans une autre. Monsieur, lui dit ce jeune homme, celle-ci est la mienne; voulez-vous sortir du port? — Non, monsieur, il n'y a plus qu'une heure de jour. Je voulais seulement faire quelques tours dans le bassin, pour profiter de la fraîcheur et de la beauté de la soirée.... Mais vous n'avez pas l'air d'un marinier, ni le ton d'un homme de cet état. — Je ne le suis pas en effet, ce n'est que pour gagner de l'argent que je fais ce métier les fêtes et les dimanches. — Quoi, avare à votre âge ! cela dépare votre jeunesse, et diminue l'intérêt qu'inspire d'abord votre heureuse physionomie. — Ah ! monsieur, si vous saviez pourquoi je désire si fort de gagner de l'argent, vous n'ajouteriez pas à ma peine celle de me croire un caractère si bas. — J'ai pu vous faire tort, mais vous ne vous êtes point expliqué. Faisons notre promenade, et vous me conterez votre histoire. L'inconnu s'assied. Eh bien, poursuit-il : dites-moi quels sont vos chagrins ; vous m'avez disposé à y prendre part. Je n'en ai qu'un, dit le jeune homme, celui d'avoir un père dans les fers sans pouvoir l'en tirer. Il était courtier dans cette ville, il s'était procuré, de ses épargnes et de celles de ma mère, dans le commerce des modes, un intérêt sur un vaisseau en charge pour Smyrne : il a voulu veiller lui-même à l'échange de sa pacotille et en faire le choix. Le vaisseau a été pris par un corsaire et conduit à Tétuan, où mon malheureux père est esclave avec le reste de l'équipage. Il faut deux mille écus pour sa rançon ; mais comme il s'était épuisé afin de rendre son entreprise plus importante, nous sommes bien éloignés d'avoir cette somme. Cependant ma mère et mes sœurs travaillent jour et nuit ; j'en fais de même chez mon maître, dans l'état de joaillier que j'ai embrassé, et je cherche à mettre à profit, comme vous voyez, les dimanches et les fêtes. Nous nous sommes retranchés jusques sur les besoins de première nécessité ; une seule petite chambre forme tout notre logement. Je croyais d'abord aller prendre la place de mon père ; et le délivrer en me chargeant de ses fers ; j'étais prêt à exécuter ce projet, lorsque ma mère qui en fut informée, je ne sais comment, m'assura qu'il était aussi impraticable que chimérique, et fit défendre à tous les capitaines du Levant de me prendre sur leur bord. — Et recevez-vous quelquefois des nouvelles de votre père ? Savez-vous quel est son patron à Tétuan, quels traitemens il y éprouve ? — Son patron est intendant des jardins du roi : on le traite avec humanité, et les travaux auxquels on l'emploie ne sont pas au-dessus de ses forces : mais nous ne sommes pas avec lui pour le consoler, pour le soulager; il est éloigné de nous, d'une épouse chérie, et de trois enfans qu'il aime toujours avec tendresse. — Quel nom porte-t-il à Tétuan? — Il n'en a point changé; il s'appelle *Robert*, comme à Marseille. — *Robert*.... chez l'intendant des jardins ? Votre malheur me touche ; mais d'après vos sentimens, qui le méritent, j'ose vous présager un meilleur sort; et je vous le souhaite bien sincèrement..... En jouissant du frais, je voulais me livrer à la solitude : ne trouvez donc pas mauvais, mon ami, que je sois tranquille un moment.

Lorsqu'il fut nuit, *Robert* eut ordre d'aborder. Alors l'inconnu sort du bateau, lui remet une bourse entre les mains, et sans lui laisser le temps de le remercier, s'éloigne avec précipitation. Il y avait dans cette bourse huit doubles louis en or ; et dix écus en argent. Une telle générosité donne au jeune homme la plus haute opinion de celui qui en était capable; mais ce fut envain qu'il fit des vœux pour le rejoindre et lui en rendre grâces.

Six semaines après cette époque, cette famille honnête, qui continuait sans relâche à travailler pour compléter la somme dont elle avait besoin, prenait un dîner frugal, composé de pain et d'amandes sèches : elle voit arriver *Robert* le père, très-proprement vêtu, qui la surprend dans sa douleur et sa misère. Qu'on juge de l'étonnement de sa femme et de ses enfans, de leur transport de joie ! Le bon *Robert* se jette dans leurs bras, et s'épuise en remercîmens sur les 50 louis qu'on lui a comptés en l'embarquant dans le vaisseau, où son passage et sa nourriture étaient acquittés d'avance, sur les habillemens qu'on lui a fournis, etc. ; il ne sait comment reconnaître tant de zèle et tant d'amour.

Une nouvelle surprise tenait cette famille immobile ; ils se regardaient les uns les autres. La mère rompt le silence ; elle imagine que c'est son fils qui a tout fait ; elle raconte à son père comment, dès l'origine de son esclavage, il avait voulu aller prendre sa place, et comment elle l'en avait empêché. Il fallait six mille francs pour la rançon : nous en avions, poursuit-elle, un peu plus de la moitié, dont la meilleure partie était le fruit de son travail ; il aura trouvé des amis qui l'auront aidé. Tout-à-coup, rêveur et taciturne, le père reste consterné ; puis s'adressant à son fils : malheureux ! qu'as-tu fait ? Comment puis-je te devoir ma délivrance, sans la regretter ? Comment pouvait-elle rester un secret pour ta mère, sans être achettée au prix de la vertu ? A ton âge, fils d'un infortuné, d'un esclave, on ne se procure point facilement les ressources qu'il te fallait. Je frémis de penser que l'amour paternel t'a rendu coupable ; rassure-moi, sois vrai, et mourons tous, si tu as pu cesser d'être honnête. Tranquillisez-vous, mon père, répondit-il en l'embrassant ; votre fils n'est pas indigne de ce titre, ni assez heureux pour vous prouver combien il est cher. Ce n'est point à moi que vous devez votre liberté ; je connais notre bienfaiteur. Souvenez-vous, ma mère, de cet inconnu qui me donna sa bourse ; il m'a fait bien des questions. Je passerai ma vie à le trouver, et il viendra jouir du spectacle de ses bienfaits. Ensuite il raconte à son père, l'anecdote de l'inconnu et le rassura ainsi sur ses craintes.

Robert, rendu à sa famille, trouva des amis et des secours. Les succès surpassèrent son attente. Au bout de deux ans, il acquit de l'aisance ; ses enfans, qu'il avait établis, partageaient son bonheur entre lui et sa femme ; et il eût été sans mélange, si les recherches continuelles du fils avaient pu faire découvrir ce bienfaiteur, qui se dérobait avec autant de soin à leur reconnaissance et à leurs vœux. Il le rencontre enfin un dimanche matin se promenant seul sur le port. Ah! mon Dieu tutélaire!... C'est tout ce qu'il put prononcer en se jetant à ses pieds, où il tomba sans connaissance. L'inconnu s'empresse de le secourir, et de lui demander la cause de son état. Quoi, monsieur, pouvez-vous l'ignorer? lui répondit le jeune homme. Avez-vous oublié *Robert* et sa famille infortunée que vous rendîtes à la vie, en lui rendant son père ? — Vous vous méprenez, mon ami ; je ne vous connais point, et vous ne sauriez me connaître : étranger à Marseille, je n'y suis que depuis peu de jours. — Tout cela peut être ; mais souvenez-vous qu'il y a 26 mois que vous y étiez aussi. Rappelez-vous cette promenade dans ce port ; l'intérêt que vous prîtes à mon malheur, les questions que vous me fîtes sur les circonstances qui pouvaient vous éclairer et vous donner les lumières nécessaires pour être notre bienfaiteur. Libérateur de mon père, pouvez-vous oublier que vous êtes le sauveur d'une famille entière, qui ne désire plus rien que votre présence ? Ne vous refusez pas à ses vœux, et venez voir les heureux que vous avez faits.... Venez. — Je vous l'ai déjà dit, mon ami, vous vous méprenez. — Non, monsieur, je ne me trompe point, vos traits sont trop profondément gravés dans mon cœur, pour que je puisse vous méconnaître. Venez, de grâce. En même temps, il le prenait par le bras, et lui faisait une sorte de violence pour l'entraîner. Une multitude de peuple s'assemblait autour d'eux. Alors l'inconnu d'un ton plus grave et plus ferme : monsieur, dit-il, cette scène commence à être fatiguante. Quelque ressemblance occasionne votre erreur ; rappelez votre raison, et allez dans votre famille profiter de la tranquillité dont vous me paraissez avoir besoin. Quelle cruauté! s'écrie le jeune homme ; bienfaiteur de cette famille, pourquoi altérer, par votre résistance un bonheur qu'elle ne doit qu'à vous ? Resterai-je envain à vos pieds ? Serez-vous assez inflexible pour refuser le tribut que nous réservons depuis si long-temps à votre sensibilité ? Et vous qui êtes ici présens, vous que le trouble et le désordre où vous me voyez doivent attendrir, joignez-vous tous à moi, pour que l'auteur de mon salut vienne contempler son propre ouvrage. A ces mots, l'inconnu paraît se faire quelque violence : mais comme on s'y attendait le moins, réunissant toutes ses forces, et rappelant son courage pour résister à la séduction de la jouissance délicieuse qui lui est offerte, il s'échappe comme un trait au milieu de la foule, et disparaît en un instant.

Cet inconnu le serait encore aujourd'hui si ses gens d'affaires, ayant trouvé dans ses papiers, à la mort de leur maître, une note de 7500 livres envoyées à M. *Main* de Cadix, n'en eussent pas demandé compte à ce dernier, mais seulement par curiosité, puisque la note était bâtonnée et le papier chiffonné comme ceux que l'on destine au feu. Ce fameux banquier répondit, qu'il en avait fait usage pour délivrer un prisonnier Marseillais, esclave à Tétuan, nommé *Robert*, conformément aux ordres de *Charles de Secondat*, baron de Montesquieu, président à mortier au parlement de Bordeaux. On sait que l'illustre Montesquieu aimait à voyager, et qu'il visitait souvent sa sœur madame *d'Héricourt*, mariée à Marseille.

LETTRE A M. B.

Monsieur,

La réputation des chansons provençales et languedociennes est faite depuis long-temps. L'autre jour en lisant un excellent ouvrage dont vous avez rendu compte (*les mélanges tirés d'une grande bibliothèque*), je trouvai une chanson provençale que je ne connaissais point, et qui me fit grand plaisir. J'essayai de la traduire en français. Si vous jugez, monsieur, que j'aye rendu, au moins en partie, les grâces ingénues de l'original, je vous prie d'imprimer ma traduction à côté du texte. A quelques détails près que j'ai cru ne pouvoir passer dans l'idiôme français, j'ai traduit littéralement, couplet par couplet, et en vers de mesure. Ils peuvent être chantés, sur l'air : *quoi ! ma commère, es-tu fâchée ?*

J'ai l'honneur d'être, etc.

LE BEAU TIRCIS,

Chanson provençale avec une traduction française.

Le beau Tircis, loin de la plaine,
Seulet un jour,
Contait aux bois sa douce peine,
Son mal d'amour :
Bergère pleine d'injustice,
Va-t-il chantant :
Faut-il qu'ainsi l'on me haïsse,
Quand j'aime tant ?

Lou beou Tircis se proumenavo
Soulet un jour,
Countan ez bouez ce qu'enduravo
Doou maou d'amour ;
Et lié disié : belle bergiéro,
Yeou t'aime tant !
Que t'ai fa per estre tant fièro
Despiei un an !

Mon chien et mes moutons pâtissent
Pleins de langueur ;
Pauvrets, hélas ! ils dépérissent
Par ta rigueur.
Tandis que le mal de leur maître
Les fait souffrir,

Je suis fidèle et je veux l'être
jusqu'au mourir.

Moun chin et meiz avets patissoun
De tei rigours ;
Eleï, pécaïre, desperissoun
de jours et jours ;
Maï per ce quez deï maou doou mestré,
Creboun lou couer :
Ez fidele et lou voaou ben estré
Jusqu'à la mouer.

Cruelle, hélas! tu te fais gloire
De mon souci :
Belle, ah! crois-moi; dans ta mémoire
Retiens ceci :
La rose, dont la rouge feuille
Parfume l'air,
Lorsqu'au printemps on ne la cueille,
Meurt en hiver.

Tu tè fas uno fausso glori
De me fugi,
Vos pas mettre din ta mémori
Ce qu'yeou t'aï di :
Que leïs flous leï plus espandidos
Doou beou printen,
Quan din soun tén soun pas culidos
L'iver puï vén.

Toi qui, dans mon jardin sans cesse
        Chantes l'amour,
Rossignol, va voir ma maîtresse
        Au point du jour.
Vole; et dis-lui, dans ton langage
        Tant amoureux,
Qu'il n'est que moi dans ce village
        De malheureux.

Roussignou que cantez sen cesso
        Din moun jardin,
Vaï-t'en veire la mieou mestresso,
        De bouen matin,
Et digo-li din toun lengagi
        Tant amouroux,
Que sieou lou bergié dou vilagi
        Lou mens heroux.

Mais bien que ta voix si jolie
        Ait mille appas,
Si ma maîtresse est endormie,
        Chante tout bas.
Parle du ton qu'amour conseille,
        Avec douceur;
Ne touche qu'un peu son oreille,
        Beaucoup son cœur.

Maï ben que ta voix siè poulido,
        Et douz toun chan,
Si ma mestresso ez endormido

*Cante-li plan ,
D'un toun que tendresso counseillo ,
Sensé estré fouer ,
Noun toquez qu'un paou soun aurcillo ,
Maï proun , soun couer.*

Tes cheveux sont plus noirs qu'ébène
Blanche est ta main ;
Le lys des champs égale à peine
Ceux de ton sein.
Ta lèvre est la rose nouvelle
Du point du jour :
Et quand l'amour te rend si belle ,
Tu fuis l'amour !

*Toun tein ez plus uni que glaço ,
Plus beou qu'un liz :
Et ta bouco vermeillo esfaço
Tous leï rubis.
Giz de jayiet n'ez comparablé
A teïs beou peoux ,
Teïs yeux que me fan misérablé ,
Soun douz souleous.*

Ta beauté laisse tes compagnes
Au rang dernier ,
Comme un sapin dans nos campagnes,
Le bas fraisier.
Mais, belle , hélas ! de ta rudesse

S'il faut parler,
Je n'ai rien vu que ma tendresse
Pour l'égaler.

Passez en beouta tei compagnos
De la façon
Que leï haous sapins deï montagnos
Fan ei bouissouns :
Maï per ce qu'ez de ta rudesso ,
N'aï ren trouba ,
Que la grandour de ma tendresso ,
Per l'égala.

Le ciel est témoin de mes peines
Et de mes pleurs ,
J'attendris l'écho de nos plaines
Par mes douleurs ;
Toi seule tu ne fais que rire
De mon chagrin ;
La mort au moins, de mon martyre
Sera la fin.

Lou ciel ez temoin de meï penos
Et de meï plours ,
La terre porte mas cadenos
Et mas doulours :
Tu soulette n'en faz que riré ,
Et te trufa :
Maï vendra un tén que moun martyre
Si finira.

Par bonheur écoutait la belle,
Et sans ennui ;
Et voyant bien qu'il n'aimait qu'elle,
N'aima que lui.
Un doux souris lui fait comprendre
Qu'il est heureux ;
Mais il faudrait, pour le bien rendre,
Aimer comme eux.

Per bonheur la bell' escoutavo
Seï desplezi,
Et couneïssen coumben l'aimavo,
L'aimét aussi ;
S'approché d'eou, et d'un air tendré,
Lou regardé ;
Faou ama coum'eou, per comprendré
Ce que senté.

AUTRES CHANSONS

Provençales et Languedociennes.

CANSOUN PROUVENÇALE.

Er : *Avec les jeux*, etc.

L'ERBO recassavo l'eigagno
Qu'estournedo amour lou matin,
E lou ventole dei mountagno
Venies descoundoun ei jardin;
La flour, qu'amo tant seï caresso,
N'attendie queou per s'espandi;
Can Tircis que veï sa mestresso
Cour din sei bras, et piei li di. *bis.*

La qu'un souleou din la naturo,
E tu, Margarido, n'as dous :
Caou vei teis iu sen la blessuro
De nostei jouven amourous :
Ieou n'ai ni paouso ni sesido
Din moun minage, a toun entour,
Souffrirai doun touto ma vido,
Et souffrirai doou maou d'amour ? *bis.*

O qu'uno fillo es malurouso,
Can l'amour ven la coursegea !
Margarido qu'es amourouso
Desiro e cren de s'engagea.
Lou galan que saou l'estincanço,
Plouro e piei toumbo a sei ginoun :
Toute fiieto que balanço
Se desfen plu que de plugoun.   *bis.*

CANSOU LANGUEDOCIENE.

Er : *Je ne veux plus aimer Annette , etc.*

Ben que me countes de sournetos,
Toujou, toujou vous aimaraï;
Vous ou dise, mas amouretos,
Amaï toujou vous ou diraï ;
Aime maï vostros messourguetos
Que las verras de quaouqun mai.

AUTRE.

Sus l'er : *Aï , aï , aï , Janeto.*

Can vous vese, tout me plaï ;
Animarias uno souco :
Voste er viou, et vostr'er gai
Fan veni l'aigo a la bouco.

Aï, aï, aï,
Janeto ! Janeto ! aï, aï, aï !

D'un cor se si faï un vol,
Vous ses d'abor l'accusado :
Se cachas pas vostes iol,
Quaouque jour seres penjado.
Aï, aï, aï , etc.

-- Iou cacharie ben mous iol,
Se cresie d'estre penjado ;
Mes se l'ere a vostre col,
Souï pa tan mal avisado.
Aï, aï, aï, etc.

AUTRE.

Air noté dans l'alm. des muses, an 1797.

Per abe moun cor en gadge,
Sez toujou bengut en douçou :

Lou li faraï passa per nou.
Ah! bouladge, bouladge, bouladge!
Tourno me lou, tourne me lou!

COUPLET DE DAPHNIS,

DANS LA PASTORALE D'ALCIMADURE,

DE MONDONVILLE.

Poulido pastourello,
Perleto das amous ;
De la roso noubelo
Esfaças las coulous ;
Perque sies bous tant belo,
E iou tant amourous !
Poulido pastourello,
Perleto des amous ;
Ben que me sias cruelo,
Iou n'aimaraï que bous.

IM-PROMPTU BACHIQUE.

Gaï roussignoulet
Que buves al galet

Qu'aouquei gouto d'aigueto,
N'en cantaries ben miou,
Se buviez coume iou,
Daou vin de la souqueto.

ROMANCE LANGUEDOCIENNE.

Al leba de l'auroro,
Dins un pradel de flous;
Zephir caressan Floro,
Climeno tout'en plous,
Coulcado su l'erbeto
A l'oumbro d'un cypres,
Disio touto souleto
As echo sous regrets.

Tircis es mor, pécaïre!
Auzelets plouras lou;
Flourettos per li plaïre,
Tchangeas bostre coulou;
Plentibos tourtourelos,
Roussignols amouroux
E bous echos fidelos,
Repetas mas doulous!

Tircis lou brai moudelo
De toutes lous pastous,

Discret, salge, fidelo,
Gardabo sous moutous;
Soun se plen de bioulettos,
Dounabo as agnelous
Milo margaridetos,
A iou milo poutous.

Lou roussignol salbadge
Benio dal foun dal boes
Suspendre son ramatge,
Per entendre sa boues,
L'oundo la plus rapido
Coulabo lentemen,
Per avedre un' ausido
De soun dous instrumen.

Paisches à l'abenture,
A la merci d'aus lous;
Tchercaz bostre pasturo,
Dins un deser affrous;
Troupel, bous abandouni;
Tircis es au toumbeou;
Qu'aco nou bous estouni!
Iou lou seguirai leou.

IM-PROMPTU.

Air : *De Joconde.*

Per coutenta ma vivo ardou,
   Aimado pastouretto,
A la fin ai pres un poutou,
   Su ta frescho bouqueto;
D'un plaze que tento chascun,
   Perque siei tant avaro?
Aco es coumo donna de lum,
   La flamo resto encaro.

AUTRE.

Las rosos muscadelos
Et la flous d'aous bouïssou,
N'an pas de tas poupetos
L'aoudou ni la blancou;
Hurouso la maneto
Qu'un jou aura l'honnou
Do leva l'espingueto
Que las ten en prisou.

CHANSONETTE.

Charmanto bergiereto,
Crenignes pas l'amour;
Es un enfan que teto
E n'a pas vis lou jour,
Caressas lou, pécaïre,
Aco l'amusara,
Et laissas li tout faïre,
Et coumo va voudra.

Qu'es dous soun badinage;
L'aïmares tendramen;
Un enfan da quel age
Es un amusamen.
Ambe sas manierotos,
Cerco pas qu'atrapa,
Et toujou sas manetos
Boueloun tout arrapa.

Soun naturel doucile,
Es fach per toun plaze;
Te sara ben facile
De lou mettre a toun ple.
Dressat à la brouqueto
Coum'un passeroun fran,

Ti fara l'escaleto
D'abord que sera gran.

AIR

DE MONDONVILLE.

Quan l'amour bol nous enflama,
Que sap pla coumo cal si prendre!
Es tan finet per nous surprendre,
Qu'en fadejan, sad nous charma,
Que sert cout'el de se défendre?
Que ser cout'el de l'anima?
Nou cal qu'un moumen per alma,
Nou cal qu'un moumen per si rendre.

COUPLET

D'UN TROUBADOUR.

Bloundetto pastoureletto
Veni recebre ma fe!
Dei maou que toun ueil mi fe,
Mi garira ta bouqueto.

LES SOIRÉES

La roso d'aou mes de Maï
Ques à l'eigagne espandido,
Es ben frescho, ben poulido....
Eh ben ! va sies enca maï.

TRADUCTION LANGUEDOCIENNE

du Sonnet de Pétrarque : *Zefiro torna*, etc.

Lou printen es bengu, leis zefirs lou seguissoun ;
Deja per faïre festo a la belo saisou,
  Li flours deis pradels s'espandissoun,
E lou gaï roussignol commenso sa cansou,
  Sou leis bousques que reberdissoun.
  Beici, beici lou ten d'ama ;
  Lou troupel que brouto l'erbeto,
L'aoussel que vaï saoutant de branqueto en branqueto,
  Lou peissou din l'aigo enferma,
Tout ce qu'a bido enfin bol abudre amoureto.
  Iou pecaïre qu'aï tout perdu
  En perden ma belo Laureto,
Rebese lours plaisirs sans la mendre ambejeto.
  Que l'amou siegue rebengu,
Qui lou printen ranime et pradel et flouretto,
  De ren moun cor n'es esmougu :
Despiei quaï vis peri ma tan gento pastouro
  N'ai plus dges de felicita,

PROVENÇALES.

E languisse ed attenden l'ouro
Que moun cor din la toumbo aou sieou siegue mescla.

Par M. Roman.

SONNET

DU GOUDOULI.

Hier, tant que le caüs, le chot, et la cabeco
Trataon a l'escar, de lous menus affas,
Et que la triste neyt, per moustra sous lugras,
Del grand cadel dal cel amagabo la meco ;
Un pastourel disio : b'ey faït uno grand'peco
De donna moun amour a que noun la bol pas,
A la bello *Lyris* , de qui l'amo de glas
Bol rendre pouramen ma poursuite buseco,
Montre que soun troupel rode le coumunal,
Iou soun anat cent cops parlali de moun mal ;
Ma la cruello court a las autros pastourous.
Ah ! soulel de mous els, se jamai sur toun se
Ieu podi forrupa doux poutez a plaze ,
Ieu farey ta gintet que duraran tres houros.

ODE PROVENÇALE

DE RICHARD CŒUR-DE-LION.

Richard Cœur-de-Lion, roi d'Angleterre, lachement arrêté à son retour de la guerre sainte, par l'ordre de Léopold, duc d'Autriche, fut jeté dans une obscure prison. Là, abandonné de ses sujets et de ses alliés, il composa une ode qu'il leur adressa. En voici les deux premières strophes :

Jà nul hom près non dirà sa razon
Adreitamen, se come hom doulen non ;
Mas per conort pot-el faire canson.
Prou ha d'amiez, ma paùre son li don !
Honta y aùran, se por ma rehezon,
    Souy fach dos hivers prèz.
Or, sachan ben mos homs é mos barons
Anglez, Normans, Peytavins è Gascons,
Qu'yeù non hai jà si paùre compagnon,
Que, per avè, lou laissesse en prezon.
Faire reproch, certas yeù voli non :
    Mas souy dos hivers prèz.

TRADUCTION.

» J'amais un prisonnier ne parlera de son sort, d'un esprit libre et sans être pénétré de douleur ; mais il peut écrire quelques vers pour adoucir ses peines. Il trouve assez d'amis, mais combien leurs secours sont faibles ! Quelle honte pour eux, si, faute de vouloir payer ma rançon, ils me laissent, durant deux hivers, privé de ma liberté !

» Maintenant qu'ils apprennent, mes sujets et mes barons, Anglais, Normands, Gascons et Poitevins, qu'il n'y a point de trésor que je n'eusse prodigué, plutôt que de laisser le moindre de mes compagnons gémir ainsi dans les fers. Certes je ne veux pas leur faire reproche ; mais voilà deux hivers qu'ils me laissent privé de ma liberté ! »

Cette ode est de l'an 1192. Elle est pleine de naïveté et de courage. Les vers de dix syllabes, avec la césure parfaitement observée, sont sur une seule rime.

ANNETTE,

CHANSON AVIGNONAISE.

Sur l'air : *Femmes, voulez-vous éprouver, etc.*

Fiyou, en gardan vosté troupeou,
Si vésé l'enfan qu'a douas alou,
Qué su leis yeu porté un bendeou,

Que porte un arc darrié l'espalou,
Appréné qu'a soun téta doux
Foou estré ben fiere et ben secou;
Car aquel air tant amistous
Per vous troumpa, n'ei qu'uno lecou.

Dé l'escouta toujou n'en couï;
Calignou lei jouïnou bergierou,
Et piei lou traïté d'aï et d'ouï
Samenou nostou vide entiarou.
Lei bergié l'an vis dé matin,
Sourti da quello bouissounado,
Es lou long doou drayoou vésin,
Lucas m'a fa veiré sei piadou.

Lou méchant trève aquestei bord
Toujou rode, cerque et choouriou.
Si ven, encourré-vous d'abord,
Et tapa ben vosteis oouriou.
Si courré pas ben, vous ajoun;
Lançou sei traits émé mésurou;
Car ben queou tiré de plugoun
Chaque fléché es osquou ségurou.

Annete, en débanan soun lin,
Su lou gazou ansin cantavou,
Quan tout d'un co l'enfan câlin
Sort d'une caoune ounté cantavou....
Aï grand tort, yé digué l'amour,
Mei lei soun injuste et barbarou;

Ressentiez que lagne et doulour,
Saras pus hurouse toutarou.

   Doou jouven que te faï souffri
Toun âme sara délivrado ;
Tu, perdras d'eou lou souveni ,
Et Tircis perdra ta pensadou.
Puisque de you ren te faï gaou,
Que n'ai que rigour et magagnou,
Juré que finiraï tei maou
Quan oouras fini toun escagnou.

   Annetou débanou pu plan....
Piei dit : Mé semblo qu'anas vité :
Pourrian pas remettré a deman ?...
— Noun ; foou qué moun sermen s'acquité.
— Eh ben , yeou laisssé aqui moun fieou ;
Laissa Tircis a soun Annetou ;
Amé enca ma souffri prés d'eou
Questré hurouso toute soulettou

   Par Mr. Hyacinthe Morel , *ancien profess. de belles-lettres à Aix et à Avignon ; secrétaire perpétuel de l'Athénée de Vaucluse.*

   M. Morel, professeur très-célèbre et très-distingué, a publié des épîtres et des poëmes aussi bien pensés que bien écrits. *La philosophie louée par elle-même, discours en vers ,* est un de ses meilleurs ouvrages. Il en a inséré plusieurs autres non moins estimables dans les Mémoires de l'Athénée de Vaucluse.

ELEGIO

Compousado sur la Montagno de Coudoun en Provenço.

Coumé mi siou troumpa quan crésiou que l'absenço
Garirié moun amour é calmarié mei maou !
Ai beou fugi lei luecs que charmoun sa présénco,
Escoundu din lei boués, li trobi lou silenço,
   Mai noun pas lou répaou.
  L'amour que toujou m'accoumpagno
   Dé pénsamén én pénsamén,
Mi couech'émé soun foui sus aquesto mountagno,
E si truffo dé you quan plouri moun tourmén.
Maougrabuou dé l'amour! aguén d'autrai pensados !
   Aquestei rocos élévados
   Notr'esprit dévoun éléva ;
E senti qué lou miou coumenç'à l'esprouva.
Dé moun couert, gracé-à-Diou, si taisé la chavano,
   La bouénaço la segue enfin ;
   Mi senble qu'en fasen camin
Moun chagrin m'abandoun' e resto din la plano....
Mountèn, mountén plus haou..... Qué visto, qu'aquo es
           béou !
Lou ciel si mesclo à l'aiguo aou foun d'aqueaou tableou !
   Qué dé veisseoux de toutei lei countrados !
   Qué dé bateou et qué dé pescadous !

Qué dé bastidos séménados
Din tout' aquelei tarradoux !
La visto de Marséyo es mén bello qu'aquello
Qué si descuerbé de Coudoun ;
A drécho veou lou por. et lou par de Touloun ;
La Valetto, Souliez soun aou pé de la couello :
Mille pichoun vallas, mille pichoun jardins
Fan verdeja lou plan, refrescoun la pensado ;
Deis arangiés, dei jaussémins,
Sentes pas la flous embaoumado ?
Si vés qué lou fué dei voulcans,
Devourav'autreifés tout'aquestei mountagnos ;
Lei rouquas n'en soun resta blans,
E la peyro mouresqu'au mitan dei campagnos
Poussado per l'aïguo d'estiou,
Per lei traou que la flamo a coustumo de faïré
Attesto qué ce qué vous diou
Va pantaya pas per vous plaïré.

Aoussi coumo davaou la terro es descendudo !
Rén creissé eissi dessus qué dé marri bouissouns,
Deï roussignoous, ni deï pinsouns,
Jamaï la vouas liés entendudo.
Tout si taïsé, tout semble mouart
Dins aquestou desert saouvagé....
Ah ! mouréz aoussi din moun couart,
Mouréz estacamen, mouréz crudelo imagé
D'une qu'es tan jouïnetto é dun couart tan voulagé !
Din meis résoulutiens, va veou, siou gaïré fouart...
Cresi parla résoun, e batti la campagno,
Li vouliou plus pensa, maï ! li pensi toujou.
Su lou bord dé la mar la vesi qué si bagno ;

Sé mounti dín leï bouas, din leis bouas m'accoumpagno,
Noun veou qu'ello la nuech, noun veou qu'ello lou jou.
» Bloundeletto pastouretto,
» Veni récébré ma fé,
» Dei maou qué toun ueil mi fé
» Mi garira ta bouquetto.

» La roso d'aou mes de maï ;
» Qu'es a l'eigagno espendido
» Es ben fresco, ben poulido....
» E ben va siés enca maï

» Veni, charmanto bargièro,
» Qu'adori déspui des ans....
Escapés de mei bras, coum un'oumbro laugiero !
As vis, as entendu, bessaï, d'aoutreis amans....
Enfétado de ma priero,
T'envouélés, perfido béouta ;
Car despui qué l'amour seis alos t'a presta,
Coumo lou passeroun tu ti siés envouélado,
(E Diou saou n'oun te sies anado.)
Pécaïré ! l'archerot émé you es resta ;
Maï toutei dous fasen piéta,
E lou paon de resoun que nous ero restado,
Adiousias ! es touto virado....
Rendi-mi ma pauro résoun,
Ti demandi qu'aco ; v'entendes pas, Lauretto !
Coumé, coumé si fa qué touto souri-detto,
Moun couart l'ador'encar'après sa trahisoun !
Coumé, coumé, si fa, (n'en rougissi é souspiri,)
Qué par-tout ounté mi retiri,
L'infidele mi ven serca !

Et qu'a soun noum, esclati, plouri,
Senso qué rén jamaï pouasqué meis ueis seca !
Diou d'aou ciel, esclaras ma résoun avuglado !
Derrabas d'aqueou couart l'imagé enracinado !
D'uno que maï qué vous es dé you adourado !
Estoufégas un fué qué saou trop ralluma !
(Maï douti qué va pousqués faïré !...)
Vouéli enfin cessa de l'aïma,
Sé n'aï pas lou bén dé li plaïré.

BEAU FRAGMENT

D'une Epitre d'Eléonore-Clotilde de Chalys, dame Du Puy en Velai, écrite en 1422 au comte Bérenger de Surville, armé chevalier par Charles VII, pour marcher avec lui contre les Anglais.

Après une vive apostrophe au fameux duc de Bourgogne qui fut tué sur le pont de Montereau ; voici des vers étonnans pour ce siècle, et qui font songer au nôtre.

Prince félon, l'opprobre des Valoys !
Monstre esgorgé trop tard, et qui n'aurais dû l'estre
Qu'en-my-eu torments et par glaifve des loix !
Eust ton juste guerdon, eussent tes longs supplices,
Ors que sans peur, tous crimes sont commys,

Possible, ezmeu le cœur de tant d'affreux complices
Par qui *Brittons* notre Gaule est soubmys.
Ainsi fourbes Troyens, heureuls de son désastre,
    Aux soldats grecs vendirent Ilyon ;
Ainsi Français félons que soldoya Lancastre,
    Ouvrent Lutèce aux vautours d'....
Te le redis, ami ! ja, l'entrevois, oeste heure
    Où triomphant de ces noirs attentats,
Charles de ses ayeux va purgeant la demeure,
    Et libérer ses coupables États.
L'*Éternel* d'un regard brise enfin mille obstacles,
Des cieux ouverts, *veille encor sur nos lys* ;
Eust-il du monde engtier desnié des miracles,
    Il en debvroit au trosne de Clovis.
Puysse l'auguste paix du sien ici descendre !...
    Ah ! se rompoist ton funeste sommeil,
Quand te voyraz marcher sur taz fumant de cendre,
    Peuple esgaré !... quel sera ton réveil ?...
Ne m'entend !! se complaist à s'abreuver de larmes,
    Tyze les feulx qui le vont dévorans !...
Mieux ne vauldroit, hélas ! repos que tant d'alarmes
    Et *Roi si preulx* que cent lâches tyrans...,

Envoi de CLOTILDE *à son époux* Bérenger DE SURVILLE.

Où que suives ton roi, ne metz ta douce amye
En tel oubly qu'ignore où gist ce lieu :
Jusqu'alors en soulcis de calme n'aura mye.
    Ius ne t'en dis ; que t'en soubvienne ! Adieu.

SONNET PROVENÇAL

DE Guilhem d'Amalric.

Guilhem d'Amalric était un gentilhomme provençal au service du comte de Poitou. Le sonnet qui lui est attribué ici, mérite une attention particulière des amateurs de l'ancienne littérature, en ce qu'il prouve que c'est aux Provençaux, comme l'avoue Crescimbéni, et non aux Italiens, qu'il faut attribuer l'invention de ce petit poëme, dont le législateur du parnasse français, Boileau, a fait un si grand éloge, lorsqu'il a dit:

» Un sonnet sans défaut vaut seul un long poëme. »

Celui-ci que l'on trouve cité dans Nostradamus, me paraît très-régulier.

Lou seignour Diù t'exaùce, et toujour ti defenda
Als malvays jours troublatz é ti mande secours,
Rey pouderouz, al qual lou poble ha soun recours;
Après Diù que t'ha fatz, grand vencedour ti renda

Lou Seignour que t'ha fatz, tas preguiéyras entenda,
Fassa flourir toun noum fora et dedins tas courz;
Puesques-tu veyre en paz de téis jours lou long cours,
Et que, d'un bout d'al mounde à l'autre ajasla renda!

Lous uns en cavals fiers, d'autres en soldatz drucz,
En thézaûrs, en grandours, en caûzas transitorias,
Si fizan totalmen per esper de saluz:

Mais tu, ab tont acò, has d'autres bens avutz;
Car, lou premier dels reys à veyre tas victorias,
Siés lou premier dels homs à comptar tas vertuts.

TRADUCTION.

Que le Seigneur, le Dieu des armées exauce tes vœux et te défende des jours funestes; qu'il soit ton appui; qu'il fasse voler la victoire sur tes pas; ô roi puissant, en qui les peuples ont mis leur espérance, et qu'ils invoquent après le Dieu même dont tu es l'ouvrage!

Que l'Éternel, dont tu reçus la vie, écoute favorablement tes prières, et qu'il fasse fleurir ton nom, et dans l'enceinte de tes États et hors de leur enceinte! Puisses-tu voir tes jours s'écouler en paix, semblables à un fleuve inépuisable; puisse ton empire s'étendre d'un bout du monde à l'autre!

Parmi le vulgaire des rois, les uns se reposent entièrement sur le nombre et la valeur de leurs soldats, sur l'impétuosité de leurs coursiers; les autres fondent leur espérance sur des trésors dont ils ne connaissent pas la fragilité : mais tu possèdes, au-dessus des choses, des biens dont l'éclat est moins périssable. Tu es le premier des rois, si l'on considère tes victoires, et le premier des hommes, si l'on compte tes vertus.

CANZONE.

TRIBUT ENVOYÉ A Mr CESAROTTI
POUR L'ACADÉMIE DE PADOUE.

    Chi spiasse, Canzone
Quel ch'i fo ; tu poi dir ; sotto un gran sasso ;
Ni una chiusa valle, ond'esce sorga,
    Si sta ; nè, chi lo scorga,
V'è se no amor, che mai n'ol l'ascia un passo,
E l'imagine d'una, che lo strugge ;
Che per se fugge tutt'altre personne.

                 Pet. Canz. 18.

    Perche non m'è permesso
    Amene, appriche valli,
    O limpidi cristalli,
    Goder vostro recesso !
    Autri profondi et cupi,
    Voi minacciose rupi,

Ombrose quercie alpine,
Fra voi riposo alfine
Trovi il mio stanco cor

Qui' dachè naschè il sole
Fin che si vada al ultimo oriente
Riposo avrà la tempertosa mente
Canterà la mia penna
In mezzo vostri maestosi horrori,
Non d' Ulisse gli errori,
Non ni furor dei cavalier, d'Ardenna
Mai miei miseri amori
Perseguitati dal furor del fato,
Présente febo, et con amore a lato.

Secolo ruginolo, ove ogni vile
Desio trionfa, ove virtute e spenta;
In vano amore ostenta,
Per vincer la beltà, l'alme sue prove,
In vano ama quel cor chè non ha Giove
Amico si ch' al primo sua saluto
Non fa veder quanta possanza ha Pluto.

Costanza et volta in riso,
E sè la guardo in viso,
Quella per qui sospiro,
Comptange il mio martiro,
E poi gli leggo in fronte
Della mia sorte l'onte,
Ambo diciamo poi
Sias cun fra i labri suoi

Perchè in piu ricca cuna
Nascer non fè fortuna,
{ El misero chè t'ama :
{ El misero chè m'ama!
E mentre si delira,
Infra l'amore e l'ira,
Ognun perde e sospira
La sua félicità.

Ama pèro quel cor che non a pari
   Ed il mio ; par' ch' impari
Fra le sventure sue maggior costanza.
   Se sceme la speranze
La fiera sorte, se minaccia è sdegna,
L'un piu de l'altro a serbur fede impegna,
   Dunque rovesci il fato
Le furie sue, tutte le sue tempeste,
Sulle nostre innocent' e fède teste !
Il vero amor' di nullo si spaventa
   E quanto piu si tenta
Estinguer il suo fuoco, ei piu risorge.

   Vienni adorata Clori,
Vienni ad' ornar coll' angelico viso
E far di quest' orrori un paradiso.
   Qui non avreni custodi nostri
   Ma sarem' senza i mostri
   Persecutori della nostra pace ;
   Potrem quando a noi piace,
Posar sull' erbe, et conglier frutti o fiori ;
   Potrem parlar d'amori

Al fiume, al fonte, all'echo che risponde
E sulle voghe sponde
Contemplar tutto il bel della natura,
E render grazie, a chi ne prende cura.

Qui Clori mia, se di comporti il crine
S'intrecciar colle rose e la viole
Voi l'or delle tue treccie crespe e bionde,
Se colle verdi fronde
Di laura o myrto la mia testa ornare,
Specchio saran quegli occhi tuoi lucenti;
Ai tuoi soavi accenti
Se parli, o canti, eco sara compagna,
E il rosignuol che incanta la campagna.
Qui vienni, ô Clori mia:
E la mia gloria sia
Viver per te, con te, sine a quel punto
Ch'alla terra ond'io veni sia congionto!

LETTRE de Mr. Melchior CESAROTTI, Secrétaire perpétuel de l'acad. de Padoue, à l'auteur des Soirées provençales.

Pad.a 10 Genn.° 1787.

Mio Sig.re Pregiat.mo

Compisco con estrema compiacenza la la commissionni della mia Società ringratiandovi dell'onore che voi ci fate coll'indicarci il vostro desiderio d'esser aggregato al nostro corpo. Il vostro merito vi da dritto d'ister non dirò accolto, ma ricercato da tutte le società litterarie. Le vostre *Sere provensali* ne rendono un testimonio sensibile. Noi ci trovammo ciò di che vi pregeate a ragione dico l'amor di buoni costumi e della natura. Ma ci ammirammo in oltra molti altri pregi che la vostra modestia non vi permise di ravvisarci vaglio dire un talento decise per la bella litteratura, un gusto squisito, un' erudizione sensata ed utile, un' aggiutatossa filosofica, sensa intemperanza, et sensa audacia, un' effusione di cuore interessante, un'amenità e desiuvotura di stile toccante e piacevole, et sopra tutto quella preziosa *naïveté* che gl' Italiani possono ammirare ma non esprimere, *naïveté* che rende amabili gli autori encor più delle loro opere; e di cui fate così giustamente l'elogio sensa accogervi che lo fate a voi stesso. Per queste ragioni, o signore, voi dovete esser certissimo che noi ci faremmo un pregio di veder il vostro nome nel ruolo dei nostri fasti accademici. Ricevete le sincere proteste della nostra stime, e riconoscensa, disposte a darvene nell anno un attestato sensibile agli occhi del publico. Quanto a che in particulare, mi compiaccio al summo d'aver la sorte di parteciparvi quei sentimenti che communi a tutto il corpo penetrano in un modo ancor più vivo e distinto chi gode di protestarsi,

 Mio signore,
  Vostro affet.mo e div.mo serv.e
   M. Cesarotti,
  Segr. perp. per L. B. Lett.

DU TERRITOIRE D'ARLES.

DESCRIPTION d'un Canton inhabité dans le midi de la France.

J'ai parcouru naguères un canton de la France méridionale, qui ressemble beaucoup à ce que les voyageurs nous rapportent de la Guiane, et qui pourrait offrir des tableaux aussi intéressans de la nature sauvage à ceux qui n'ont pas loisir ou le goût d'aller la chercher aussi loin. C'est le petit pays appelé *Grau-d'Orgon*, formant une île de dix à douze lieues de circuit, entre un des bras du Rhône, le canal d'Aigues-Mortes et la mer. Il est absolument désert, sans aucune habitation, si l'on en excepte les fameuses salines de *Peccais*. Tout le reste est couvert de lacs, d'herbes salées, de bois de pins, et peuplé de serpens, d'oiseaux de marine et de bœufs sauvages. Ce pays, où la main de l'homme n'a pas touché¹, est donc entièrement abandonné aux animaux, et principalement à ceux qui se plaisent dans les terres basses et humides, qui forment, comme l'on sait, les classes les plus nombreuses. Le naturaliste y pourrait faire une abondante récolte d'observations, d'autant mieux que l'exposition favorable de ce pays y attire des espèces qu'on ne trouve point à cette latitude, tels que le phénicoptère qu'on y rencontre fréquemment sur le bord des lacs : c'est l'ermite de ces contrées.

Une immense forêt de pins, qui s'étend du nord au midi, jusqu'au pied de la mer, dans une ligne de plusieurs lieues, est comme la métropole de tout ce canton : elle est habitée par un peuple immense. Des milliers d'oiseaux de proie en occupent la cîme, et de monstrueux serpens rampent sur sa base. Les blaireaux, les renards et les lièvres y bondissent continuellement ; les uns poursuivant, les autres poursuivis. Quand toute cette forêt s'éveille au lever du soleil, et que chacun de ses habitans salue l'astre du jour à sa manière, tout cela, joint au murmure de la mer, forme un concert dont il serait difficile d'exprimer l'horreur.

Des troupeaux de quatre à cinq cents vaches aussi noires que l'ébène, se retirent dans cette forêt pour y passer les heures les plus chaudes du jour, qui ont lieu dans ce pays depuis le lever du soleil jusqu'à neuf heures du matin ; elles en sortent alors pour aller respirer l'air frais de la mer qui se lève à cette heure ; immobiles, placées les unes à côté des autres et présentant un front immense, on dirait une armée rangée en bataille. Un pâtre à cheval les garde de loin pour empêcher qu'elles ne passent le canal ou le fleuve à la nage. Quand je vis la première fois cet homme monté sur un cheval camargue blanc (ils le sont tous) voler sur les rivages de la mer, une fourche de fer à la main, il me présenta la parfaite image de Neptune armé de son trident.

De cette forêt ou de cette métropole, s'élève, comme d'un repaire, tout ce qui désole cette contrée. C'est là où les éperviers attendent les légions des canards sauvages qui vont de la mer vers les lacs. Ils les abattent d'un coup de leur aîle, puis ils descendent à terre et se rassasient à loisir de carnage.

C'est aussi derrière cette forêt, dont le cours est parallèle à celui du Rhône, que se retire souvent un vaisseau anglais d'où il signale les barques qui descendent le fleuve ; il déploie, comme l'épervier, ses aîles de pirate, et triomphe dans ce combat inégal.

Il règne constamment sur ces rivages, pendant une grande partie de l'année, un phénomène unique peut-être en Europe, et qui n'appartient qu'aux pays chauds de l'Afrique et de l'Asie. Je m'étais mis en route pour aller visiter les salins de Peccais, lorsqu'après une heure de marche, le long de la mer, je me vis tout-à-coup environné d'eau sans appercevoir aucun chemin que je pusse suivre; c'était comme une inondation subite ; et ce qui donnait un air de vérité à ce tableau, c'est que les arbres, à l'horizon, paraissaient à moitié plongés dans ces eaux ; cependant elles semblaient s'éloigner à mesure que j'approchais, et ayant tourné la tête, je les vis derrière moi dans des lieux où j'étais passé à pied sec. Je reconnus alors ce phénomène connu sous le nom de *mirage*, et dont M. Monge a donné une savante description. Je remarquai qu'il avait lieu principalement dans les endroits où le sel effleurissait à la surface de la terre; c'était l'étamage de la glace formée par la masse de vapeurs condensées et stagnantes où se refléchissait le soleil.

Il existe encore sur ces rivages, quoiqu'en petit, un autre accident des pays chauds : ce sont des collines de sable, qui poussées par le vent, changent incessamment de place, se formant toujours d'un noyau, comme un buisson ou tel autre arbuste. Il y a apparence que l'art pourrait tirer parti de cette observation, et qu'on parviendrait à guider le sable aussi aisément que l'eau en fichant des pieux à terre à volonté.

On connaissait depuis long-temps, dans ce pays, le flux et reflux de la méditerrannée, lorsqu'il n'était question que de celui de l'Euripe; et tandis que les savans agitaient le pour et le contre dans les académies, les pêcheurs d'Aigues-mortes attendaient avec sécurité le lever de la lune qui faisait passer dans leur canal l'eau qui leur manquait pour naviguer. Ce mouvement est très-sensible dans le Rhône. Il est à remarquer que les eaux de ce fleuve, plus basses en été que celles de la mer, sont salées à cette époque jusqu'à deux lieues de son embouchure, nouveau surcroît de malheur pour ce pays qui ne possède pas une seule goutte d'eau-douce.

Cependant, comme chaque contrée a un bien qui lui est propre, celle-ci est le pays natal des asperges qui y sont en grande abondance, et d'un goût délicieux quoiqu'un peu amer; j'ai fait un excellent repas avec ce légume, auquel j'ai joint un autre mets de ces contrées, savoir : des œufs frais de vanneau, que les amateurs payent, dit-on, jusqu'à un louis la douzaine.

Dès le mois de juin, des nuées de moucherons et tous les insectes des marais, viennent inonder ce pays qu'ils achèvent de rendre inhabitable. Ils harcèlent les habitans de la Camargue et des lieux voisins ; ils les piquent, ils bourdonnent à leurs oreilles ; ils leur crient : voici les fièvres malignes, voici les fièvres quartes ; mais c'est envain, l'habitant de la Camargue allume sa pipe et brûle de la bouse de vache, pour éloigner les moucherons ; et celui de *Nîmes* s'enveloppe d'une *cousinière*. Toutefois il est probable que ces animaux servent à corriger le mauvais air des lieux où ils paraissent : il est sûr au moins, qu'ils l'annoncent toujours, car on ne les voit point dans les pays salubres ; et les serpens n'ont pu vivre ni dans l'Isle de France, ni dans celle de Bourbon, qui passent pour être les lieux les plus sains du globe.

Au reste, ce pays possède un préservatif contre ses maux, et cela devait être d'après le mécanisme de la nature, ou, pour remonter plus haut *d'après la bonté de la providence*. Ce préservatif est le tamarin qui y croît à chaque pas, et qui possède dans ses feuilles un sel (ou sulfate de soude) assez stimulant pour exciter la machine, et s'opposer aux congestions qui sont la cause ordinaire des fièvres intermittentes. J'en ramassais continuellement dans nos promenades et j'aurais passé ainsi dans la plus grande sécurité, les mois les plus fiévreux.

En parcourant cette contrée et les contrées environnantes, et considérant par-tout l'extrême beauté des femmes, comparable à ce que l'imagination des Grecs nous a laissé de plus exquis dans ce genre, je me demandais ce qui pouvait produire de si belles formes dans des lieux si réprouvés. Il paraît que si l'on pouvait tracer une échelle pour la santé et la beauté, relativement à la température de la terre, la première devrait se trouver entre *l'oxigène et l'azote*, entre la pulmonie et les fièvres intermittentes.

L'agrément de la physionomie se rapproche de l'oxigène, et la beauté des formes penche vers le gaz méphitique. En effet, c'est une observation digne de remarque, que les belles femmes se trouvent dans tous les lieux chauds et humides du globe, sur les bords de la mer noire, aux marais d'Arles, à Valence près de *l'amœnum stagnum*; mais il faut de rigueur un grand courant d'air, tel que celui qui est établi par un fleuve rapide comme le Rhône, ou par la mer, afin de chasser l'excédant du gaz inflammable, sans quoi l'on n'a plus que des figures pâles et bouffies, plutôt rejetées des ateliers de la nature qu'elles n'ornent ses péristiles. Cette constitution de l'air n'est pas aussi favorable aux hommes qui dégénèrent dans ce pays, et n'y naissent pas en aussi grand nombre que les femmes ; c'est sans doute une des causes du peu de respect qu'on y a pour le mariage et de la licence des mœurs.

J. A. GLEIZES.

NOTE PREMIÈRE.

La Camargue est le delta du Rhône et de la Provence. Les débris argileux des Alpes et des Vosges ont entassé là des terres, et formé des alluvions d'une extrême fertilité. Le faubourg de Tinquetaille qu'on trouve à la tête de la Camargue, communiquait par un superbe pont de bâteaux à la ville d'Arles, mais le Rhône a détruit ce pont en 1791.

La Camargue est en partie défrichée, partie inculte, partie inondée. La partie *défrichée* est couverte de *mas* (fermes) qui donnent de beau et bon blé, et en abondance. La partie *inculte* nourrit, comme *la crau*, de grands troupeaux *transhumans* (de bêtes à laine voyageuses). La partie *inondée* donne du sel excellent, de la soude (kali) la meilleure après celle d'Alicante ; mais le Rhône et la mer, ensemble et tour à tour, y désolent l'agriculture. On y trouve de nombreux étangs et très-poissonneux.

Cette île présente une herborisation assez riche. Indépendamment du tamarisc, du lentisque et du therebinthe qui sont connus sur toute la côte, l'on y voit le styrax officinalis, l'anagyris fœtida et plusieurs autres plantes rares que Mr. Artaut d'Arles et Mr. Casimir Roustan de Marseille, y ont découvertes. Aucun pays, peut-être, sur une surface aussi resserrée, n'est peuplé d'un aussi grand nombre de moutons, de bœufs, de chevaux, d'ânes et de mulets. La race des bêtes à laine avait grand besoin d'être améliorée. Le troupeau national de mérinos, que le gouvernement y a établi depuis quelques années, a déjà produit de très-heureux effets.

Les bœufs et les taureaux de la Camargue sont renommés par leur férocité. Ces animaux, paissant en liberté et en troupeaux nombreux, sous la conduite d'un seul gardien, contractent des habitudes presque sauvages qui les rendent difficiles à soumettre au joug; mais l'adresse et l'agilité des habitans de la Camargue parvient, en peu de temps, à les dompter. On les voit souvent s'exercer à lutter corps à corps contre un taureau furieux, et des femmes, qui ne sont dépourvues ni de grâces ni de beauté, se livrent elles-mêmes à cet exercice périlleux. Quelquefois tous les habitans d'un canton se réunissent en grand appareil, pour assister à ces luttes, et pour faire châtrer et marquer, avec un fer chaud, les jeunes taureaux qui n'ont point encore subi ces opérations. Ces réunions appelées *ferrades*, sont des fêtes villageoises, semblables aux *roumavagis* ou aux *trins* du reste de la province, et aux *kermesses* de la Flandre; mais elles ont un caractère particulier, un but d'utilité et une apparence guerrière et sauvage, qui les distingue.

On voit aussi dans la Camargue des chevaux en troupeaux de 50 à 100. Ils sont petits, lestes, vifs, robustes, mais très-ombrageux, ce qui les rend peu propres au commerce. On en emploie quelques-uns à la charrue ; ils servent en troupeaux au battage des blés. Aussi cette opération est bientôt faite dans les terres d'Arles et dans les fermes environnantes, où on les appelle. Ces troupeaux de chevaux sont connus sous le nom de *menade de rosses*. Il est certain pourtant qu'ils ne sont rosses qu'à la charrue ; mais ils ne le sont pas à la selle.

La Camargue, comme la Crau, offre de grandes ressources à l'agriculture par les défrichemens ; mais là, comme en *Crau*, il faudrait des bras ; et c'est précisément ce qui manque à la commune d'Arles, et à beaucoup d'autres. — Voyez la Statistique du Rhône, par Michel d'Eyguières.

NOTE SECONDE

sur le Territoire d'Arles.

L'exportation annuelle du territoire d'Arles, de la Crau et de la Camargue, est de cinquante mille quintaux de bled, de 200 mille quintaux de foin, de huit mille quintaux de laine, de quinze cents quintaux de soude, de vingt-cinq à trente quintaux de soie et de cent mille quintaux de sel.

La laine alimente les manufactures du Languedoc. L'*agnelin* (laine d'agneau) est employé dans les chapeleries de Nîmes et de Lyon.

Dix mille agneaux de lait sont égorgés à Marseille et à Aix.

Dix mille agneaux d'un an recrutent les troupeaux

du Gard et du Vivarais, de Vaucluse et de la Drôme.

La soie est ouvrée à Nîmes et à Ganges, et sur-tout dans Avignon où depuis 1806 jusques en 1808 1.er octobre, on peut compter plus de deux mille cinq cents métiers émigrés presque tous de Lyon, pour fabriquer les *florence*, les tulle et les bas.

La soude va aux savoneries de Marseille et aux verreries de Givors et de Rive-de-Gier.

Enfin le sel est enlevé par les habitans du département et par les trains du Rhône qui le remontent jusqu'en Suisse. — Voyez l'ouvrage précité de M. Michel et les Statistiques de Peuchet.

Il existe, à raison de la production du sel à Arles, un abus que je ne veux pas passer sous silence, et parce qu'il viole le droit de propriété, et parce qu'il est l'une des causes des maladies qui minent la population de cette ville.

Chaque année, vers la fin de Juillet, des habitans d'Arles et des environs, au nombre de trois à quatre mille, hommes, femmes, enfans, quittent la ville et s'en vont aux salines, c'est-à-dire, aux marais salans qui sont éloignés de dix à douze lieues de la ville. Ils campent dans cet endroit, l'espace d'environ deux mois, pour recueillir le sel *pour leur compte*, tandis que ces marais salans appartiennent à des particuliers.

Ce genre de vie dans des marais, les fortes chaleurs du jour, la chaleur humide des nuits, le genre de travail qui les tient une partie du jour dans l'eau, infecte cette colonie qui vient ensuite empester la ville des fièvres qu'elle a prises dans cette émigration de larrons.

On doit peut-être attribuer la cause des fièvres à Arles, autant à cette circonstance qu'aux marais qui sont à l'est de la ville, et qui occupent l'ancien lit du Rhône.

M. Calvet, très-célèbre médecin d'Avignon, prétend qu'on pourrait neutraliser les miasmes par de fortes et abondantes fumigations de *sel marin* et d'acide sulphurique, afin de remplir l'air des maisons, et même les rues de *gaz acide* muriatique. Mais il faut, avant tout, dessécher les marais pestilentiels, donner de l'écoulement aux canaux, en les nétoyant plus fréquemment, et sur-tout empêcher les *émigrans* d'aller insolemment dérober ce qui ne compense pas ce qu'ils gagneraient à moissonner. Ajoutons que cette caravane indisciplinée vole sur son chemin tout ce qui lui convient, et cause les plus grands dégâts. Les rixes qui ne manquent pas de s'élever pour le partage, causent souvent des meurtres, et finissent par le pillage. En voilà assez, dit Mr. Michel, pour que l'administration prenne des mesures sévères pour faire cesser cet intolérable abus.

UN MOT EN PASSANT

sur l'ancien Languedoc.

Le Languedoc, considéré comme pays d'État, est divisé en trois grandes sénéchaussées, qui forment par leur union la grande municipalité, la municipalité provinciale. Ces trois sénéchaussées renferment vingt-quatre municipalités diocésaines, qui sont divisées en autant de municipalités locales qu'il y a dans leur arrondissement de districts particuliers, formant chacun une communauté, un corps municipal.

La municipalité provinciale a trois syndics généraux, et chaque diocèse a son syndic particulier. Ceux-ci correspondent, pendant l'année, avec le syndic général attaché à la sénéchaussée dans laquelle leur diocèse est placé ; et les administrateurs des communautés, ainsi que les moindres particuliers, peuvent, à leur choix et suivant les circonstances, adresser leurs consultations ou leurs plaintes au syndic particulier du diocèse, ou au syndic général du département. Il est aisé de sentir les avantages qui doivent résulter de cette correspondance continuelle qui entretient la confiance, répand l'instruction, maintient la règle, découvre les abus, et déconcerte les entreprises. C'est au moyen de cette correspondance que l'administration générale se trouve chaque année en état de perfectionner les réglemens intérieurs, de garantir les privilèges du pays de toute atteinte, d'assurer le repos des citoyens, d'ouvrir l'accès du trône à la faiblesse opprimée, et d'obtenir au malheureux des secours et des consolations.

Le Languedoc est une grande famille unie par la participation solidaire des mêmes charges et des mêmes avantages, et qui a, par conséquent, le plus grand intérêt à la prospérité de chacun de ses membres. Cette solidité établie par sa constitution et par la forme de sa contribution aux besoins de l'Etat, forme de tous les intérêts particuliers un intérêt général, et rend les calamités particulières l'objet de la sollicitude commune ;

c'est de là que dérive le droit dont jouissent les États et les syndics généraux en leur nom, de surveiller la régie des diocèses et des communautés, de prendre leur fait et cause toutes les fois qu'ils le jugent nécessaire, et d'intervenir même dans les procès des particuliers lorsque les privilèges du pays sont attaqués en leur personne, ou que l'intérêt des communautés, des diocèses ou de la province l'exige. C'est à raison de cette solidité que les communautés et les diocèses qui seraient hors d'état de supporter les dépenses jugées nécessaires pour la facilité des communications, pour la conservation du terroir, pour la salubrité de l'air, sont assurés de trouver dans l'administration générale des ressources toujours présentes, toujours proportionnées à leurs besoins.

La prospérité de l'agriculture et du commerce de Languedoc est un des fruits de son administration. Les procès-verbaux des assemblées des Etats déposent de la constance de leurs soins et de leur vigilance surtout ce qui peut intéresser l'une et l'autre; et si des communications multipliées ouvrent aux productions de débouchés sûrs et faciles ; si les ouvrages de toute espèce, favorisant le cours des eaux, mettent les campagnes voisines à l'abri de leurs ravages ; si des inventions utiles, enrichissent et animent l'industrie ; si le commerce et les manufactures secouent peu à peu le joug du préjugé, et se dégagent des entraves d'une police mal entendue, c'est à son administration que le Languedoc en est redevable ; c'est à la persévérance de ses travaux, à l'unité de ses vues, au concours de ses lumières, à la patience de ses efforts, à la continuité de ses observations, à son attention aux leçons de l'expérience.

P. S. Ce tableau semble tiré de la république de Platon, du Télémaque ou des Livres trop peu connus du bon abbé de St.-Pierre.

Les constitutions libres dans les provinces d'une monarchie absolue comme la nôtre, sont les monumens qui attestent avec le plus de gloire la modération et les vertus de nos rois, ou les formes primitives de nos premières constitutions.

Ce qu'il y a d'étonnant dans ces *constitutions* balancées, de nos anciens pays d'État, c'est qu'elles subsistaient avant la révolution, telles à peu-près qu'elles furent instituées par César et par Auguste.

Il est bon de conserver le précis de ces loix économiques et municipales qui ont fait pendant tant de siècles le bonheur de l'Occitanie et de la Provence, comme on conserve dans les cabinets des curieux le plan des villes qu'ont bouleversé ou anéanti les éruptions des volcans.

NOTICE

SUR L'ANCIENNE VILLE DE *TAUROENTUM*,
ou
HISTOIRE DE LA VILLE DE LA CIOTAT,

Par M. MARIN, censeur royal.

(V. Merc. de Fr. 178....)

CET excellent mémoire prouve que la retraite de M. Marin à la Ciotat, n'est pas inutile aux lettres. L'académie de Marseille l'ayant chargé de lui procurer quelques éclaircissemens sur l'ancienne ville de Tauroentum, il écrivit le mémoire qu'il communique aujourd'hui au public, et qui annonce des recherches, des soins, et même des travaux dispendieux. Par ce mémoire, qui n'est pas susceptible d'extrait, il paraît prouvé que la ville de Tauroentum était une colonie des Phocéens, du moins aussi ancienne que Marseille, et qui n'a pas subsisté au-delà du commencement du troisième siècle de l'ère chrétienne, sous Alexandre Sévère. L'auteur, d'après l'inspection de ses débris, ne croit pas qu'elle ait été détruite par la main des hommes; et il pense que sa destruction doit être attribuée à un bouleversement causé par quelques secousses violentes, soit par l'action des vagues de la mer, qui la battent continuellement en ruines, soit par quelques tremblemens de terre.

L'histoire de la Ciotat, est un hommage que l'auteur rend à sa patrie. Le premier titre où il soit parlé de cette ville, ne remonte pas plus haut que l'an 1365. Dans le seizième siècle, la Ciotat qui avait eu à peine cent maisons, devint tout-à-coup une ville florissante; accroissement qu'elle ne dût qu'à l'accroissement de son commerce.

Cette ville se sauva de la peste qui affligea Marseille en 1720; et c'est en partie à la sagesse et au courage des femmes, qu'elle fut redevable de ce bonheur. L'entrée de la ville était fermée aux étrangers; « mais, dit l'auteur, les troupes qui formaient la garnison de Marseille vinrent s'y mettre en sûreté. Il était impossible aux officiers municipaux de leur en fermer les portes; les femmes firent ce qu'ils ne pouvaient faire. Les unes, armées de pierres, montèrent sur les murailles; les autres, chargées de leurs enfans, formèrent une barrière en dedans et en dehors des murs. Les premières menaçaient les consuls de les assommer, s'ils admettaient les étrangers, les autres opposaient le fruit de leur tendresse aux armes des soldats. Dans ce désordre, on ne savait quel parti prendre; on se vit forcé de capituler. Une d'elles, dont le nom aurait dû se conserver, proposa une condition qui fut acceptée; elle exigea au nom de toutes, que ces troupes fissent une quarantaine aux capucins, situés hors la ville et dans les bastides voisines, et qu'on les admît, s'il était prouvé qu'elles n'étaient point attaquées de la peste. »

Il paraît que l'hôpital de la Ciotat est un des mieux construits et des plus salubres qui existent. L'auteur le préfère à celui de St.-Louis de Paris, et il en donne une description qui nous paraît justifier ses éloges. Il exhorte seulement les administrateurs à faire supprimer le cimetière qui est placé à la porte. « Quel spectacle, s'écrie-t-il, pour un homme brûlé d'une fièvre ardente ou couvert de blessures de ne pouvoir entrer dans l'hôpital, où il vient chercher des secours, sans être frappé de l'aspect effrayant de la terre qui doit l'engloutir et des ossemens qui la couvrent! De son lit de douleur il mesure le court espace qui le sépare de son tombeau ; et cette idée funeste aigrit les maux dont il est accablé. »

Il est à remarquer que l'église de la Ciotat a été bâtie par un juif, dont le nom se trouve encore sur un des piliers: *Samuel Leclerc*. Si cette ville est déchue de son ancienne splendeur, l'auteur de cette histoire ne l'attribue qu'à la jalousie de Marseille, qui l'a gênée dans son commerce, et qui l'a toujours traitée avec un despotisme ruineux. Il exhorte ses concitoyens à réclamer contre des injustices, que le laps du temps n'a pu rendre légitimes ; et si la littérature doit à M. Marin des éloges pour cet ouvrage, sa patrie lui doit de la reconnaissance. Le sentiment qui l'animait en écrivant, a pu seul jeter quelqu'intérêt dans une histoire trop peu importante pour intéresser par elle-même.

Le mémoire sur le port de Marseille, traite des causes qui peuvent en diminuer la profondeur, et des moyens d'en prévenir les effets et d'y remédier. C'est le sujet que l'académie de Marseille a proposé pour le prix qu'elle doit distribuer après Pâques. La question nous a paru traitée dans ce mémoire. Nous ne prononcerons point sur les moyens qui y sont proposés ; nous attendrons le jugement de l'académie, qui, d'ailleurs étant sur les lieux, est plus à portée d'en apprécier les inconvéniens et les avantages.

SUR LA VILLE
et le Port de Cette.

La ville de Cette est au pied d'une montagne où l'on voit éparses quelques campagnes et quelques vignes, objets d'agrément plutôt que de production ; le reste de son terroir n'est guère formé que du sable de mer, et l'art de l'agriculteur voudrait en vain le féconder. Il n'est permis qu'à l'industrie d'y fructifier et d'y établir son domaine.

Sa population est d'environ 9000 âmes. Son commerce, qui est principalement en commission, a considérablement augmenté depuis 30 ans, et il est susceptible de s'étendre beaucoup si le gouvernement peut se livrer, et se livre, un jour, aux améliorations indispensables à son port.

Après la paix d'Amiens, on a vu partir de Cette, six navires chargés de divers articles pour les colonies françaises ; opérations nouvelles pour une ville où le négociant ne se livre guère à la spéculation.

Cette est, pour ainsi dire, l'entrepôt général des productions de ce qui compose la ci-devant province du Languedoc ; c'est par son port que s'expédient les vins, eaux-de-vie, huile d'olive, amandes, olives, verd-de-gris, capres, tartres, graines diverses, garances, draps, bas-de-soie de Ganges et de Nîmes, soieries de Nîmes, d'Avignon et de Lyon, et divers autres objets de fabrique et manufactures pour l'Italie, l'Espagne, la Hollande, la Prusse le Danemarck, la Suède, la Russie, la Saxe, le Hanovre, l'Angleterre, les États-Unis d'Amérique, les Colonies françaises, la France, etc. C'est par son port aussi que la majeure partie des départemens méridionaux sont approvisionnés en denrées coloniales, en tabacs, en poissons salés, en cotons, en laines et en productions du nord, comme fers de toutes qualités, cercles de fer, planches, bois de sapin, douelles de chêne, brais, goudrons, chanvres, etc.

Le port de Cette, à l'embouchure du canal des deux mers, présente les moyens les plus faciles pour l'accroissement de l'industrie et du commerce de ses habitans, sur-tout pour l'expédition et les retraits des marchandises du Levant. Pour remplir ce but, et pour que Cette pût atteindre cet état de prospérité auquel sa position avantageuse lui donne droit de prétendre, il faudrait que le gouvernement se déterminât,

1.º A faire continuer le canal des étangs, le long de la plage jusqu'à la jonction du canal des deux mers.

2.º à former l'établissement d'un lazaret pour la quarantaine des bâtimens venant du Levant et des côtes de Barbarie.

Par le premier objet, la navigation intérieure ne serait jamais ni interrompue ni exposée aux accidens assez fréquents en hiver, lorsqu'il faut traverser les étangs de Thau et de Mauguio; ainsi les voitures de terre, les barques, bâteaux, ou alleges pourraient se rendre, à jour fixe, d'un endroit à un autre; ainsi le bateau de poste qui part de Toulouse et s'arrête à Agde, pourrait pousser jusqu'à Beaucaire : le voyageur y trouverait un plus grand avantage, et cette foire de Beaucaire si célèbre n'en deviendrait que plus florissante.

Il reste bien peu de chose à faire pour exécuter ce grand et beau projet. Quand au second, il a eu, dans le temps, l'assentiment des villes de Nîmes, Sommières, Montpellier, Lodève, St.-Pons, St.-Chinian, Carcassonne, Toulouse, et autres enclavées dans la ci-devant province de Languedoc, et deux députés de Cette furent envoyés auprès du comité du salut public *pour solliciter*, mais ce comité, occupé alors des dangers qui menaçaient la patrie et les patriotes, ne put donner son attention au plan qui lui fut soumis.

La ville de Cette a long-temps sollicité sous l'ancien gouvernement l'établissement d'un lazaret. Sa demande fondée sur les plus puissans motifs d'humanité, aurait dû être accueillie avec intérêt, ou du moins, être discutée impartialement ; mais elle n'a éprouvé que les dédains de la prévention et le mépris arrogant de la faveur et de la routine.

Cette réclamera sans cesse contre cet outrage fait aux principes. Elle a des droits certains à la justice du gouvernement et à la sage distribution de ses bienfaits.

Comme la ville et la montagne de Cette ne tiennent à la terre ferme que par une plage fort étroite qu'il est très-facile de rompre du côté de l'*ouest*, et qui est déjà rompue du côté de l'*est*, son territoire forme une presqu'île entourée des eaux de la mer et de l'étang de *Thau*; de manière que sur la moindre apparence de danger ou symptômes de peste, toute communication avec l'intérieur des terres, pourrait être interceptée à l'instant et avec la plus grande facilité, lors même que la contagion échapperait à la vigilance des administrateurs du lazaret (ce qui n'est pas présumable) et qu'elle se communiquerait à la ville : on pourrait même la dissiper en peu de temps, en reléguant sur la montagne tout ce qui serait soupçonné d'en être atteint.

Toute la partie du terrain qui borde la mer au *sud* de la montagne (où devrait être placé le lazaret), sur le même emplacement où se voient les débris de l'ancien, construit en 1720, lors de la peste, qui eut lieu à Marseille, est séparée par le relief de la montagne de la Crouppe à l'*est*; on ne peut se dispenser de convenir que la nature a ménagé cette disposition pour l'établisssement dont il est ici question. La vaste étendue de ce terrain ne laisse aucun doute qu'on ne puisse former dans ce beau local, les enclos, distributions et commodités pour la perfection du lazaret.

Une anse appelée *port Lanau* et qui a un fond constant de 15 à 20 pieds d'eau d'après des sondes comparées et faites à des époques éloignées, dominée par un fort qui la commande, offrirait, avec le secours de l'art, un asile assuré aux navires en quarantaine et à ceux qui, destinés pour Cette, pourraient manquer dans les gros temps, l'embouchure du port et se trouver en danger. Il servirait également aux navires qui n'auraient pu atteindre les ports de la ci-devant Provence et qui, ayant une grande étendue de mer à parcourir, trouveraient un abri sûr qui les mettrait hors de péril. Enfin, cette rade serait l'auxiliaire de tous les ports de la Méditerranée et deviendrait un asile sûr pour tous les navigateurs.

Il y a à Cette des salines qui produisent le plus beau et le meilleur sel de la France.

C'est par ses canaux que les marchandises sont conduites à Bordeaux en descendant la Garonne à Toulouse, ou à Lyon, Châlons-sur-Saône et Paris, en remontant le Rhône et la Saône et prenant le canal de Briare.

RETOUR DES PYRÉNÉES
par le Béarn.

Mémorial revu et corrigé en 1817, pour être offert en tribut à la Société d'Agriculture et d'Émulation de Bourg.

J'avais quitté Baréges par le beau chemin unique alors, mais qu'égale, depuis une journée fameuse, celui qui va tournant le Simplon : j'avais suivi le cours du Gave et admiré la hauteur et la beauté des fayards séculaires, des chênes de la vallée de Campan et les marbres de ses carrières, et ces collines couvertes de dictame, d'isatis et de toutes sortes de vulnéraires ; j'avais cru reconnaître les pas et les fureurs de Rolland en voyant son *Palet*. Nous nous arrêtâmes quelque temps à Bagnères, dont les médecins ne manquèrent pas de nous vanter les eaux aux dépens de celles de Baréges, si souveraines cependant pour ceux que *Mars seul* a blessés. C'est là qu'il n'y a plus de Pyrénées, et que se réunissent et fraternisent les malades des deux royaumes.... *C'est ici*, comme dit Montagne, *que chacun va se pipant de ce qu'il désire sur la foi de ceux qui vont batelant à nos dépens*.... Que ce vallon est beau! quelle fraîcheur y répand l'Adour!... Comme ces bergères *au rouge capulet* sont sveltes et jolies! Que de ruisseaux, que de sources! que de vertus on leur attribue! Ah! quelle malice aux malades de ne pas guérir tous à la *Fontaine de Salut*. — Allons voir l'*Espalungue*, (Spelunca) grotte merveilleuse, ornée et soutenue par de brillantes colonnes; le peuple y voit nettement le cheval de Rolland et les armes de ce héros;... moi j'y vois des stalactiques et les effets magiques des cristalisations et de leurs reflets.

Quels sons me frappent dans ces vallons d'Aspe et d'Ossun? Ces harpes rustiques à deux cordes, ces tambourins monotones célèbrent les morts...; on les apostrophe, on les regrette en vers rimés..., on leur donne des commissions....S'ils sont adultes, on les pleure, s'ils sont enfans, on les invoque comme saints.... Comment cette vieille coutume s'est-elle conservée là, et dans les îles de l'Archipel, comme dans celles de la mer Pacifique?

Retournons; je veux revoir le château pittoresque où Hamilton écrivit tant d'aimables folies... et l'hermitage de Torné, et ces bains de la mère de Henri IV; je veux manger, tout en buvant l'eau de salut, ces bisques, ces ortolans, ces truites, ces cuisses d'oie qui valent un peu mieux que les ragoûts arabes connus sous le nom de médecine.

Quel spectacle piquant! Ici, des duchesses avec leur luxe, leurs airs, leurs laquais à livrée et leurs amans en costumes anglais; là, de tristes ladis, avec leurs blondes familles et leurs joquets écourtés; plus loin, des grandesses espagnoles, se promenant en longues robes noires et en grands paniers, avec leur médecin, leur aumônier et quelques figaros, guittare en bandoulière: parmi tout cela des nuées de femmes du peuple, toutes armées de quenouilles et filant, en débitant à bon prix leurs simples, leurs écrevisses, leurs fraises et leurs bouquets de violettes.

Le soir, des cercles brillans, des jeux brûlés, des proverbes au gros sel, des conversations à mi-voix ; point ou peu de soupers : les journaux de la capitale sont dévorés. On projette déjà les *arrangemens* de l'hiver. On doit demain revoir, pour la dernière fois, et *Campan* garnie de chalets, coupée de bocages, remplie de troupeaux mugissans, et *Lavesan* qui nous transporte en Suisse ou en Valais, par ses ruisseaux, ses lacs et ses rochers de Cornus-Sordagnis ; et les bords du limpide l'Adour qui avive tout ; et le Gave grisâtre, rapide, encaissé, qui dévaste tout ; et ces pics, régions des sapins, des ours et des aigles, où les hommes sont plus fiers et plus forts, et se vantent de n'avoir jamais été conquis.

Quittons ces lieux : aussi bien le sommet des monts blanchit déjà ; les nuits deviennent froides. Les femmes reprennent leur paresse, leurs caprices, leurs inconséquences. L'isolement et la sécheresse du cœur a travesti le séjour des bains en couvent pour le caquetage et les jalousies tracassières. Le jeu, la table et les médecins ont, je pense, épuisé les cassettes.... Les denrées manquent ; on vous rançonne ; il ne reste plus ici que quelques Anglais hypocondres.... La place n'est pas tenable.... Partons. — A Paris, à Paris.

Mais octobre à peine commence.... peut-on retourner à Paris ?... Il n'y a personne. — Eh bien ! madame la D.... passera par *Pau*, par Bayonne ; elle verra les villes de la Biscaye.... Y a-t-il des spectacles en Biscaye ? Oui, madame ; tous les samedis on se rend *à la chapelle des deux amans* : il y a des allées sombres et délicieuses. On y chante le *Salve* en faux-bourdon, et les litanies avec accompagnement de castagnettes ; puis on exécute le cantique des trois Enfans dans la Fournaise, lesquels sont représentés en cuivre rouge, couverts de fagots et rougis, au grand émerveillement des cavaliers, des nignas et des duagnas de *Villoria*, de St.-Sébastien, ou de Guipuscoa. Allons voir ces folies innocentes : cela ne fait de mal à personne, et c'est enfin pour nous une nouveauté. — Il nous faut du nouveau, n'en fût-il plus au monde.

Nous voilà partis. Adieu, *Lourde* et ton château-fort où Mirabeau ne fut pas assez long-temps prisonnier. Adieu, Tarbes, charmante ville où j'ai laissé deux tendres amis.... Suivons le cours du Gave impétueux comme la Durance, sale et noir comme l'Isère, riche cependant en paillettes et en échantillons de granits et de marbres de toutes couleurs. Où vont ces bourgeois affairés avec leurs filets, leurs carniers et leurs raquettes ? à la chasse aux palumbes. Tel en prendra 20, 30 douzaines en un jour. Voilà leurs cabanes de feuillages; cette raquette en l'air donne l'effroi au vol entier des pigeons, ils se rabattent et ils sont pris : ce mets est fort délicat. Les Anglais campent ici jusqu'après le passage. Ils courent de là aux ortolans de Mirande et aux guigniers d'Orléans, comme les poissons gourmands suivent les essaims de harengs et d'anchois qui viennent du nord dans nos mers. Ah! comme ils sont ivrognes et carnassiers, ceux que je vois ici.... J'en excepte lord Goold...; nous l'avons formé. Que ces aspects sont tristes et sauvages ! St.-Pé, ville forestière, ressemble à celles qui bordent le Rhin, au-dessous de Schaffouse ; elle est peuplée de noirs forgerons et de bruyans cloutiers. Les paysans qu'on rencontre portent la *dalmatique* de laine rousse ; le *berret* des troubadours et la fraise espagnole les parent aux jours de bonne fête et dans leurs fréquens pélérinages.

Voici un pont bien hardi et d'une seule arche sur le Gave si colérique ! Quel concours ! que de costumes divers ! que de moines ! que de femmes ! On monte au calvaire de Bétaran ; ce long chemin en spirale offre des oratoires où les pélerins espagnols et français font leur stations. Le mont est gravi ; on chante le cantique de St.-Jacques et du pont qui tremble, *tout comme au temps des croisades;* on s'asseoit sous des hêtres séculaires, élancés de 80 pieds et l'on fait d'abord la prière et puis la *siesta.* — Le plateau grand de deux arpens forme une terrasse magnifique où demeure un pauvre ermite entouré d'images et de chapelets. Il vit d'aumônes et assiste souvent, très-souvent les malheureux pélerins qui le visitent en hiver.

Le desservant vient prêcher les deux nations en patois, qu'elles comprennent apparemment. On dîne de grand appétit on danse un *fandango mitigé*, ou le *bollero* des honnêtes gens, car l'ancien est abominable, au point que le marquis de Langle, dans son voyage n'en a fait la description qu'en latin. Après la danse on redescend processionnellement en chantant l'*Ave Maris Stella*, le *Vexilla*, et enfin le *Pange*. — Ce spectacle a quelque chose de simple, de pur, d'antique dont mon cœur est touché, et qui s'est gravé dans mon imagination au point de se reproduire plusieurs fois dans mes songes.

On voit dans la riche vallée qui s'ouvre après *Bétaram*, le château de Coarasse sur une roche qui domine le Gave. C'est là où madame de *Miocens*, femme de Jean d'Albret, nourrit et éleva Henri IV. Ces lieux sont pleins du souvenir de ce bon prince. C'est là, dit son historien, qu'il fut nourri de pain bis, de bœuf salé et d'ail. (L'ail est la thériaque, le quina, la panacée universelle des Béarnais, des Poitevins et des Provençaux). C'est là que, vêtu à la béarnaise, courant le pays avec les enfans des environs, il n'était jamais appelé que *Henri* ou Henriot tout court. — Son berceau, qui est une grande écaille de tortue, est conservé avec vénération au château de Pau, où résidaient jadis les rois de Navarre. La vue du balcon est admirable. Le Jurançon offre l'aspect le plus romantique, et l'air pur et azuré donne à ces lointains légèrement vaporeux, un ton délicieux. Ses vins, ses fruits jouissent d'une réputation méritée ; les végétaux, arbres, légumes, herbages y sont drus, forts et odorans ; les troupeaux superbes et vifs : les pâtres même ont tous des physionomies à caractère, l'œil noir, le nez aquilin, et *une odeur de forte conscience*, (dit Montaigne.) On fait ici une chère exquise ; les jambons y sont de haute saveur, les grives valent les merles de Corse, le mouton vierge est un vrai *muffoli*, et la pâtisserie de *millet*, à la fleur d'orange, a une délicatesse qui est celle de l'ambroisie. Les vins du Béarn sont renommés ; rouges et gros, ardens et durs, ils ont besoin de vieillir ; mais alors on les prend pour du Cahors ou du Bordeaux *du clos Margot*.

Les paysans de ces cantons sont irascibles et bataillards. Ils s'escriment du bâton court avec une adresse rafinée. Le dimanche, comme de raison, ils s'enivrent, et vers le soir presque tous les cabarets sont ensanglantés, *sur-tout dans les années vineuses.* Je désire de tout mon cœur un bon impôt sur les vins, pour faire arracher la moitié des vignes, du moins de celles qui sont en plaine.

Rien de beau dans la nature comme la longue plaine de Pau à *Orthez* et à *Puyoo*. Les prairies y sont couronnées de peupliers et parfaitement nivelées. Des forêts de maïs en épis jaunes et flottans en panaches, donnent à ces champs un aspect africain ou péruvien. — Ici, le costume change ; tout prend un air *basque*, vif, gai et presque élégant. Dans un très-petit espace j'ai remarqué quatre langues bien distinctes, le béarnais, le gascon, le basque et l'espagnol. — Le basque me paraît tenir du grec, mais il est prononcé d'une manière aussi indéchiffrable que le bas-breton. On prétend que ces deux peuples sont des colonies de Phéniciens et d'Orientaux. J'ai leur *Pater* et j'y trouve 4 ou 5 racines grecques. Des plaines de sables, des falaises, des rochers calcaires et un air marin annoncent Bayonne ; Bayonne, ville riante, animée, dans une situation délicieuse. Quel beau travail que cette double digue qui contient l'Adour jusqu'à son embouchure ! Ce canal digne des Romains presse et dirige le cours du fleuve et rompt en partie la barre de sables que l'Océan y refoule sans cesse. L'Océan ! Je suis né sur les bords de la Méditerannée, j'ai vu ses tempêtes, j'ai vu de grands navires échouer et s'écraser contre nos rochers, et leur débris jaillir avec des torrens d'écume sur les coteaux voisins ; et j'ai soutenu ce spectacle.... Mais j'ai reculé de terreur en voyant, en entendant sur-tout le courroux solennel et tonnant de la grande mer.... Sa voix terrible couvrait le bruit de la foudre et des ouragans. Sa masse soulevée de toute sa profondeur ébranlait, en tombant et retombant à chaque minute, les monts d'alentour et le roc où je m'étais assis pour la comptempler avec effroi.... Image effrayante du cahos et de la dernière dissolution des mondes , théâtre des naufrages et de la mort, source et tombeau de tous les fleuves de la terre, montagnes bondissantes, qu'un instant change en vallées profondes; ah! comment l'homme, cet être faible et craintif, a-t-il pu se hasarder sur ces mouvans abîmes!!! . où *Ada-*

mastor lui prédisait des destins si sinistres!... Amour effréné de l'or, amour plus effréné des conquêtes, commerce si mal apprécié par nos prétendus sages, vous armâtes son cœur d'un triple acier; et ses passions enflammant à la fois et son courage, et son génie et son insatiable cupidité, il subjugua l'Océan et fit le tour du monde, tenant en main le trident de Neptune et le sceptre de la fortune.

Paisibles citadins de nos villes manufacturières, qui loin des mers, ne connaissez que le cours tranquille des ruisseaux et le doux murmure de vos fontaines que vous visitez en famille les jours de fête, vous ne pouvez comparer à son modèle le tableau que je viens d'esquisser!

Quel fracas, quel style ampoulé, quelle macédoine poétique, allez-vous dire? écrit-on une lettre sur ce ton-là? ne nous a-t-on pas dit au lycée que le style épistolaire est du genre simple? — Eh! messieurs il s'agit d'avoir le style de la chose, d'exprimer ce qu'on a senti et vu, de façon à le faire voir et sentir.... D'ailleurs, qui vous a dit, monsieur, que j'écris une lettre? Je fais la table d'un voyage que je prépare. Ce croquis me présente la masse et la série de mes souvenirs. Je cherche si tous les verres de ma lanterne magique se suivent bien, si le coloris n'en est pas terne, si les traits se lient et s'opposent à mon gré, malgré le décousu apparent de tout cela.

Je suis parti, j'ai voyagé, j'arrive à Bayonne ; je vais courir les Landes, me reposer à Bordeaux, courir à Toulouse, traverser le Limousin et l'Orléanais ; et puis me voilà à Paris tout prêt à vous faire des contes pour le Mercure ou des anecdotes pour le journal de Paris. — Oh! oui, des anecdotes ! nous vous y attendons. Après le papillotage que vous venez de produire avec tant de peine et si peu de naturel, vous allez encore nous raconter en style guindé des anecdotes bourgeoises, sans morale et sans sel. — On conte par fois pour conter. — Soit ; mais ne parlez pas de vous. — La condition est dure pour un *auteur de voyages et de soirées*. On peut parler de soi sans trop d'égoïsme, et il est aisé de voir, par le ton et par le but de la narration si l'écrivain se place en première ou en seconde ligne. — Ainsi donc, vous allez encore nous parler de vous dans votre voyage ? — Eh ! vraiment oui.... Prenez donc le pinceau de Sterne. — L'air d'autrui déplaît en nous ; il faut être soi. Ceux qui ont une âme, ont un style. Ami lecteur, les rivages de l'Océan m'avaient inspiré la page précédente. J'écrivis ce petit dialogue sur les bords étroits et fleuris de la *Nive* ; après cela, j'allai voir à la grande fontaine les *Basquéses* remplir leur cruches, et les porter sur leur tête d'un air dégagé et presque en cadence. J'écoutai le récit des amours du canton, et ces *médisances* que j'aime, parce qu'elles sont l'expression de la censure publique et servent à maintenir les mœurs dans leur pureté primitive. De là j'allai voir la belle Juiverie du Saint-Esprit, et le Sanhédrin. C'est ici la Sorbonne des Juifs du midi. Je causai long-temps avec un rabbin sur le Talmud et sur les prières des Juifs. Je puisai dans sa conversation des notes précieuses pour l'ouvrage que je prépare, et vers le soir il eut la bonté de me donner les prières de Gamaliel. Il me quitta pour aller au sabbat. On célébrait la bataille d'Abimelec par un charivari épouvantable, et déjà les lampes brillaient allumées au plafond de toutes les maisons. Les filles de Juda (car nous sommes ici dans cette tribu), parées de jolies coiffures et de brillans colliers, s'étalent, rient causent à toutes les fenêtres. On attend le souper que l'ancien de la maison doit bénir religieusement : ce scrupule pour les cérémonies de leur culte forme un enseignement domestique pour les enfans, qui doit être indélébile, et un culte qui ne doit finir qu'avec le monde. Chrétiens, Mahométans, vous êtes des rejetons de Jessé; respectez cet arbre antique sur lequel vous êtes entés.... Un jour qui peut-être n'est pas éloigné, du pied de ce tronc mutilé, sortira l'arbre qui couvrira l'univers, et toutes les nations de la terre s'asseoiront en paix sous son ombre. Ainsi l'ont annoncé les prophètes juifs et les pères du christianisme.

Par l'auteur des Soirées Provençales.

LA CHASSE AUX CAILLES.

Au milieu de ces beaux jours de septembre où le ciel est si pur, l'ardent Marseillais court à la campagne. Quelques instans dérobés aux affaires, et passés en liberté, sont pour lui des biens précieux, dont l'habitude affaiblit les attraits pour l'homme des champs. La chasse aux cailles est au premier rang dans les plaisirs des fêtes de l'automne.

Dans la partie la plus méridionale du terroir de Marseille, sur les bords de la mer, s'étend, jusqu'au pied des montagnes, une plaine aride et sablonneuse appelée *Montredon*. Elle se divise en plusieurs vignobles plus ou moins étendus. Dans le lieu le plus élevé de chacune de ces propriétés, on attache, sur des poteaux rangés en amphithéâtres, une immense quantité de cages étroites et d'une forme particulière, où sont enfermées des cailles aveugles. Dès le printemps, l'homme, ce tyran de le nature, les a privées de la lumière. Sur la lisière du champ, règne, de tous côtés, un mur de filets suspendus à de longues perches. Un murmure s'élève dans les rangs ; il grossit en circulant, et rompt le silence de la nuit. C'est le prélude d'un chant martelé, dont les sons éclatans et mélancoliques fatiguent bientôt les échos de ces lieux solitaires. Tout retentit plusieurs lieues à la ronde ; et le chasseur, qui veille, sent naître dans son âme la douce émotion de l'espérance. Six mille voix saluent à l'unisson l'aurore à son retour. Les cailles voyageuses, attirées du haut des airs, viennent chercher, aux pieds de leurs semblables, une funeste hospitalité, et la terre gémit de la pesanteur de leur chûte. Enfin le jour paraît, et la chasse commence. Tous se répandent dans la campagne armés d'un long porte-voix. Des cris discordans succèdent à un monotone concert. L'oiseau timide, que ce fracas épouvante, trompé dans l'espoir de trouver, sous cette perfide verdure, un abri contre les feux du jour, essaye de fuir à tire d'aile. Mais hélas ! enveloppé de toutes parts dans des pièges qu'il n'a pas apperçus, il y perd à la fois la vie et la liberté. Les plus courageuses et les moins légères, qui ont bravé les cris de l'ennemi, bientôt relancées par des chiens à l'odorat subtil, à l'œil vigilant, sont à leur tour abattues par le plomb meurtrier. Quelques-unes parvenues à franchir la redoutable enceinte, deviennent la proie des braconniers qui les attendent au passage. Ce sont les miettes qui tombent de la table du riche. La fusillade qui a commencé avec le jour ne finit qu'avec lui, la nuit est souvent témoin des derniers exploits du chasseur harassé.

Telle est cette fameuse chasse aux cailles, qui fait les délices des Marseillais d'une classe aisée. Le roi d'Espagne, Charles IV, trouva, dans cet exercice, une distraction aux maux de sa captivité. Dans un équipage attelé de six mules légères, ce souverain dans les fers se rendait régulièrement, à la fin du jour, dans une maison de campagne qu'il avait achetée vers *Montredon*. Là son adresse à la chasse faisait tous les jours, l'admiration d'une foule de témoins, heureux du plaisir qu'il y prenait. Monarque infortuné, toi qui fus prisonnier sur la terre de tes aïeux, les Marseillais ne t'ont pas oublié! Nous te voyons sous l'habit le plus simple, recueillir, dans tes courses du matin, l'hommage muet de la vénération d'un peuple qui brûlait d'éclater : l'habitation du pauvre, que tu visitais chaque jour, est pleine de souvenir de tes bienfaits; et le tableau touchant de ton départ est encore présent à nos yeux.

(Journal de Marseille 1817.)

A MA SOLITUDE.
STANCES.

Par M. Bérenger.

O mon aimable solitude,
Reçois le tribut de mes chants !
Pourrais-je sans ingratitude
Oublier tes bienfaits touchans ?
 C'est toi qui me rends à moi-même ;
Je te dois ma tranquillité :
Les champs, la paix, la liberté,
Je trouve ici tout ce que j'aime.
 A l'ombre du myrthe fleuri
Qui s'arrondit sur ma cabane,
Mes jours coulent sans nul souci,
Loin du monde faux et profane.
 La nature dans ces vallons
A signalé sa bienfaisance ;

La jouissance de ses dons
N'en trompe jamais l'espérance.

Flore éblouit l'œil enchanté,
Et ses parfums que je respire,
Chargent les ailes du Zéphyre
D'un baume utile à ma santé.

Bacchus de ses grappes ambrées
Suspend aux ormes les festons :
Cérès protège ses moissons
Qui flottent en vagues dorées.

Moi, parmi ces prés tous remplis
De fleurs, de troupeaux, de bergères,
Tandis que l'amour et les ris
Animent leurs danses légéres.

Je vis calme, je vis heureux.
J'ai su bannir de ma pensée,
Et l'ambition insensée,
Et les projets tumultueux.

Douces erreurs de ma jeunesse,
Où se livrait mon cœur séduit !
Votre charme est enfin détruit
Par le flambeau de la sagesse.

L'amour ! heureux qui le connaît !
Plus heureux encor qui l'ignore !
Pourquoi des peines qu'il causait
Le souvenir plaît-il encore ?

La vanité n'est qu'un tourment,
La gloire une vaine fumée :
Et les douceurs du sentiment
Valent mieux que la renommée.

Prends part aux plaisirs de mon cœur,
Souris-moi, bosquet solitaire !

Que tout respire pour me plaire,
La pure joie et le bonheur.

Que j'aime à voir ces champs paisibles,
Et leurs heureux cultivateurs !
Il est parmi ces cœurs sensibles,
Il est des vertus et des mœurs.

Passions ! loin de vos tempêtes
Ici mon esprit est plus sain ;
Et tous les sentimens honnêtes
Fermentent, germent dans mon sein.

Je sens qu'une âme simple et pure,
Dont le goût n'est point corrompu,
En vivant près de la nature,
Vit bien plus près de la vertu.

~~~~~~

L'HERMITAGE DE SAINT-CASSIEN (1).

Flumina amo silvasque inglorius. VIRG.

Lieux où, dès mon enfance, a tressailli mon cœur,
Arbres qui décorez ce champêtre hermitage,
Ma sensibilité vous devait un hommage :
    Vous m'avez fait connaître le bonheur.

(*) A peu de distance de Cannes, on descend dans une plaine au milieu de laquelle est une colline charmante, couverte d'un mélange de pins, de cyprès et d'ormeaux, tous de la plus grande beauté : et sur la cime de la colline, au milieu de ces arbres, un hermitage nommé Saint-Cassien. Au pied de la colline

Si, près de vous, la grandeur ou la gloire
Ont rarement cherché leurs fastueux plaisirs,
Si vous n'offrez à la mémoire
Que de rustiques souvenirs,
N'êtes-vous point l'intéressant asile
De la gaîté naïve et de la piété ?
Le bonheur pour être vanté,
Doit-il être toujours pompeux ou difficile ?

Coteau chéri ! de tes simples attraits
Je veux sans cesse occuper ma pensée.
Ici, de vert gazon la terre tapissée ;
Là, des bocages toujours frais ;
La Siagne à regret fuyant le paysage
Qu'embellit le cours de ses eaux ;
La flûte des bergers ; le bruit lointain des flots
Roulant avec lenteur, ou brisant sur la plage ;
Les chênes, les cyprès s'enlaçant aux ormeaux
Pour éterniser leur ombrage ;
Tout charme ici le cœur, et l'oreille, et les yeux.

Sous ces touffes de pins élancés jusqu'aux cieux,
Bientôt s'assemblera, dans la saison riante,
Des enfans du hameau la troupe sautillante.

---

coule la Siagne, dans de belles prairies ombragées de saules et de peupliers. Par-dessous les arbres on apperçoit la mer, et dans les éclaircis tout le golfe de la Napoule et les îles de Sainte-Marguerite. C'est un site vraiment délicieux. La vallée ouverte au nord, laisse voir la ville de Grasse et la chaîne calcaire qui la domine. *Saussure, Voyag. dans les Alpes, tom. 3.*

Je vois d'ici leur danse et leurs folâtres jeux ;
J'entends leur chansonnette et leurs accords joyeux.
L'Amour viendra lui-même exciter l'allégresse.
Innocence et vertu ! soyez à ses côtés ;
Et dans cet heureux jour, partagez son ivresse.
Peut-être déjà loin de ces bords enchantés,
  Je n'accourrai point à la fête ; (2)
Mais mon cœur empressé viendra s'y réunir.
  De cette charmante retraite
Comment ne pas garder l'aimable souvenir ?
    Paul *AUTRAN*,
   de l'Acad. de Marseille.

LE CHANT DE CYGNE.

Air de COIGNET, *gravé à Paris.*

 Un cœur tout plein d'une autre vie,
 Un front blanchi par les hivers,
 Le ferme espoir d'une patrie
 D'où seront bannis les pervers....
 Voilà les biens, voilà les signes
 Qu'un Dieu paternel me départ :
 Je veux chanter comme les cygnes
 Le bonheur de mon grand départ.

---

(2) La plus agréable de ces réunions a lieu, chaque année, le 23 juillet. Elle attire un grand nombre d'habitans des villes et des villages d'alentour.
    (*Note de l'auteur.*)

Amis ! la vie est un voyage
Fait dans un pénible sommeil ;

Le vrai bonheur n'attend le sage
Qu'au doux moment de son réveil,
Avec cette philosophie
On vit sans crainte et sans remords,
Celle du jour, triste folie,
A dégradé l'âme et le corps.

Mon corps du temps est la conquête ;
C'est le fourreau du papillon ;
J'ai gardé mon cœur et ma tête,
Je veux dire amour et raison,
L'un fut toujours exempt de crime,
L'autre a mûri dans le malheur....
Mais le souffle pur qui m'anime
Va revoler vers son auteur.

Si j'ai chanté toute ma vie
L'amitié, les arts, la beauté,
Je veux, ô Sagesse infinie !
Te chanter dans l'éternité.
Le cygne ainsi par l'harmonie
Qui précède sa douce mort,
Semble nous dire : après la vie,
Un Dieu s'est chargé de ton sort.

L. P.

FIN DU SECOND ET DERNIER VOLUME.

TABLE DES MATIÈRES

Contenues dans les deux volumes des Soirées Provençales.

PREMIER VOLUME.

DÉDICACE.

Avertissement au lecteur,	page j
A ma Patrie, épitre en vers à Mr. l'abbé Papon,	1
Lettre première, voyage de Marseille à Toulon,	7
Lettre seconde, suite de la précédente,	10
Lettre troisième, suite,	13
Lettre quatrième, description de Toulon ;	23
Lettre cinquième, suite,	29
État complet de la marine de Toulon,	38
État de la marine d'Angleterre,	40
État des forces navales de Hollande en 1785,	45
État de la marine suédoise en 1790,	49
Note exacte de nos vaisseaux faite à Toulon, dans une promenade maritime, le 30 septembre 1817,	51
Beau fragment du poëme de la Navigation,	55
Lettre sixième, suite de la description de Toulon,	62
Lettre septième, suite de la précédente,	65
Lettre huitième, à Couret de Villeneuve. Description d'une pêche,	72
Lettre neuvième, à mon ami Grignon. — Hières,	80
Lettre dixième, journée d'automne,	85
Lettre onzième, suite de la précédente. La chasse,	90
Lettre douzième, promenade botanique,	103

La Renoncule,	112
Lettre treizième, suite de la lettre 12.e,	114
Lettre quatorzième, à M. l'abbé Genti. -- Aix,	123
Lettre quinzième, description de la ville d'Aix,	131
Lettre à M. Bérenger,	135
Abrégé du Voyage de Mr. Papon jeune, à Nice et à Monaco,	144
Belle anecdote, tirée d'un Éloge de Mr. de Boisgelin,	161
Anecdote inédite et originale,	167
Lettre de M. de Mirabeau à M. Bérenger, écrite en 1785,	196
Exorde des Mémoires de M. de M.,	203
Deuxième fragment de l'éloquence majestueuse de M. de M.,	212
Monument précieux d'éloquence pastorale,	240
Sur les eaux thermales de Digne, près Riez,	242
Événement mémorable de l'histoire de Provence, fondation de Marseille. Premier fragment,	249
Sur les Phocéens, deuxième fragment,	259
Du commerce et du port de Marseille. 3.e frag.,	262
Zénothémis, ou de l'amitié.	267
Idée du bon Roi Réné,	271
Les lois suivent les mœurs,	275
Remarques sur les processions de Marseille,	279
Lettre seizième, mœurs et usages des Provençaux,	284
Lettre dix-septième, suite de la précédente,	294
Lettre dix-huitième, sur les processions, à Mr. de Chateaubriand,	303
Analyse de l'ouvrage de M. Papon de l'Oratoire, sur la peste de Marseille,	315
Dissertation sur les Troubadours,	337
Lettre de M. de Pastoret à M. Bérenger, au sujet de sa lettre sur les Troubadours,	374
Les frères Arragon, fermiers de M. de Pastoret à Marseille,	377
Des fabliaux, ou contes du XIIe et XIIIe siècle,	382

DES MATIÈRES.

Lettre à M. B.,	395
Encore des observations sur les Troubadours,	404
Lettre de Mr. S. à Mme. B., ou observations sur le dépérissement de la langue méridionale,	412
Remarques piquantes sur le français que parlent les Provençaux,	419
L'Automne en Provence, par Mr. Demore,	429

SECOND ET DERNIER VOLUME.

VOYAGE de Paris à Marseille, par la Bourgogne et par le Bourbonnais. Lettre première,	page 5
Lettre seconde,	14
Lettre troisième,	19
Lettre quatrième,	29
Lettre cinquième,	40
Lettre sixième,	46
Note de l'éditeur,	55
Lettre de M. Crignon à M. Bérenger,	57
LETTRES sur Toulon. Lettre première,	74
Lettre seconde,	77
Lettre quatrième,	87
Promenades aux environs de Toulon,	92
Départ et arrivée des flottes,	99
Plaisirs des bords de la mer aux îles d'Hières,	108
Jeux de Provence,	113
Danse des Provençaux au bruit du tambourin,	123
— Marché aux fleurs et aux fruits,	125
— La fin de l'automne,	130
— Environs de Toulon,	135
Des vignes et du vin de Provence ;	141
—Lettre de M. Gardanne, recherches sur les maladies des gens de mer,	155

DES MATIÈRES.

Ode provençale de Richard Cœur-de-Lion,	380
Annette, chanson avignonaise,	381
Elegio coumpousado sur la mountagno de Coudoun en Provenço,	384
Fragment d'une épître d'Eléonore Clotilde de Chalys,	387
Sonnet provençal de Guilhem d'Amalric,	389
Canzone. Tribut envoyé à Mr. Cesarotti, pour l'Académie de Padoue,	391
Lettre de M. Cesarotti à M. Bérenger,	395
Du territoire d'Arles,	397
Un mot en passant sur l'ancien Languedoc,	410
Notice sur l'ancienne ville de Tauroentum, ou histoire de la ville de la Ciotat, par M. Marin,	415
Sur la ville et le port de Cette,	420
Retour des Pyrénées par le Béarn,	427
La Chasse aux Cuilles,	442
A ma Solitude. Stances par Mr. Bérenger,	445
L'Hermitage de Saint-Cassien,	447
Le Chant de Cygne,	449

Fin de la Table.

www.ingramcontent.com/pod-product-compliance
Lightning Source LLC
Chambersburg PA
CBHW051819230426
43671CB00008B/765